鲜明生动的人物形象

跌宕多姿的故事情节

姜正成 编著

方正贤良

伍子胥

真面目 真本色 真性情

有智慧 有谋略 有远见

西击强楚、北威齐晋、南服越人，以一己之力为吴国挣下万里河山

举贤荐能、辅佐吴王、富国安民，以一己之力定吴国春秋霸主地位

一路逃亡，千里奔波，从一位堂堂朝廷大臣到穷困潦倒的乞丐，历尽人间沧桑。

异国他乡，东奔西走，以一个男人独有的气质与命运抗争，展示了他的雄才大略

中国文史出版社

图书在版编目（CiP）数据

方正贤良伍子胥 / 姜正成编著 . -- 北京：中国文史出版社，
2021.8
ISBN 978-7-5205-3114-6

Ⅰ.①方… Ⅱ.①姜… Ⅲ.①伍子胥（？ —前484）—
传记 Ⅳ.① K827=25

中国版本图书馆 CIP 数据核字（2021）第 166893 号

责任编辑：殷旭

出版发行：中国文史出版社
网　　址：www.wenshipress.com
社　　址：北京市海淀区西八里庄路 69 号　邮编：100036
电　　话：010-81136662　81136606（发行部）
传　　真：010-81136666
录　　排：姚　雪
印　　装：廊坊市海涛印刷有限公司
经　　销：全国新华书店
印　　张：17.5　字数：230 千字
版　　次：2022 年 3 月北京第 1 版
印　　次：2022 年 3 月第 1 次印刷
定　　价：58.00

前言

　　伍子胥，春秋时期吴国大夫，杰出的政治家、军事家和谋略家，有"文治邦国，武定天下"之才。本名员，字子胥，也称伍胥，楚国监利人（今湖北监利）。公元前522年，满怀国仇家恨的他弃楚奔吴，辅助吴王，功绩卓著，被赐予申地（今河南南阳），故后人又称他为申胥。

　　伍子胥的一生洋溢着血性与激情，充满了神话和传奇色彩。他从一个养尊处优的官宦子弟，沿着逃亡之路、建城之路、伐楚之路、攻越之路、使齐之路，一步步成熟起来，从最初的求生存到后来的建功业，再到后来的忘死直谏。伍子胥的故事，也就是一部春秋末期吴国由弱到强继而由强到弱的故事。

　　他举贤荐能、辅佐吴王、富国安民、征越破楚，为吴国的强大、称霸诸侯，为吴地的经济繁荣、文化昌盛，奠定了厚实的基础。

　　他七荐孙武，促使中国历史上产生了一位杰出的军事天才。他促使中国军事史，乃至世界军事史，产生了一部不朽的军事巨著《孙子兵法》。

　　他是一位文韬武略、忠孝两全、百战百胜的旷世名将。他一杆大戟横扫千军，白袍银甲气吞山河。他一生百战百胜，无与伦比。

　　他掘开楚平王地宫，鞭尸三百，实现了为父兄报仇的夙愿，成全了人子的孝道和兄弟情义。

他六战入郢，首次打败了强大的楚国。他太湖一战打败勾践，攻占越都会稽，迫使越王勾践夫妇入吴为奴，书写了"尝粪问疾"和"卧薪尝胆"的故事。

他发明建造了多种船舰，使得吴国的船舰从海上进攻齐国。他创建了中国历史上第一支水师舰队，堪称中国的海军鼻祖。

他亲自筑造了吴都阖闾大城；营造了姑苏古城，开启富庶苏南第一篇；作为申地首任行政长官开建申城，挖下上海第一锹土；开凿胥溪，兴修水利，发展农业。

……

父兄遇害，伍子胥开始逃亡，一路经过楚、宋、郑、陈、吴等国，数千里的奔波，从一位堂堂朝廷大臣到穷困潦倒的乞丐，历尽人间沧桑。在异国他乡，伍子胥以一个男人独有的气质与命运抗争，展示了他的雄才大略与超人胆识。他到吴国后，辅佐吴王挥三万铁骑西击强楚，北威齐晋，南服越人，称霸中原成为诸侯盟主，创出了一番轰轰烈烈的业绩，流播为千古美谈。

本书以史为纲，通过对极富传奇色彩的伍子胥一生坎坷经历的描写，展现了伍子胥的真面目、真本色、真性情。作者将"伍子胥过昭关""专诸刺吴王僚""要离刺庆忌""伍子胥鸡父大战""孙武演阵杀姬"、伍子胥与孙武领兵伐楚"六战入郢"等耳熟能详的历史故事纵深挖掘，贯穿始终。鲜明生动的人物形象，给人以丰富的人生启迪；结构严谨又跌宕多姿的故事情节，给读者以至强的艺术魅力。

目 录

第一章　父兄遇害，含恨出逃

伍子胥的父亲伍奢是楚国太子太傅，负责教导太子建，太子被费无忌所诬陷，伍奢也受到了牵连。昏庸的楚平王杀害了太师伍奢及其长子伍尚，又派兵追杀伍子胥。

第二章　逃亡之路，历尽艰辛

父兄遇害，伍子胥开始逃亡，一路经过楚、宋、陈、郑等国，后由郑奔吴，幸得东皋公、皇甫讷帮助，混过昭关。又得渔丈人济江，史鳀舌身救助，他摆脱追兵，逃到吴都梅里。伍子胥千里奔波，从一位堂堂朝廷大臣到穷困潦倒的乞丐，历尽人间沧桑。

第三章 奔吴复仇，雄才大略

伍子胥逃到吴国，结识了甘嫄，找到好友专诸、要离、孙武和公子熊胜，又结识了公子姬光。为了帮助姬光得到王豁位，伍子胥命专诸刺吴王僚，使要离杀庆忌……在异国他乡，伍子胥以一个男人独有的气质与命运抗争，展示了他的雄才大略与超人胆识。

第四章　兴师伐楚，报仇雪恨

伍子胥为报父兄之仇而率吴国军队攻破了楚国国都郢，然此时楚平王已薨，楚平王之子楚昭王也已逃离楚国。伍子胥便令人掘开楚平王坟墓，并怒鞭楚平王尸体三百下以报仇雪恨。

第五章　相吴争霸，建功立业

伍子胥辅佐吴王挥三万铁骑西击强楚，北威齐晋，南服越人，称霸中原成为诸侯盟主，创出了一番轰轰烈烈的业绩，流播为千古美谈。

第六章　身死吴亡，慷慨悲歌

伍子胥为父兄报了大仇，自己也成了吴国的重臣。但他的结局却与父亲一样，因伯嚭陷害，被逼自刎，死于昏君与小人之手。夫差因为没有听从伍子胥的劝谏，招致兵败灭国，履面自死。

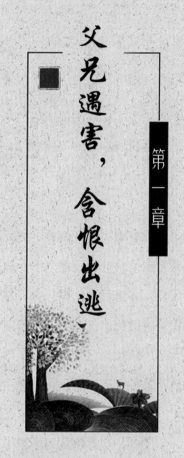

父兄遇害，含恨出逃

第一章

伍子胥的父亲伍奢是楚国太子太傅，负责教导太子建，太子被费无忌所诬陷，伍奢也受到了牵连。昏庸的楚平王杀害了太师伍奢及其长子伍尚，又派兵追杀伍子胥。

方山举鼎，初露锋芒

　　西周末年，幽王宠爱褒姒，荒废朝政，终死于异族犬戎之手。平王继位，迁都洛邑，史称东周。自此，便进入了春秋战国时期。此时，天下大乱，周朝已经名存实亡。各诸侯国割据一方，你争我夺，都想扩大自己的势力范围。当时秦国经过数代君王的努力，到秦穆公的时候，势力已经在各诸侯国中比较强大了，依仗自己兵多将广、粮草充足、势力强大，总想称霸诸侯。为达到这个目的，秦国想出一个坏主意：邀集各国诸侯，各带宝物，来临潼山斗宝，斗赢了的，便拜为王；斗输了的，就要称臣，而且以后要年年进贡，岁岁来朝。当然秦的目的绝不仅仅是为了斗什么宝，他是想称霸。秦王还派大将领兵把守潼关，只放各国诸侯和几个侍从进来，不许放带领的军队进来。

　　这个消息传到楚国，楚平王一听，就慌了手脚。急忙召集群臣商议，但议来议去，却找不出一件令人心服的宝物来。楚王只好传令全国军民人等火速献宝。可是献来的盆盆罐罐，没有一件能称得上"国宝"的。怎么办呢？可把楚平王给难坏了，不去赴会吧，怕有失国体，还会得罪秦王，再者说，楚国也早就想称霸诸侯，一直野心勃勃的，怎么能失去这个大好的机会呢？去吧，又没有什么国宝可带，比不过别的诸侯，岂不是很丢人，有失大国的威风。一天，楚平王又召集群臣商议此事，大臣们都为这件事绞尽脑汁，谁也想不出好的办法来。正在此时，忽听得殿外有人禀报："有人献宝！"楚平王一听，有点不耐烦了，一次又一次所谓献宝已经让他感到失望了，不过他还是让献宝人进来了。楚平王一看，原是大臣伍奢的二儿子伍员，字子胥。便问道："你一个黄毛孩子，来凑什么热闹？有何宝献上？"伍子胥答道："陛下，万物以人为贵，臣下我就是一个宝贝，请陛下把我献出去吧！"楚平王一听，很生气："你小小年纪，有何本事，竟然口出狂言，来人，给我赶下去。"马上跑上来几个近卫，可是怎么拉也拉不动小伍子胥。楚王一看，这小子还有点本事。就听伍子胥说："陛下，臣下自幼练得百般武艺，能力举千斤。臣若能随陛下前去，定保陛下平安无事。"楚平王见伍子胥说得有道理，又让伍子胥表演一番，确信伍子胥说话不假。最后，楚平王决定让伍子胥保驾，前往临潼斗宝。

十八国诸侯都到齐了，按秦王的安排，在临潼山的行宫里，新修起了一座气势恢宏的斗宝台。这天晚上，秦宫四周，点上了粗大的红烛，照得殿内如同白昼。秦王居上，各国君臣分坐两旁，斗宝就开始了。只见各国竭尽所能，都拿出最新奇的玩意儿来。有展示捕天金毛雕的；有展示雕琢得活灵活现的玉龙杯的；其他还有醒酒毯、水火衣、夜明珠，还有什么阿拉丁的神灯、波斯的飞毯、金鸡、玉猴等等，真是美不胜收。这样，十八国中有十六国亮出了自己的宝贝，还不见楚国和秦国两国的宝贝出手，大家都感到很纳闷。秦王看到大家议论纷纷，觉得时机已到，轻蔑地一笑，说："你们的这些所谓宝贝，有什么稀奇的？"他又转向楚王说："今天楚国空手而来，看来也拿不出什么好玩意儿来，还是请诸位看看我秦国的宝贝吧！"

秦王指着一根蜡烛又说："你们看那。"秦王看大家莫名其妙，就说："这是'万年烛'，能点一万年。"又叫人把蜡烛拿到殿外，殿外北风呼呼地吹着，只见这根蜡烛的火焰，腾腾燃烧，烈焰直上。大家心里都想，真是一件宝贝哦，只好认输称臣了。楚平王无奈，也只好低头认输。秦王正暗自高兴就听得殿下一人大叫一声，声如洪钟，震得大殿上摆放的鼎都嗡嗡响。秦王心想这是谁吃了熊心豹子胆，敢跑到大殿上撒野？只听那人说："在下伍子胥，是楚王的臣子。今日特来斗宝的。"秦王说："既然有宝，还不赶快拿出来！"只见伍子胥哈哈大笑说："难道我不是宝吗？"只见他深吸一口凉气，走到离"万年烛"一丈开外的地方，"扑——"把"万年烛"一下子给吹灭了。这时秦国君臣大惊失色，各国君臣都暗暗为伍子胥喝彩。秦王好久才缓过神来："你，你，你还有什么本事？"伍子胥看到殿前有一个千斤大鼎，心生一计，指着鼎问众人说："谁来和我比比举鼎的功夫？"各国君臣面面相觑，谁也不敢向前。只有秦国的几个大将上来献丑，使尽平生气力，没有一个能把鼎弄离地面的。伍子胥见此情景，哈哈大笑。只见他跨前几步，从从容容，左手撩起衣角，右手握住鼎的一足，轻叫一声"起！"，把个千斤大鼎举过头顶，吓得各国君臣目瞪口呆。他举着鼎，在殿前转了三圈，脸不改色，气不发喘，然后又轻轻放回原处。各国君臣一看，这小子真是神人，大家无不甘拜下风，连秦王也感叹，秦国没有这样神武的人才啊！阴谋没有得逞，秦王不敢造次，只好在临潼山行宫里大摆宴席，共庆当日的聚会。酒席宴上，秦王与楚王约定，从此秦楚两国开始和睦相处。

楚王贪色，霸占太子妃

秦楚两国结为"秦晋"之好后，楚平王下重金聘礼，为太子熊建向秦国求婚。秦、楚两国皆为大国，一旦结为姻好，则可互为肱股，楚国称霸南方，虎视中原的企图就有希望实现。而秦哀公此时也正在思考着秦国如何向中原发展的大计，楚国前来求婚，正合秦哀公的心意。秦哀公与群臣商议之后，决定将自己的同母妹妹嫁给楚国太子熊建。秦哀公的这个妹妹，名叫孟嬴，号无祥公主，长得婉娈多姿，风采照人，且又贤淑端庄，聪慧娴静。秦哀公在诸公主中，对她最为喜爱，所以，对她的婚嫁之事，也格外郑重，不仅替她准备了十分丰富的嫁妆，还派公子蒲和伍子胥带领他亲自从自己的侍卫中挑选的一批精锐士兵护送公主前往楚国。

秦国送亲的车队出发了。车队前后是由精甲卫士乘坐的戎车，中间相继是楚国使臣的车乘、数十名陪嫁媵女和无祥公主乘坐的鸾车以及装满金银宝器、丝帛锦缎的辎重车。秦哀公为无祥公主备的嫁妆装了一百多车，整个送亲的车队足足排出有好几华里长。

灿烂的晴空下，戎车上卫队士兵手中的戈矛耀动着明晃晃的日光，所有使臣乘坐的车、公主和媵女们的鸾车以及辎重车一律披红挂彩，送亲的鼓乐激动人心地奏起来，引得咸阳城的百姓扶老携幼，纷纷出门观看。在百姓们的记忆中，秦国公主出嫁，尚未有过如此壮观的场面，而这次又是秦国公主首次远嫁千里之外的楚国，再加上早就听说孟嬴公主才貌双绝，大家都有一睹芳颜的心理，所以，偌大个咸阳城，几乎是万人空巷，摩肩接踵，观者如山。前面开道的士兵不得不花了好大的力气才使车队顺利通行。

楚国使臣费无极从车帘内看见这样一幅场面，心里别提有多得意了。从楚国出使来秦国，算来也快有四个月了，加上回程的路途，此番出使的时间够长的了，且不说一路上的风餐露宿，单是在秦廷上为求婚所费的口舌、为取得秦国各大臣对此事的襄助而在幕后进行的种种活动，就足以令人劳心费神的了。现在好了，只要路上小心谨慎一点，不出什么差错，就可以返回郢都，圆满向楚王复命了。想到这里，他用手下意识地拔下下巴上一根细小的胡须，一阵轻微的痛感使他产生一种快意。

这天黄昏，车队行到郑国边境，明日将进入楚国了。刚刚下过一阵暴雨，雨后乍晴，夕阳明丽，山色如黛，阵阵山岚送来甜瓜的清甜气味。公主孟嬴在车中闻到诱人的气息，高声叫喊停车，命令陪侍宫女向费无极索要甜瓜。

宫女掀开车帏，叫道："少师大人，我家主子口渴，要吃甜瓜。请大人命令随从去买瓜。"

费无极吃了一惊。这时已是秋末时分，早已过了瓜季，哪里还有甜瓜。孟嬴闻到的甜瓜甜味，分明是山中雨后清甜的山草气味，哪里有什么甜瓜！

费无极躬身来到香车帏外，强颜媚笑，说道："回禀主子，小人这就命人去寻甜瓜。小人看见此地山色秀美，遍地花草如茵。主子明天就要进入咱们楚国边境了，小人恭请主子今晚歇宿这里。"

孟嬴掀帷窥视，果然是万紫千红，彩蝶和蜻蜓纷飞，远山近丘绿树葱茏，欢悦得惊叫出声。这个生长在那寸草不生的黄土沟壑上的三秦女子，从来没有看见过中原的山水风光，这一眼就迷住了。孟嬴同意在山下安帐宿歇。

孟嬴哪里知道，当她闻到甜瓜的甜味时，悲惨的命运便随后而来。沿途住宿，孟嬴不是住在馆驿，就是睡在香车上。费无极虽然是迎娶使臣，但不奉召就不能和孟嬴见面。这次宿营在郑国边境山谷，孟嬴要吃甜瓜。费无极命令侍人四处寻买，终于从佃奴家中买来几根秋后的蔬瓜。这种黄皮白肉的蔬瓜又长又粗，当地佃奴用盐腌了当菜。费无极无可奈何，也只有把蔬瓜送给孟嬴。

费无极担心侍奉不周，得罪孟嬴，亲自送蔬瓜到孟嬴香帐。孟嬴吃瓜心切，传见费无极。

费无极看见孟嬴大吃一惊。他被孟嬴的美貌惊得目瞪口呆。这个出生在边鄙蛮荒的女子肤白如脂，蛾眉凝烟，杏目可言，楚楚动人。费无极阅人无数，暗自惊叹，自己从来没有见过如此绝世美女。

孟嬴指着宫人从费无极手中取过的蔬瓜，微启朱唇，莺语道："这就是，郑国的甜瓜？楚国的甜瓜，又是什么样子？"

费无极说道："禀主子，楚国的甜瓜，又圆又大又甜，不像这个郑国的甜瓜，又难看又酸又涩。"

孟嬴道："既然如此，这郑国的甜瓜，不吃也罢。"挥手让宫人捧走蔬瓜，又道，"听说明天就到楚国了，是真的吗？"

费无极连声应承："是，是。主子明天就进入楚国地界了。但是，到达都城，还要走几天。"

孟嬴娇笑道："既然进入楚国地界，也就是到家了，走一程也就离郢都近了一程了。你下去吧！"

费无极离开孟嬴的香车，心里懊恼，把这样的绝世美人嫁给太子熊建，他不甘心。他明白，自己干了一件蠢事，替太子熊建娶了一位美姬，又替他拉了秦国做靠山，对自己却无半点好处。相反，太子熊建娶了孟嬴，更加稳固了太子地位，日后继承王位，他首先诛杀自己。自己这次替太子熊建迎亲，实际上是自掘坟墓。

一阵如燕如莺的笑声将费无极从沉思中惊醒。费无极抬头一看，自己恍惚间已经来到山谷的涧边。一个女子正在涧边草地上采摘野菊花。突然从花丛中蹿出一只野兔。这野兔蹦了几步，竟然不跑，回转身来直立了身子，伸出两只前掌朝着女子抓耳挠腮，扮出了逗人的憨态。那女子竟然也一手执花，一手举起来模仿兔儿的动作，一边禁不住发出一串银铃般的娇笑。

费无极看这女子身材婀娜，洋溢出一种清纯鲜活之美，比起孟嬴却有过之而无不及。

兔子瞅见费无极，一头栽入花丛，镝忽无踪。那女子回头看见费无极，慌忙低头施礼，说道："妾不知少师来到，请少师恕妾失礼之罪。"

费无极这才看清这女子面如桃花，十分娇艳，认出她是孟嬴的从媵，便问道："姑娘，你母亲是哪国的？"

女子说道："妾名苹姜，是齐国人氏。妾自幼随父亲宦秦，及笄进宫。这次妾受秦王之命，侍奉主子，从嫁太子。"

费无极心里一亮，突然想到，不如把孟嬴献给楚平王，把苹姜嫁给太子熊建，来个偷梁换柱，以李代桃。这么做，不仅出了自己对太子熊建的恶气，还讨了楚平王的欢心。如果太子熊建以后知道楚平王霸占了孟嬴，也怪罪不到他费无极，反而使他们父子反目成仇。自己可以乘机挑拨离间，唆使楚平王诛杀太子熊建，为自己消除后患。

费无极见四下无人，对苹姜说道："你陪同公主从嫁太子，就是一个奴仆。你要苦住冷宫，难得宠幸，寂寞老死。我见你貌美年少，为你可惜。难道你不想谋取富贵，而甘愿孤老在冷宫？"

苹姜道："妾听人说，贫富贵贱，命中天定，不是人人如愿以偿的。"

费无极道："命是天定，愿可以自为。我见你有富贵命相，有心帮助你，不知道你愿不愿意改变命运。"

这个突然变故，让苹姜无所适从。费无极见苹姜低头不语，又说道："我要扶持你做太子的正妃。但有一条，你必须听从我的安排。"

苹姜听了费无极的话，瞪着一双惊疑的眼睛，盯住费无极。好一会儿，她才回过神来，低头说道："妾，终身不忘少师的大恩。妾，听从少师的安排。"

费无极见左右无人，说道："你，听我说。"便低声向苹姜吩咐了一番。

几天后，迎亲车队到达了楚国都城城外。费无极命令队伍驻停，让孟嬴在馆驿住下。他自己连夜进城，进宫觐见楚平王。楚平王正在和嫔妃宴饮，见费无极回来，问道："卿道途劳苦，寡人有厚赏。卿对寡人说说，太子妃长得漂亮吗？"

费无极听到平王询问孟嬴的容貌，正中下怀，说道："臣阅人无数，从来没见过像孟嬴貌美的女子。不但楚国无人可比，就是妲己、骊姬的绝色，也不如孟嬴之美！"

楚平王是一个喜淫好色之徒，听到孟嬴有旷古绝色，面颜潮红，讷讷半天，才叹息道："寡人枉自为王，和绝世美人无缘。寡人命薄，虚度人生。"

费无极听了楚平王的话，窃喜，说道："请大王屏退左右，臣有要事禀报。"楚平王熊居推开怀中娇姬，命令她们和内官退避屏风后面，对费无极说道："卿坐下，慢慢说。"

费无极谢过平王，在锦墩上侧坐，倾身说道："大王，你既然喜欢孟赢，为什么不纳她做个嫔妃？"

平王叹道："孟赢已经聘为太子妃，是寡人的儿媳。寡人纳儿媳做妃子，有碍人伦，让世人耻笑。不行，不行。"

费无极说道："只要大王喜欢孟赢，臣自有办法，保证天衣无缝。"

平王惊喜，急问："卿有什么办法，快说说！"

费无极说道："臣认为，孟赢虽然婚聘了太子，现在还住在城外馆驿。只要还没有进入东宫，就不算成婚。大王这时把孟赢迎进内宫，天下人就没有什么话说了。"

平王摇头苦笑，说道："寡人可以让天下人心服，怎能让太子心服？这事，不能做！"

费无极又道："臣发现从滕中，有一个齐国女子苹姜，相貌比孟赢并不逊色。臣把孟赢暗中送进王宫，再让苹姜冒充孟赢，送进东宫，让她和太子成婚。臣已嘱咐苹姜，不泄机密。这事太子不知，两美齐全。"

楚平王连声说好，命令费无极急速行事。费无极回到城外宫馆，天还没亮。他对秦公子蒲说道："我楚国婚礼，和贵国不同。新人进宫，先要拜见姑舅，然后才能和太子成婚。"

公子蒲说道："入乡随俗。我一切听从少师安排。"

费无极见秦公子蒲已经服从，唯有伍子胥碍眼，他让伍子胥先进东宫禀报太子并布置禁卫。费无极见伍子胥走后，命令随从让孟赢及一干从滕换乘耕车，直接进了王宫。费无极又让苹姜仿了孟赢的装扮，乘耕车进入东宫，和太子熊建行礼成婚。

秦哀公妹妹孟赢，年仅十九岁。她自从许嫁给楚太子熊建为妃，一路上尽做着青春美梦。孟赢所想象的太子熊建，也是青春年少，风流倜傥。她渴望早日进入楚国和太子成婚，香衾之中，两心相依，两情相悦，朝朝暮暮，白头偕老。孟嬴哪里知道费无极使了调包计，已经把齐女莘姜送去东宫和太子成婚，自己却被留在了王宫，还把王宫当作东宫。

孟嬴在宫人侍奉下吃了饭，然后香汤沐浴。宫人取来一领薄如蝉翼的睡袍，侍奉孟嬴穿上身。孟嬴不解，问道："为什么不让我重妆？我要和太子行成婚礼。"

宫人说道："大王吩咐，主子旅途劳累，无须赘礼。大王命奴妾侍奉主子在王宫歇息。"

孟嬴惊疑，问道："这里不是太子的东宫吗？我嫁的是太子，大王怎么让我住在王宫？"

宫人自知说走了嘴，吓得跪在地上，也不说话，爬起来倒行着出去，只留下孟嬴一个人坐在寝室发怔。

孟嬴无声地哭泣。她感到无助的恐怖。王兄让她嫁给楚国太子，她唯命是从。今夜和她共衾而寝的男人，就要主宰她一生的命运。让她吃惊的是，这里竟然不是太子东宫，而是楚王的内宫，这让她又多了几分恐惧。过了很久，才有一个宫女进来剔蜡烛。孟嬴指着宫女大声说道："拿酒来，我口渴。"

宫女躬身说道："主子口渴，奴妾这就去取浆水。主子喝黍酏？还是喝清酒？"

孟嬴叫道："我不要黍酏！我喝清酒！"

宫女摆上酒肴，躬身侍酒。孟嬴斥退宫女，把杯独饮，只喝得大醉。楚平王熊居进来，孟嬴已经伏案昏睡。平王挥退宫女，亲自把孟嬴抱上床。

孟嬴却喃喃自语，说道："太子，太子，妾不可以侍寝。妾，还没有和太子成礼哩。"平王一边脱衣，一边笑道："寡人这就和你成礼。"

平王上床，这才细看孟嬴。他被孟嬴的美貌惊呆了。他小心地替孟嬴脱了睡袍。面对孟嬴的玉体，他如坠雾中，昏昏沉沉。过了许久，平王才清醒过来。他伸出手来，轻轻地抚摩着孟嬴的身子，感觉到手指颤震，感觉到自己的气血奔涌，于是扑了上去。

不知过了多久，从宫外传来几声鸡鸣，孟嬴清醒过来。接着，她又听到了宫外敲梆子的声音。孟嬴是在秦王宫中长大的，知道那是内官敲打的竹梆，通知值夜的宫人天已经亮了。果然，从寝室那一边宫人值夜的侧室内，传来一阵溪吟般的磬声。孟嬴知道，那是值夜宫人在敲击玉石，通知熟睡的君王和嫔妃们，天已经亮了。

孟嬴第一眼看见酣睡在自己身旁的楚平王。平王年过半百，肌肤松弛。她想，难道这个人就是楚国的太子？孟嬴还不知道，自己已经成了楚王的嫔妃。离这里不远的东宫，和太子成婚的却是她的媵妾苹姜。

东宫。昨晚太子熊建看到苹姜貌美娇艳，大喜过望。二人大礼过后便双双入了寝室，相拥而眠，恩爱再三。太子熊建并不知道怀中的孟嬴，是苹姜假冒。

早饭后，太子熊建携苹姜上车，来到王宫，要进内宫去拜见父王和王妃。楚平王不想让太子和孟嬴相见，担心调包的事泄露，命令门官阻挡太子，不准他进宫。费无极又假传了平王命令，说平王身子不舒服，不见任何人。

孟嬴听到太子求见，心里狐疑。孟嬴趁内宫无人，斥问随媵宫女，才知道和自己睡觉的是楚王，不是太子。孟嬴憎恨平王好色乱伦，霸占了自己。现在木已成舟，她只能恨自己命苦，暗中哭泣。

楚平王熊居看见孟嬴悲戚，加倍地宠爱孟嬴。阴阳交合，昼夜轮回，转眼过了一年。孟嬴生下一个儿子。平王爱如珍宝，取名为熊轸。

孟嬴心里暗恋太子，却不怎么喜欢儿子熊轸。这一天熊轸啼哭不止，孟嬴把熊轸扔到床下。恰巧费无极奉召进宫，看见了这一幕，心中窃喜。

他见左右无人，对孟嬴说道："太子知道王妃侍奉大王，十分愤怒，也很痛恨你。以后太子继承了王位，肯定要杀你们母子。"

孟嬴大惊，说道："少师，是你把我接来楚国的。你一定要救救我母子。"

费无极道："大王现在宠爱你们母子。王妃，你应该求大王立轸为太子。只要废了东宫，让轸当上太子，你们母子就平安了。"

孟嬴按照费无极的计谋，在平王怀里假装悲泣。平王见孟嬴啼哭，问道："爱妃，你为什么啼哭？"

孟嬴不敢提太子之事，说道："妾听从兄命，嫁给大王。妾认为大王年少，妾和大王青春两相。想不到大王已经是春秋鼎盛。妾不敢抱怨大王，自悲生不逢时。"

平王宽慰道："寡人年纪大。寡人和你是前世姻缘。"

孟嬴道："妾不怨大王。妾思虑大王百年之后，妾母子无依无靠。太子建肯定容不得我们母子。"

孟嬴说完，又啼哭不止。

平王心有悲怜，想了一会儿，说道："你不要悲伤了。寡人废了太子建，立轸为世子。"

孟嬴破涕为笑，当夜伺候平王百般柔情。第二天，平王召费无极进宫，商议废太子熊建，立轸为世子。

费无极道："太子邀纳人心，得到众臣拥戴，又有伍奢父子辅佐，势力很大。大王要废太子，不如先让太子离开都城，然后再下诏书，废太子。"

平王问道："这样可以避免动乱，那让太子去哪里呢？"

费无极道："咱们楚国北方城父，靠近中原，是大王争霸中原的基地。大王派遣太子去镇守城父，名正言顺。"

平王拈着胡须，说道："这个计谋好。太子不会打仗，让谁去带兵呢？"

费无极道："让将军奋扬带兵。"

楚平王熊居听信了费无极的诡计，命令太子熊建离开郢都，去镇守城父。又命令奋扬为城父司马，率兵车百乘，随太子熊建开往城父。

小人诬陷，伍奢蒙冤

自伍奢父子随太子建镇守城父后，敢像伍奢那样直言不讳批评平王的人再也没有了，平王感到耳根清净了很多。但费无极却凭着他本能的敏感，意识到太子虽被逐出宫中，但有伍奢及其二子相从，日后一旦羽翼丰满起来，仍是不好对付的。太子不除，国无宁日，他费无极也寝食不宁。

他又想到了一条恶毒的主意。他知道，做事一定要做得万无一失。当初，换妃子、出太子，这两条计策都是他出的。而这两条计策都给楚王宫中带来了不小的震荡。倘若再让平王无缘无故杀太子，平王一定会有所顾忌。因此，他决定采用新的方式。

他悄悄收买了城父驻军中的一名军官，让他写了一封告密信，信中诬称太子和伍奢他们整日在城父修缮甲兵，扩充军队，训练士卒，而且频繁派出使臣往齐、晋等国，联络沟通，不知意欲何为。

带着这封信，费无极悄悄来到楚王宫中，摒去左右，将信交给楚平王。

平王将信展开，不觉大吃一惊，怒道："孺子大胆妄为，竟敢背着寡人行篡逆之举！寡人不诛逆子，难解心头之恨！"

"陛下息怒，"费无极赶紧奏道，"太子一向为人柔顺，这样做恐怕是受了别人的指使也未可知。依臣之见，不如先将太师伍奢召回，问清情况，再做定夺不迟。"平王立即着人写诏，宣伍奢回宫述职。

伍奢接到平王的圣旨，与太子辞行之后，即刻返回郢都。到了王宫，但见甲士林立，气氛森严，心下不觉诧异。等到进入正殿，只见楚平王坐于王位之上，脸色十分不好看。

"陛下！臣奉旨返回京都，欲向陛下禀报边防之事。"

"伍爱卿！"平王语调阴沉，"边防之事，寡人已有耳闻。听说你们在那儿修兵厉甲，以做武备，不知所为何事？"

"陛下，"伍奢回道，"太子既奉命守城父，当全心全意，以尽国事。今吴国犯边，取我州来之地；齐、晋等，屡屡骚扰我周边属国，且挑拨唆使，离间生事；而郑国则游移于晋、楚之间，晋强则附晋，楚强则附楚，口称顺服，实怀二心。陛下即位至今，边防久弛，守备松懈，与吴国作战，虽皆为小规模接触，但每战皆溃。楚为大国，历代先王，发奋图强，使我昔日之'荆蛮'，令中原诸侯闻之而胆寒。今日本应顺时乘势，强甲兵，张国威，北向逐鹿，不当自甘寂寞，以享太平。太子有心替陛下分忧，整顿边防武备，正为日后不虞之需。臣以为，此正为国尽忠之举也！"

"说得好听！"平王忿忿地说，"只怕日后矛头所向，非是中原，而是郢都！"

伍奢听平王这样说，心头不觉一愣，随即有些明白。他用眼角瞟了一下站在班列中的费无极，说道："陛下！陛下万勿受小人挑拨，轻信谣言。陛下乃一国之君，万乘之主，言出则九鼎。倘为小人所惑，则国事危矣！"

平王也不由自主地看了一下费无极，然后说："寡人并非三岁小儿，岂能受他人所惑。你们在城父的行为，寡人全然掌握在手里！"说完，将那封举报信掷于伍奢面前。

伍奢一看，那信果是出自城父军官之手。他想：奸佞小人，果然到处都有。说："启奏陛下，一封信不足为凭。倘有人故意信口雌黄，那任何白的都可以说成黑的。陛下如要知道真相，可派人亲往城父视察，也可让告密之人来当庭对质。臣倒是以为，宫中一直有人想置太子于死地，因此不择手段，罗织罪名，加以陷害。陛下万不可因一时之蔽，而疏骨肉之情。"

见伍奢慷慨陈词，费无极心中有些发毛，下巴上的胡须痒痒的，就像有蚂蚁在爬。他唯恐再不发话，平王被伍奢说动，自己的阴谋就会暴露。于是，赶紧上前一步，出班奏道："启禀陛下，伍太师言侵主上，藐视众臣，以为楚国社稷，唯有他和太子二人挂怀在心，别人——包括陛下，皆不以为意，此正说明他们包藏祸心，意有所图。太子对陛下心怀怨恨，此众人皆知；而修整军备，偌大的事情，居然不向陛下禀报，难道是为了做儿戏吗？"

其实，伍奢到了城父，见那儿的戍边部队军容不整，士气不振，器械破旧，甲胄不全，故建议太子花些力气，整饬一番，以防万一敌国来袭，仓促不能应战。这些，本都是写了奏章向平王禀告的，但这些奏章均被费无极等压下了。至于招兵买马，扩充军队及与外国交通等事，全是无中生有，捏造事实。但此时，平王对那封告密信中的内容和刚才费无极的话，抱着宁可信其有、不可信其无的心理，因此，任伍奢怎么说，他也不相信。他说："伍太师，我把太子托付给你，本望你能给他做一个好的榜样，教导他如何忠君孝父，不做那不忠不孝、不仁不义的事。谁知他今日竟敢犯上作乱，行篡逆之事，此乃罪不容诛！不知伍太师还有何话好说？"

伍奢见平王如此不察情由，不明事理，一味听从小人挑唆，不禁气愤道："太子有差错，是伍奢教导无方。但陛下秽乱宫廷，擅废太后，此乃大有违于君德。君德之不修，若想楚国兴盛，已是无望。陛下今必欲杀太子，臣有一请：愿陛下以伍奢之命，换太子不死！"

殿下各大臣，见事已至此，纷纷出班，有替太子求情的，也有请求赦免伍奢的。平王心想：伍奢自恃功臣之后，屡屡欺君犯上，桀骜不驯，果如鱼骨在喉，不去不快。反正寡人是用他不着了。那太子谋反一事，证据虽不充分，但也可正好借此将他除去，这样便可为日后另立太子扫清道路——平王自小王子熊轸出生后，已生另立太子的念头。他又想：大德不拘细行，圣人不究末节。君王的天下从来不是靠讲仁德能自保的了，宁可我负天下人，不可天下人负我。因此，他厉声道："众卿不必多言。叛逆之罪，法不容情。不诛逆贼，何以正天下？先将伍奢押入死牢，不日与熊建一起正法——退朝！"说罢，拂袖而去。

平王连夜召费无极进宫议事。费无极道："伍奢竟敢斥责大王，说明太子对大王已有反心。大王囚禁伍奢，消息一旦传到城父，太子必定央求齐、晋二国发兵相助，讨伐大王。"

平王沉思片刻，说道："寡人意已决，派人去城父，诛杀太子。卿认为何人可去？"

费无极道："大王若遣他人去城父，太子必有戒备。臣认为，大王不如密令城父司马奋扬袭杀太子，事半功倍。"

平王采纳费无极建议，亲笔给奋扬写诏："杀太子，受厚赏。纵太子，罪当死！"

密诏送到城父，司马奋扬见诏大惊。奋扬和伍子胥交厚，即命心腹叫来伍子胥，出示密诏，说道："子胥兄，你火速护送太子，逃奔郑国。"

伍子胥道："奋扬兄，你违抗王命，死罪啊！"

奋扬道："大丈夫，恩怨分明，怎么能怕死。子胥兄，你不要管我，连夜带太子出逃！"伍子胥告别奋扬，赶回太子宫中，叫醒太子，告于实情。太子慌乱无主。齐女苹姜生有一子，取名胜。伍子胥命令内官备好快马轩车，搀扶太子熊建和苹姜、熊胜上车。这时要离来报，司马奋扬自缚在囚车里，命令军士押往郢都去了。伍子胥命令要离护卫太子熊建连夜逃往宋国，自己和兄长伍尚留守城父，拒挡平王派兵追杀。

奋扬到了郢都，自缚见平王，说道："太子已经逃奔他国。罪臣，请大王治罪。"平王大怒道："什么人私告太子，让他逃脱？"

奋扬道："是罪臣告诉太子的。"

平王击案吼道："你，你，你竟敢不奉寡人之命，私放太子？"

奋扬道："大王命罪臣领兵镇守城父，大王嘱臣'事太子如事寡人'。奋扬谨守大王嘱咐，对大王和太子忠心耿耿。今奋扬违抗大王命令，自缚请死。"

平王听了奋扬的话，钦佩奋扬忠诚，叹道："你既然知道是死罪，何必来见寡人！"奋扬道："奋扬未奉王命，已经有罪。知罪不来，罪上加罪。臣知道太子没有反叛之心，臣不杀太子。太子不死，臣死无憾！"

楚平王熊居听出奋扬暗讥自己，心里惭愧，叹道："奋扬，你虽然抗命，寡人念你忠直可嘉。你，下去吧。"

平王诏命废太子熊建，改立孟嬴之子熊轸为太子，命费无极为太师。

费无极又进谏平王道："臣听说，伍奢有二子。长子名尚，为棠邑邑宰。次子员，字子胥，冠勇盖世。今熊建已逃，伍尚、伍员还在城父，如果这二人投奔他国，必成大王祸患。臣请大王，假赦伍奢，命令伍奢召伍尚、伍员回都，诛杀三人，以除后患。"

平王大喜，命令兵士押伍奢进宫。平王对伍奢说道："你身为太师，纵太子谋反，罪大当诛。寡人念你伍氏三代忠良，有功于先王，不忍加罪。寡人今天赦你死罪。你写书信，让你儿子伍尚、伍员回朝，寡人改封他们的爵职。"

费无极见平王说完，亲自把笔墨简编放到伍奢面前。伍奢心知平王有诈，叹息说道："忠君者，不有其家，不有其身。大王命令，臣不敢违。"

伍奢写了几个字，放下毛笔，叹道："臣的长子伍尚，心慈温厚仁孝，见信必来。臣小儿子伍员，少时习文，长习于武，文能安邦，武可定国，性豪忍辱，是成就大事的。他辅佐太子忠心不二，见信必定不来。"

费无极不待平王发话，瞪目斥道："大王赦你不死，你安敢抗拒王命？大王命令你写信召你儿子来，你就老实地写信。他俩来或不来，大王不会怪罪你！"

伍奢长叹一声，执笔濡墨书道：

书示吾儿尚、员：

父因进谏忤旨，待罪缧绁。大王念吾祖有功于前朝，恩赦一死。王命你二人即速回都，改封你等爵职。望儿见信星夜登程，万勿延宕。若抗拒王命，不赦。

伍奢写完信。费无极亲自取过简书，拿给平王过目。平王看后，命令内官道："封函。命左司马沈尹戌送往棠邑。"见内官持函离去，又命兵士道，"把伍奢入槛。等伍尚、伍子胥来朝，方可赦罪。"

伍奢被押出宫门，仰天大笑道："大王假赦伍奢，我儿伍尚一到，我父子二人死期也到了！惜乎，惜哉！我儿伍子胥，必定不肯来。有子胥在，楚国要大祸临头了！"

沈尹戌持信函驾驷马快车，日夜兼程，不几天赶到棠邑。伍尚、伍子胥都在城父，沈尹戌扑了个空，又星夜赶奔城父。这天天刚亮，沈尹戌到了城父宫馆，伍尚迎接，问道："司马兄自郢都来，是不是奉王命抓捕伍尚？"

沈尹戌满面笑容，拱手道："沈某给棠君道喜。"

伍尚问道："我父亲获罪大王，身陷囹圄，哪来的喜事？"

沈尹戌撒谎，说道："大王误信费无极谗言，囚槛太师。群臣奏保尊公，称君家是楚国的三世忠臣。大王惭愧，拜尊公为令尹，封棠君为鸿都侯，封赐子胥兄为盖侯。尊公初释，思见你兄弟二人，故书写信函，遣我奉迎你兄弟二人进都。"

伍尚一边接函，一边说道："大王赦家父无罪，大幸。我兄弟二人，怎敢贪受爵职。"

沈尹戌慌忙劝道："万望棠君，勿辞王命。"

伍尚命令侍从招待沈尹戌梳洗吃饭，拿了信函走进内室，和伍子胥商议。

伍尚把简信递给伍子胥，说道："大王赦父亲无罪，又封赐你我爵职。大王命令沈尹戌来，召你我回朝拜谢。"

伍子胥看了信简，怒道："这封信简，是父亲在大王逼迫下写的。子胥请兄长明断。大王赦父亲不死，已经是万幸，为什么还要封赐你我爵职？分明是让你我兄弟自投罗网。你我如果回朝，必被昏王诛杀！"

伍尚接过简信又看了一遍，说道："这信是父亲亲手书写，不假。"

伍子胥道："父亲愚忠。父亲知道我以后会报仇泄恨，所以写信让你我回朝。我们父子三人全部被杀，楚国就没有后患了。"

伍尚还有疑虑，说道："你的话，我不赞同。你我不听从父亲和楚王，就是不孝不忠。"

伍子胥火冒三丈，叫道："君欺臣，臣不从，不是不忠。父欺子，子不依，不叫不孝。"伍尚叹道："如果你说对了，父亲有生命危险。父恩如山，我能和父亲见一面，死而无憾。"

伍子胥瞪目斥道："兄长愚鲁！昏王怕我兄弟在外，还不敢杀害父亲。你我回朝，父亲才有生命危险！"

伍尚仰天长叹，泪流满面，说道："我意已决，回都和父亲一同赴死，以尽人子孝道。"

伍子胥亦叹道："兄长要陪父亲同死，毫无道理。兄长执意要回郢都，我不能跟从。我们弟兄就此分别，子胥远走高飞。"

伍尚问道："弟弟要投奔哪里？"

伍子胥道："谁能帮我复仇，我投奔谁。"

伍尚泣道："我的才智远不如你，我以死尽孝，你要以复仇尽孝。我们兄弟今天一别，人世不再相见了！"

兄弟二人相拥大哭。伍子胥朝伍尚拜了四拜，提剑越窗逃走。伍尚见子胥逃出，擦干泪水，整顿衣衫，出来见沈尹戌，说道："我弟弟伍员，他不接受封爵，已经走了。伍尚跟随司马上路，回郢都觐见大王。"

沈尹戌感慨道："子胥是当世豪杰，沈某怎敢强他所难。"

沈尹戌和伍尚同乘轩车，直奔郢都。

伍尚觐见楚平王熊居，奏道："臣弟伍员不愿封侯，没有回都。臣，请大王赦罪。"平王大笑道："笑话！你父子怂恿太子谋反，还敢贪图爵职？"喝令兵士将伍尚拿下，投入槛牢。

费无极让心腹去槛牢探察伍奢动静，听到伍奢自言自语："果真不出老夫所料，我儿伍子胥逃脱罗网，楚国从此以后将无宁日！"

费无极把伍奢的原话禀告平王。平王大怒，吩咐费无极立即把伍奢、伍尚处死。费无极阴狠歹毒，命令兵士杀了伍尚，又命令庖厨割伍尚身上的肉做成肉丸，给伍奢吃。伍奢不知实情，吃得很香。

狱卒在一旁讥笑，问道："大人，肉丸味道怎样？"

伍奢道："老夫平生，还没有吃过这么鲜美的肉丸！"

狱卒又问："大人，你知道这是什么肉？"

伍奢道："老夫只知道是肉。"

狱卒笑道："这是人肉。太师让庖厨从你儿子伍尚身上割下的肉！"

伍奢大惊，掀翻桌凳，号啕大哭，如疯似狂，大叫道："昏王丧绝人伦，天要灭楚了！"

伍奢披发祖衣，骂不绝口，用头颅撞击墙壁，吐血数斗，气绝而亡。

护送太子，投奔郑国

楚平王熊居杀了伍奢、伍尚父子，听说伍子胥出逃，十分惧怕，急召费无极问计。费无极奏道："伍子胥家小还在棠邑。臣料，伍子胥会去棠邑携妻子逃亡他国。大王命令城父司马追杀，再派兵去棠邑抓捕，谅伍子胥插翅难逃。"

平王准奏，立刻命令奋扬追杀伍子胥，又命令大夫武趵率兵马一路，直奔棠邑抓捕。城父司马奋扬领命，取近道疾行三百余里，拦截伍子胥。远远瞅见伍子胥驱车沿山道颠簸而来。奋扬驱车塞路，横戟叫道："子胥留步。奋扬奉大王之命，恭候多时。请子胥兄自缚，随奋扬面见大王谢罪。"

伍子胥驻马停车，拍轼叫道："我和司马素无仇怨，你何故相逼？"

奋扬垂戟躬身道："奋扬和子胥兄交厚，是私情。奋扬食君俸禄，奉王命，怎能因私废公？请子胥兄弃戟自缚，不然奋扬要亲自动手！"

伍子胥哈哈大笑，一边拽弓搭箭，朝奋扬一箭射去。奋扬正自惊疑，不防备箭矢已到，躲闪不及，只听一声脆响，镰击顶盔。奋扬知道伍子胥箭不虚发，箭射头盔，顾及朋友之情。

伍子胥张弓搭箭，说道："前一箭射友，这一箭射敌。"

奋扬慌张，不等伍子胥开弓，急忙下车逃走，钻进道旁林中。伍子胥乘机打马驱车，奔南而去。

奋扬从林中出来，朝着伍子胥喊道："子胥兄，千万不要去棠邑！"

伍子胥思虑太子熊建在宋国，自己只能投奔宋国。他一路往北走，这天深夜走到临淮关，听到守关兵卒议论，费无极向平王献计，已经把他的画像张榜在各处关卡街道，遍告全国。凡是缉拿伍子胥者，赏粟米五万石；收留放纵者，全家处斩。费无极又命令使臣照会列国，不准收留伍子胥。楚平王熊居又派遣左司马沈尹戌，率士兵三千，沿淮河堵截搜捕。

伍子胥见临淮关盘查很严，很难蒙混过关，心生一计。他把白袍挂在河边柳树上，又把麻鞋丢在河边，朝关卡高声喊道："有人渡河喽！"

守关左司马沈尹戌听到喊声，率兵沿河搜拿，找到了伍子胥的衣袍和鞋子，命令士兵乘木船在河面搜捕。伍子胥趁机钻出芦苇，混过了关卡。他在上游游上对岸，避开大道，择荒僻小路昼伏夜行，直奔宋都。

这天伍子胥走到一座山前，迎面山口突然开来一队车马。伍子胥认为是追兵拦截，慌忙躲进道旁林中。那车队中间有乘辅车，车中人是伍子胥的好朋友申包胥。申包胥掀开车帷，欣赏山色景物，看见一人缩头探脑，躲进道旁林中，很是可疑。

申包胥命令士兵："那人鬼鬼祟祟，把他捉来，我要问话！"

士兵围住树林。伍子胥无处可藏，拔剑准备拼杀。一个士兵说道："大人传你问话，没有恶意，你不要紧张。"

伍子胥问道："你家大人是什么人？"

士兵道："我家大人是楚大夫申包胥，出使齐国路过这里。"

伍子胥还剑入鞘，大笑道："包胥是我好友，我会会他。"

伍子胥来到辅车跟前。申包胥在车中看见来人是好友伍子胥，大吃一惊，慌忙下车，施礼道："子胥，你怎么如此狼狈？你这是去哪里？"

伍子胥道："大王听信费无极谗言，杀我父亲和兄长，抄斩我伍氏满门。"

伍子胥说完痛哭流涕。申包胥也动容，潸然泪下。申包胥问道："子胥兄，楚国是不容你了。你有什么打算？"

伍子胥道："父兄之仇，不共戴天。费无极谗言昏王，画影图形，悬赏粟米五万石捕我，又照会各国，不准收留我。眼下太子在宋国，我去宋国投奔太子。我要借兵伐楚，誓戮昏王和费无极，以报杀父屠家之仇。"

申包胥捋须叹道："楚王杀尊公和棠君，听信了费无极谗言。王虽昏，君也。你伍氏世食王禄，臣也。包胥未听，自古洎今有臣子仇君。"

伍子胥道："臣杀桀纣，桀纣无道，不是臣不忠。昏王夺太子妃占为己有，信谗佞，戮忠良，是罪恶滔天。子胥借兵攻楚，除昏王佞臣，不仅是替父兄报仇，也是替老百姓除害。子胥如果不能灭楚，誓不为人！"

申包胥听了伍子胥的话，长叹道："我要是帮助你灭楚复仇，是为不忠。我如果劝你弃仇不报，是陷你于不孝。我你朋友之谊是私情。我申包胥不能恤私叛国。子胥，你如果灭楚，包胥我，力当存楚。包胥望子胥兄不要怪罪。"

伍子胥笑道："人各有志，我不怪你。"

申包胥取来葛衣一称和肉干食物金钱，送给伍子胥。伍子胥收下，装入布袋，择小道走进林中。

申包胥目送伍子胥在林中消失，长叹一声，说道："楚国从今往后，永无宁日了！"伍子胥来到宋国都城睢阳。正要进城，城墙边蹿过一人，抓住伍子胥袍袂。伍子胥正要发作，见来人竟然是要离。要离低声说道："二爷，我等你几天了。二爷，你随我来。"

要离把伍子胥带进城中，择僻街陋巷，拐弯抹角，来到一处龌龊的馆栈。要离见伍子胥狐疑，低声道："太子，就住在这里。"

伍子胥吃惊，问道："太子怎么不去见宋公，为什么住在这个小客栈？"

要离道："宋国君臣内讧。楚王派使臣知会宋国，不准收留太子和二爷。太子不敢去投奔宋公，临时住在这里。"

要离和伍子胥进了馆栈后进一处宅院。这是一所单门独院，院角有花木树丛，有一井。一妇人正在井边洗衣，见有人来，慌忙躲到树后。伍子胥心里一阵凄凉，这个妇人正是太子妃苹姜。

伍子胥进门，见一人蹲在火盆前张手缩颈。伍子胥见那人须发乱如蒿草，身上的葛袍污秽不堪，认出是太子熊建，紧走几步，叫道："太子，子胥来迟了。"

熊建见来人是伍子胥，慌乱中踢翻了火盆，抱住伍子胥号啕大哭。熊建自从逃奔宋国，正碰上宋国内乱，不敢去投靠宋公，羁居在下等馆栈。身上金钱用尽，全靠要离在外边张罗度日。熊建见到伍子胥，好比见到了救星。

要离买来酒菜，为伍子胥洗尘。熊建自打落魄，也不顾太子身份了，吩咐要离同桌吃酒。三人喝干一坛酒，才说到宋国的事情。

宋国先君平公，听信寺人伊戾的谗言，杀了太子，更立他的嬖妾儿子佐。宋平公死后，佐继承君位，就是宋元公。元公貌丑性柔，自私无信，惧畏宋世卿华氏一族的势力强盛，暗里和公子寅、公子御戎、向胜、向行谋划，要除掉华氏。哪知道谋事不秘，被华亥识破了。华亥要自保，谎称生病，让士兵埋伏在屏风后面。这天宋元公派公子寅、公子御戎、向胜、向行到华府慰问，华亥命令伏兵杀了公子寅和御戎，把向胜、向行囚禁在仓库。

宋元公急忙到华府要人。华亥见元公亲自来，跪道："不是臣犯上作乱，是臣惧怕佞臣乱国，屈杀忠良。臣请求君，拿君的亲人做人质，臣才能释放向胜、向行二位公子。"

宋元公无奈，叹道："寡人服从你。寡人把儿子给你当人质。你也要拿儿子，给寡人当人质。"

华亥把儿子无戚等三人，送去公所。宋元公也把世子栾、同母弟弟辰、公子地，三个人留在华府。华亥这才放了向胜、向行。

宋元公和夫人很爱世子栾，每天都去华府探望栾。华亥感动，对宋元公道："臣扣押世子，罪大了。君明天不要来了，臣释放世子回宫。"

华亥的弟弟华宁，听说兄长要释放世子栾，劝道："兄质押世子，是惧怕元公无信。兄如果释放栾，大祸就要来了。"

华亥被华宁提醒，不再释放世子栾。宋元公见华亥出尔反尔，怒发冲冠，急召大司马华费和将军华甲，命令二人领兵攻打华府。司马华费谏道："公子栾关押在华府，如果发兵攻打，恐怕华亥会杀世子。"

宋元公叹道："世子生死由命。寡人不杀华亥，难忍其耻。"

华费见元公意志坚决，说道："君意既决，臣不敢违命。但，老臣不知道华将军意下如何？"

将军华甲慌忙跪奏："司马大义灭亲，臣怎敢庇护私族违抗君命？"

华费、华甲二人领兵，先把华亥的儿子无戚等三人斩杀，然后包围了华府。华亥率领家兵抗击，打不过华费、华甲，败退到后宅。

华亥的弟弟华宁要杀世子栾，华亥拦住道："我已经获罪国君，怎么能再杀世子，让世人唾骂！"

华亥下令释放人质，率领家族众人逃奔陈国。

华费有三个儿子，依次是华貙、华獠、华豹，兄弟三人平常不和睦。华獠想陷害华貙，他借华氏之乱向宋元公告密，说道："华貙是华亥的死党。最近华亥从陈国派人潜回宋国，私下会见了华貙。臣怀疑华亥和华貙勾结，阴谋叛乱。"

宋元公将信将疑，召来司马华费询问。

华费奏道："这是孽子华獠谗言造谣。君怀疑华貙，可以驱逐华貙出境。"

华貙门客张匄气愤，要杀华獠，华貙阻止道："兄弟相残，怎能自立在世？我不忍心杀弟，会伤了父心。獠既然恨我，我让他罢了。"

华貙让张匄驭车，离开睢阳，到华氏封邑南里住下。华獠见华貙出逃，怕他以后报复，率家兵数百人包围了南里。华貙、张匄率领南里家兵在土城内抗击，华獠一时攻打不下。华亥得知消息，带兵从陈国杀奔南里，救了华貙。

宋元公听到华亥与华貙合兵一处，怕有谋反，派大将乐大新率兵车百乘，攻打南里。华亥知道乐大新兵多，南里粮草不多，派人连夜去楚国搬兵。楚平王熊居派大将武跞率兵车百乘，杀奔宋国。

要离得知楚兵伐宋的消息，报告太子熊建。熊建泣道："楚兵一到，我命完了！"伍子胥劝道："宋国动乱，太子不如趁楚兵未到，咱们投奔郑国。"

熊建听从了伍子胥的建议。伍子胥吩咐要离雇来两乘车马。太子和太子妃苹姜及儿子熊胜坐轿车，要离驭车上路。伍子胥手握大戟在后面护卫，出了睢阳西门，直奔郑国而去。

不一日，众人来到郑都新郑，在馆驿住下。伍子胥来到郑国王宫，请门官报知郑定公，楚太子熊建求见。门官进宫禀报，郑定公正因为世卿公孙侨病逝哀痛不已。他听说楚太子熊建和伍子胥已到郑都，不太相信。当时郑国背楚联晋，和楚平王熊居仇恨很深，太子熊建投靠郑国，有利于郑国。郑定公大喜，命令内官把太子熊建迎进宫馆，并送上厚礼。郑大夫游基对郑定公说道："楚太子熊建和伍子胥投奔主公，是嫁祸于主公。臣料定，二人会向主公借兵伐楚。主公如果借兵，胜负都对郑不利。主公最好推托，让他们向晋国借兵攻楚。主公养精蓄锐，坐山观虎斗。"

第二天，郑定公召见太子熊建和伍子胥。熊建哭诉冤情。伍子胥说道："子胥请借兵车三百乘，誓攻郢都。"

郑定公阴笑，说道："郑国地处中原要冲，楚来齐往，连年侵扰，国贫民穷，兵微将寡。寡君不是不助你们复仇，是无力相助。子胥要复仇，可以向晋国借兵啊！"伍子胥见郑定公推诿，愤怒起身，不辞而出。伍子胥对太子熊建道："郑君虚伪，不能依靠。"

太子熊建道："为今之计，只有求助晋国了。"

太子熊建让伍子胥、要离和儿子熊胜留在郑国，自己和苹姜去晋都绛城，求见晋顷公。顷公柔弱少智，把太子熊建安排在馆舍住下，密召晋大夫荀寅问计。

荀寅奏道："郑定公不借兵给熊建，让熊建来晋国借兵，可见郑君阴险。郑国过去朝齐暮楚，今天又朝晋暮齐，是无信之辈，不可交。"

晋顷公倾身问道："楚太子熊建，求寡人借兵伐楚，借是不借？"

荀寅道："郑君是让熊建借晋祸楚，主公可以说服熊建回郑国做内应。主公起兵灭郑国，把郑国封给熊建，然后联合伐楚，这是上策。"

晋顷公采纳荀寅计谋，让熊建回郑国做内应，出兵灭郑。熊建把晋顷公让他做内应、灭郑国后把郑国给他一事告诉伍子胥。伍子胥大惊，劝道："郑君虽然不借兵，对我们招待优厚。郑国以忠信对我，我等怎能做晋国帮凶？万一事败，我等连栖身之处都没有了。这事，不能干！"

熊建一心想得到郑国，说道："我已经应允晋公，不能失信。"

伍子胥耐心劝道："太子和子胥投奔郑国，为了求助郑国，就要以信义为本！太子不做晋国的卧底，还不失信。如果做晋国的卧底，失去信义，郑国怎么会帮助我们？太子不如静观时局变化，等待时机，寻求晋、郑、齐等国助我伐楚，大事能成。太子如果助晋国打郑国，后果不堪设想。"

太子熊建不听伍子胥的劝告，用晋顷公资助的钱财招兵买马，又贿赂郑国官员，结党营私。熊建背着伍子胥在城外买下一处私宅，暗藏兵马。这天晋顷公暗派间谍潜入郑国，和熊建约定暴动日期。熊建为显示势力，把晋国间谍带到城外私宅，炫耀兵马，又大排宴席，招待兵士和间谍畅饮。酒喝到半醉，熊建又叫来苹姜斟酒。

苹姜打扮得十分妖艳，拿着酒壶给兵士倒酒。有一个士兵名叫廖吉，是卫国的亡命之徒。

廖吉好色，曾调戏一个叫劳氏的妇女。后来被劳氏的夫弟抓获。

劳氏夫弟捆了廖吉，押去里所。里正罚廖吉十金，才给释放。廖吉要报仇雪恨，杀了劳氏夫弟，逃奔郑国，正巧太子熊建招兵，于是报名入伍。

廖吉见苹姜美艳，动了色心。恰巧苹姜倒酒走到廖吉跟前，厅外刮进大风，吹灭灯火。廖吉酒壮色胆，借机搂过苹姜摸捏。苹姜一边挣扎，一边伸手摘下廖吉的盔缨。这时灯烛点亮，廖吉松开苹姜，却不知道自己丢了盔缨。

苹姜把熊建拉到屏风后面，递上盔缨，说这人猥亵她。熊建回来，看到廖吉头盔上无缨，拍案叫道："廖吉，你知罪吗？"

廖吉搪塞道："太子醉了吧？我能有什么罪？"

熊建大怒，斥道："我问你！你盔缨哪里去了？"

廖吉脱下头盔，果然没有盔缨，一时不知所措。熊建喝令士兵道：

"给我拿下，往死里打！"

兵士把廖吉脱去铠甲袍衫，打得皮开肉绽。熊建见廖吉气息奄奄，才让兵士把他扔出门外。廖吉缓过气来，连夜跑进王宫，向郑定公告密。

郑定公听说楚太子熊建做晋国的内应，里应外合攻打郑国，紧急传令内官，召大夫游慼连夜进宫商议。

游慼奏道："楚太子熊建，背叛楚国，出卖郑国，可杀不可留。"

郑定公听从游慼计谋，第二天请熊建游园。熊建带士兵数人进宫，被门官挡住。门官道："主公请太子游园，有酒席招待，旁人不准进入。"

熊建不知道有诈，命令士兵留在宫外，独自随门官进园。郑定公在王宫后园亭中摆一桌酒席，招待熊建。酒过三巡，郑定公笑问道："寡人好意收留太子，不敢怠慢。太子为什么帮助晋国暗算寡人？"

熊建听了大吃一惊，强作镇静道："我怎么会帮晋国人，没有的事。谣言！"郑定公一招手，亭外卫士推过一人，跪伏于地。郑定公笑问："太子，你可认识他？"熊建细看那人正是廖吉，惊出一身冷汗。卫士押走廖吉。郑定公举杯对熊建道：

"太子慌什么？请太子喝干这杯酒。寡人准许你离开郑国。"

熊建慌忙鞠躬，连声道歉。郑定公喝干一杯，把酒杯扔碎，喝叫道："来人！把这个负义的楚夷，拖去杀了！"

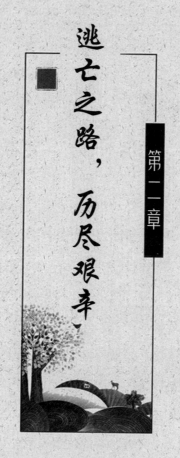

逃亡之路，历尽艰辛

第二章

　　父兄遇害，伍子胥开始逃亡，一路经过楚、宋、陈、郑等国，后由郑奔吴，幸得东皋公、皇甫讷帮助，混过昭关。又得渔丈人济江，史鹬舌身救助，他摆脱追兵，逃到吴都梅里。伍子胥千里奔波，从一位堂堂朝廷大臣到穷困潦倒的乞丐，历尽人间沧桑。

昭关七日，一夜白头

太子熊建被杀，伍子胥闻言大惊失色。"事已如此，只好逃为上策，我带熊胜从后门走，你们赶快带着太子夫人登车往齐国去，赶快！"说罢，伍子胥一把抱住熊胜，三步并作两步就窜至行馆的后门，消失在茫茫夜色之中。

当夜，伍子胥一刻也不敢逗留，借着夜色的掩护，仓皇逃出新郑城，及至天明，已来到陈国境内。到了此时，伍子胥已下定决心投奔东吴。经过流亡宋郑的一番经历，他已把北方各诸侯国看透了。要想向他们借兵攻楚，简直是与虎谋皮。现在唯一的希望就在东方了。无论遇到什么样的艰难险阻，他也要带着熊胜不折不挠地向东方去。过了陈国，又到了楚国。伍子胥十分矛盾地踏上故土。按照伍子胥的本心，在没有复仇的情况下，他是极不愿踏上还居住着仇敌的国土，但是前往吴国，又非得经楚地不可。于是伍子胥便带着无可奈何的心情向楚境奔去。

由于伍子胥是昼伏夜行，而且多拣人迹稀少的僻静山林、河滨小道往东而行，尽管在楚地走了几百里，也是神不知鬼不觉的。偶尔撞见一些渔夫樵子，也把他们当作逃荒流浪的可怜人。一日黎明时分，他们终于来到一座雄关之前的山林间。远远望去，关门上正写着"昭关"两个大字。伍子胥知道，这是他们逃往吴国的最后一个关隘了。由于这座关口处在两座险峻的山峰之间，扼住东西往来的要冲，舍此便无第二条通往东吴的道路。当初建立这座昭关，就是为防御吴军北上犯楚而用的。此关不仅地势险要，而且历来都有重兵把守。料想昭关的关守也接到上头的命令，正等着伍子胥来自投罗网，好去获得五万石粟和上卿的赏赐呢。这昭关怎么过呢？自己既无双翅，怎样才能平安过关呢？子胥皱眉暗叹。就在这时，天空飘起一阵湿漉漉的雪粒儿，打在脸上，不由激起一阵寒意。再看看蹲在身边的熊胜，子胥更加不安起来。他虽然脱下自己的丝棉袍子把这孩子裹得严严实实，只露出一张憔悴的小脸，可是熊胜仍瑟瑟直抖，小脸烧得通红，再一摸额头，烫得可怕。熊胜得病已有数日了，子胥只顾赶路，又怕暴露行藏，哪里敢寻药问医，虽然伍子胥不知祷告了多少遍神灵，可那孩子的病却越发严重，眼看就要不行了。"要是熊胜有个三长两短，怎对得起太子建的重托！"伍子胥抱着近于昏迷的熊胜，心急如焚地在林子里徘徊。

不知什么时候，雪已经停了，一天不曾露脸的太阳出现在西边的山峦后。雪后的林间寒气更加逼人，子胥好不容易找来几根干枯的树枝，点起一堆小小的篝火，然后把熊胜偎在自己怀中，紧挨着篝火坐下来。

伍子胥坐了一会儿，忽听见身后传来一阵"悉悉"的脚步声，猛回头，只见不远处有一个须眉皆白的老人慢慢向他们走来。伍子胥不由一阵紧张，忙站起来，一把抱住熊胜，一手按住腰间宝剑。等老人走近，伍子胥才发现这位老者，除了手上的一支竹杖和挂在杖头的药葫芦，别无他物，一颗紧张的心才放了下来，抽出的剑又退回鞘中。

"敢问老丈可是医家？能否为吾儿诊治一番？"老丈的药葫芦使伍子胥看到一线希望，连忙作揖叩问道。

"子系何人？如此大雪天，不去寻个暖和的地方投宿，却在荒山野林里受冻。"老丈还礼，打量着伍子胥说。

"某乃一苦命流浪人，既无亲友，又无钱财，怎敢去人家投宿，只是小儿病体沉重，伏望老人家慈悲为怀，施药搭救，某不胜感激。"子胥见老者慈眉善目，不似奸恶之人，悬着的心放了下来，但仍不想说出真实身份，只是央求老者为熊胜治病。

"壮士不必多虑，老翁是医家，治病救人乃是本分，治这孩子的病包在我身上了。"伍子胥闻言大喜，忙要给老者行礼致谢。

"不必如此客气！在下还未闻壮士的尊姓大名。"

"这个，这个……"子胥沉吟着。

"壮士莫非有难言之隐？哈哈。"老者见伍子胥欲言不语的窘态，发出爽朗的笑声："老翁不唯善治疑难病症，亦善相人，子不言，吾已知尔为何许人也，壮士附耳过来。"老者对伍子胥的耳朵小声道："子莫非伍员乎！"

老者虽然是轻轻一句耳语，子胥听来如同晴天里响了个霹雳，吓得失神道："老丈看花了眼，我不过是个孤苦无依的流浪汉，哪里是什么伍员？"

"壮士把我当作什么人？"老者止住伍子胥的话头，徐徐说道："吾乃扁鹊神医的弟子东皋公是也。自小随师周游列国，为人治病，吾师谢世，吾亦厌倦尘世的繁杂，故隐居此山林间，与渔樵为伴，图个耳目清静。数日前，昭关守将有恙，邀吾往视，正见关上悬赏捉拿伍员的榜文，那榜上的形貌正与壮士相似，所以方有此问。壮士亦不必讳，吾虽山林中人，然善恶之心亦未泯灭，久闻壮士父子是一代忠良，今日有幸邂逅，实乃三生幸事也。吾不助壮士，天地间岂有正气哉？"

闻东皋公一番肺腑之言，伍子胥也放下心来，当下也坦诚相待，把自己一路的遭遇叙述出来。老者听罢，说道："此间不是久居之地，伍壮士如不嫌弃，可随我往寒舍小住，一则为小孩子治病，二则可将息数日。"

到了这种地步，伍子胥也无法谢绝东皋公的盛情，便抱起熊胜随其而行。行不过数里，便见山凹中有座茅屋，进了屋里，子胥又欲施礼致谢，东皋公慌忙答礼道，"此处还不是壮士休息之处，且随我来。"

东皋公把伍子胥等人带到后院，进了小笆门，有一竹园，园后又有茅屋三间，屋门很矮，众人低头进屋。屋里有床铺桌凳，左右开小窗透亮。

东皋公请伍子胥上座。伍子胥指着熊胜，说道："有小主人在，子胥不能坐。"东皋公惊问："他是什么人？"

伍子胥道："他是楚太子熊建的儿子，名胜。先生是长者，子胥不敢隐瞒。太子建被郑公杀害。子胥带公子熊胜奔陈国，陈国不许入境。子胥走投无路，才取道昭关，要南下投奔吴国。"又指着要离道，"他叫要离，齐国人，侠士，我的朋友。"

东皋公朝要离行礼，笑道："老夫也是齐国人，和侠士同乡。"

东皋公请公子熊胜上座，自己和伍子胥东西相对，要离座南居下。仆人摆上酒菜，三巡已过，东皋公道："我师傅秦越，外号扁鹊，是勃海郡莫县人。师傅少年时当过舍长。有个叫长桑的人，长住客栈。我师傅觉得长桑是奇人，招待他周到，相处十多年。有一天，长桑对师傅说：'我有禁方。我老了，带着无用。今天传给你，要保密。'他从怀里掏出禁方给师傅，吩咐道：'用甘露，服方中的药，三十天后，你能看到别人看不到的。'我师傅用长桑药方，吃药三十天，双眼奇亮，能看到墙那边的东西。我师傅后来学医看病，双眼可以看清内脏。师傅行医在齐国，有时去赵国。在赵国名叫扁鹊。"

东皋公说这些题外话，缓和伍子胥等人的紧张情绪。他见子胥、要离心情平静了，又说道："老夫遵守师嘱，行医救人，不能有害人之心。伍壮士是楚王要犯，关卡挂有图形，悬赏粟米五万石。昭关关领武昀生病，副将宓滠恪尽职守，盘查甚严。老夫想到你等过关困难。老夫这里荒僻，你们住上一年半载，也无人知道。你们不想住下，就等待机会，老夫送你们出关。"

伍子胥想到一时难以过关，心急如焚，朝东皋公拱手道："子胥大仇未报，度日如年。先生助我等急速出关，子胥一定重谢。"

东皋公叹道："壮士要报父兄之仇，老夫理解。壮士安心住几天，让老夫想个主意，送你们出关。"

伍子胥无可奈何，只得和要离、公子熊胜在茅屋住下。每天三顿饭，都有酒肉，都是东皋公徒弟奎愆送来。伍子胥一连六天不见东皋公来，询问奎愆。奎愆道："师傅行医，还没回来。他让我小心侍候，不让你们出去。"

第七天夜里，伍子胥不吃不喝，把自己关在茅屋，迷糊中做了一梦。梦中有山有水，河边一个美丽女子在徘徊，四野回响着野鸡啼叫和雁鸣。伍子胥看见那女子十分面熟，又一时想不起是谁。

伍子胥上前行礼，说道："你是等我的吗？"

那女子瞪住伍子胥，娇叫道："你是个不孝不义的人，妾为什么要等你！"

女子说完朝伍子胥回眸一笑，低头沿着河边奔去。伍子胥纳闷，要追赶那女子询问。这时伍尚从身后拉住伍子胥，说道："子胥你哪来的闲情？父亲生命危险，还不去救？"

伍子胥大惊，问道："父亲在哪里？"

伍尚指着前面河滩草地，说道："那人，就是父亲！"

伍子胥抬头，看见草地上有个老人正在呕吐。走到跟前，老人正是父亲伍奢。伍奢衣衫褴褛，发结如草，还在呕吐。伍子胥问道："父亲，你为什么呕吐？病了？"

伍奢道："我没病。昏王杀你大哥伍尚。费无极用你大哥的肉做肉丸骗我吃，我怎能不吐？"说完大呕，竟然吐出一只白兔，在草滩上蹦跳戏耍。

伍子胥惊疑，再看，父亲没有了踪影，只有白兔朝他抓耳挠腮。恍惚之间，白兔又变成了先前的白衣女子。伍子胥奇怪，上前扯住那女子裙子，问道："姑娘，你看见我父亲了吗？"

那女子娇嗔，笑道："你父亲是谁呀？"

伍子胥不知所措。伍尚又突然出现，怒斥道："杀父戮兄大仇你不报，却和女人调情。你这个不孝无义之人，不该立在人世！"说完把伍子胥推下河里。

伍子胥大叫一声，从梦中醒来，衣衫汗湿如淋。隔壁公子熊胜听见伍子胥狂吼，吓得啼哭不止。要离敲击柴门问道："二爷，二爷，你怎么啦？"

伍子胥道："我没事。你侍奉公子，不要扰我。"

伍子胥想到梦中情景，十分悲愤，以头撞地，咬牙哭泣。如今昭关难过，东皋公又几天不见，万一被武矴捕捉，生死事小，伍氏冤沉海底，屠家杀父之仇今世报不成了。伍子胥身如芒刺之中，彻夜绕室游走，时而愁肠百结，时而激愤狂歌，时而敲打剑鞘。

东皋公七天来一直游走周边镇市村庄，访寻貌像伍子胥的人。这第七天中午，东皋公身背药囊，走到昭关西南七十里处的龙洞山。山下有一村庄，有数十户人家。其间一家大院富户，屋里传出妇人啼哭。东皋公敲门询问，这家主人复姓皇甫，名讷，儿子暴病死亡。皇甫讷的妻子在啼哭。

东皋公在门外徘徊。门里出来一个医巫。东皋公拱手问道："请问，皇甫讷的儿子是什么病？"

医巫见东皋公背着药囊，看出是同行，说道："皇甫讷的儿子血气不时，邪气交错而不得泄，是以阳缓而阴急，故暴厥而死。"

东皋公又问："死有几时？"

医巫道："鸡鸣到今，有半天了。"

东皋公再问："收殓了吗？"

医巫道："没有。"

东皋公道："既然未殓，老夫看看。"

医巫笑道："人死了，扁鹊在世，也活不回来。你看也白看。"

东皋公道："扁鹊是我师傅。只要不当死，我自有办法让他活回来。"

东皋公直进门里，去见皇甫讷。只见皇甫讷身高九尺，长髯及胸，眉宽八寸，形貌和伍子胥有七分相像。东皋公惊喜，笑道："老夫找你好苦！"

皇甫讷惊诧，揖礼道："皋公，什么事找我？"

东皋公还礼道："先不谈事。老夫听说贵子生病，快让我看看。"

皇甫讷叹道："犬子皇甫胥短命，已经死了。先生有回天之术，也救不了。"

东皋公道："死马当活马医，让我看看无妨。"

皇甫讷带领东皋公进内室。东皋公见皇甫胥尸体放在床上，面色酱紫。东皋公摸尸体，凉而不僵，面有喜色，对皇甫讷道："贵子大幸，我让他活。"

皇甫讷摇头，叹道："先生荒诞。我听说上古名医俞跗，医疾不用汤药、酒剂、石针、导引、按摩、药敷等术。他察知疾病部位，割肌疏脉，连筋结腱，按脑治髓，触肓理膈，洗涤脏器，以至修炼精气，改变形体。先生如果有俞跗医术，犬子生还有望。"

东皋公笑道："老夫没有俞跗医术。以老夫见识，俞跗医术，不过是望管窥天。我师傅扁鹊说过，医者良方，不待切脉、望色、听声、写形而说病疾所在。闻病之阳，论得其阴，闻病之阴，论得其阳，便知疾病。老夫把贵子救活，你怎样报答我？"

皇甫讷道："先生能救活犬子，要什么我给什么。我不信，死人能活。"

东皋公道："你不信，请听贵子耳朵，看他鼻子，摸他屁股，就知道了。"

皇甫讷到床前，和皇甫胥贴耳，果然听到皇甫胥耳朵里有些微的鸣响。再看鼻子，鼻孔里的塞毛有些微动。皇甫讷大惊，抖颤着手摸拭皇甫胥的股沟，觉着阴底温热。皇甫讷抬起头来，双眼惊呆得眨动不得，说不出话来，只是痴痴地看东皋公为儿子针灸。半天，只见儿子瘀血已化，面色微红，竟然呼吸自如。

皇甫讷见皇甫胥已活，再拜东皋公，说道："先生救犬子一命，皇甫讷以命相谢，请先生吩咐。"

东皋公笑道："老夫不要你命，求你相助，救老夫朋友一命。"

皇甫讷道："先生是不是要救伍员伍子胥？"

东皋公惊问："你怎么知道？"

皇甫讷道："昭关挂有伍子胥画像，村人都说我貌像伍子胥。先生让我救你朋友，所以猜疑。"

东皋公道："你说的不错，就是为了救伍子胥。我要你扮伍子胥，让伍子胥出关。老夫和武跀将军有交情，再去保释你。"

皇甫讷慷慨答应。东皋公配了草药，吩咐皇甫家的奴仆煎煮给皇甫胥吃，背了药囊和皇甫讷离开龙洞山庄，奔历阳山来。二人到家天已经很晚。东皋公见伍子胥头发胡须都白，惊道："七天没见，子胥头发胡须白了？是愁思过度啊！"

伍子胥不信，拿铜镜照，见镜中自己胡须头发眉毛都白如霜雪，扔了镜子，号啕哭道："子胥大仇没报，须发已白，苍天不佑我！"

东皋公一旁劝道："子胥不要悲。这是苍天保佑你，吉兆。"

伍子胥止哭，问道："这是吉兆？"

东皋公道："楚王要捉你，画影图像挂遍关卡，行人都认识你相貌。你今天胡须头发都白，和画像不同，容易过关。老夫出山七天，为找一个相貌像你的人，扮作壮士，你扮作仆人，蒙混过关。"

伍子胥道："计是好计，貌似我的人世间少见。"

东皋公道："我已经找到了。"击掌三声，皇甫讷从门外进屋。

东皋公介绍道："他是老夫新结识的朋友皇甫讷。这位，他是伍员伍子胥。伍子胥和皇甫讷行礼，见皇甫讷身高九尺，眉广八寸，须髯及胸，果真和自己貌似。东皋公问道："子胥，你见皇甫弟相貌怎样？"

伍子胥叹道："先生好计。只是，让皇甫兄扮作子胥，万一被捉，连累皇甫兄，子胥不安！"

皇甫讷道："皋公救犬子一命，我已承诺，以命酬友。今天假扮足下，是我情愿，子胥兄不要在意。"

东皋公道："老夫思考再三，只有此计能帮子胥过昭关。万一皇甫弟被关兵捕捉，子胥你等只管出关门。皇甫弟，自有老夫解救。"

商议停当。东皋公用药水替伍子胥洗脸，子胥脸色突然间变得紫黑。伍子胥见自己白发乌面，心中又起悲凉。东皋公劝慰道："老夫汤药无毒害。十天之后，自然色褪还原。"

东皋公命奎怂置酒席，为公子熊胜、伍子胥和要离三人饯行，皇甫讷侧座陪饮。饮到深夜，才各自休息。天亮，东皋公见众人吃了早饭，让伍子胥脱下衣服给皇甫讷穿上。东皋公让奎怂取来一套葛布衣裳，让伍子胥穿上，让要离扮作担柴卖薪的农民，让公子熊胜扮作农家小儿。东皋公见众人装扮完毕，送出庄。走到庄口，伍子胥率公子熊胜、要离跪拜东皋公。

伍子胥道："先生救助之恩，子胥终身不忘。他日如有出头，定以重报！"

东皋公道："老夫痛恨昏王和费无极残杀忠良，同情你伍氏一家蒙冤，因此相助，没有图报之心。子胥以后复仇，可记住老夫的话，楚国老百姓和你无仇。"

伍子胥伏地朝东皋公拜了四拜，才起身随皇甫讷往昭关而去。

昭关守将武玢接楚平王诏书，命他严守昭关，盘问行人，务必缉拿伍子胥。又命令，凡是关守放逃伍子胥，守将一律罢官削职，押解郢都问罪。武玢不敢大意，急命间谍四处打听伍子胥和公子熊胜行踪，一边督促副将宓濕严守关防。这天晨起，越女煎熬汤药给武玢喝。间谍在门外求见，越女娇喝道："将军有病，不理军务。有事报告副将宓濕。"

武玢大怒，打落越女汤药，骂道："贱妾怎敢扰我军务？"对门外道，"速报我！"

间谍进门跪下。武玢见间谍胡须眉毛染白霜，瑟瑟发抖，口唇乌紫不能说话，命越女道："给他醴酒一碗。"

间谍喝干酒，才镇定了禀道："小人已经探明，郑定公诛杀太子熊建。伍子胥和卫士要离带着太子熊建的儿子熊胜，逃出郑国，被郑将游基追杀，车毁人亡。"

武玢听说伍子胥已死，在床上仰头大笑道："伍子胥一死，了我心腹之患。"

间谍刚刚退下，又来一间谍禀报道："小人探知伍子胥未死。伍子胥一行三人出郑国投奔陈国，被陈国守境军兵阻挡。伍子胥等人转道往昭关来了！"

武玗大惊，急问："真的假的？"

间谍道："小人怎敢欺骗将军。"

武玗如遭雷击，蒙了半天，才挥手让跪伏的间谍起身，命令道："你传宓澋将军速来见我。"

宓澋先祖是晋国人。晋楚邲之战，他祖父投降楚国。宓澋自幼练习驾车射箭，作战骁勇，屡获楚王赏赐。宓澋对武玗屠戮伍氏一族颇有微词，厌恶武玗贪淫好色。然而宓澋身为副将，唯武玗之命是从。

宓澋来到武玗床前，礼毕道："将军面有喜色，病好了。"

武玗嗔道："伍子胥已奔昭关来，何喜之有？"

宓澋道："伍子胥来，拿住诛之，无忧。"

武玗叹道："你无忧，我忧。我杀伍子胥满门，此仇伍子胥怎能不报。万一伍子胥逃出昭关，我武玗今后再无宁日。请将军严守昭关，凡是北方人南行出关，务要对照画像查验。"

宓澋道："请将军放心养病。昭关水泄不通，鸟飞不过，伍子胥怎能过关！"

武玗道："要这样，我放心了。我有病，不能亲临关口，拜托将军劳神。我的命，交给将军了。"

武玗在床上要欠身施礼，宓澋慌忙扶住劝道："将军不必多礼。末将尽职守关，誓拿伍子胥，为将军除去心病。"

昭关两山夹峙。关门两旁石壁上凿有槽穴。关门原木做成，又以木杠卡入两边石槽孔穴，十分坚牢。沿关门两壁，又倚山凿石室数间，兵丁日夜驻守。日上三竿，关前出关人众排起了长队，候着关领开关。有担柴的山民哀告守兵道："天已近晌，我们要去镇市卖柴。行个好，开关放我等出关。"

兵丁挥戈斥道："开关门要将军下令，我们无权开关。"

装扮成佃农的要离，担着高高的两摞柴草，也挤在等候出关的人群里。要离的身后，就是扮做伍子胥的皇甫讷。皇甫讷身着素袍十分显眼，故意躲在柴担后面，侧向关门。仆从打扮的伍子胥，怀抱着公子熊胜，站在皇甫讷身后。

伍子胥见候关人众和守兵吵嚷，示意要离。要离会意，将担着的柴草卸下地，朝关兵叫道："已过了开关时间，你们为何还不开关！楚王是当世贤君，要是知道你们不恤百姓，要拿你等问罪！"

候关人众听要离说话，都激愤嚷叫。这时守关副将宓湿手握剑柄大步走来，一边朝众人叫道："什么人喧哗滋事？本将军问你等一个妨碍公务之罪，治你不吃不拉！"又朝守关兵丁命令道，"开门，通关！凡出关之人，要察照画像仔细辨认。和伍子胥状貌相似的，统统与我拿下！"

守关兵丁齐声回应"遵命"，开门撤杠，关门轰轰隆隆好一阵如雷巨响，方拉开一个口。兵丁们执戟持戈排立门前，吆喝出关行人依次验身。有的兵丁朝拥挤的人挥舞戟戈抽打，怒声斥骂。拥挤人众方安静下来，依次受验出关。

宓湿站在一旁监督验关，看见皇甫讷垂头遮脸，躲在人群背后朝关门拥挤。宓湿见皇甫讷有惊悸情状，便来到关门近前，喝令兵丁道："把那个素衣人，拉来验身！"

几名守关兵丁揪住皇甫讷，拖到挂在关墙上的伍子胥图像前验身。见皇甫讷与画像模样一致，兵丁大声禀报："禀报将军，这人正是伍员伍子胥。"

兵丁们齐声呼喝："伍子胥，抓到啦！"

皇甫讷一边挣扎，一边大声辩解道："我不是伍子胥。我叫皇甫讷！你们抓错人了。"

兵丁们不容皇甫讷分辩，一边用戈杆抽打，一边喝骂着把他拉到宓湿近前。出关百姓看见捉了伍子胥，也挤在关兵身后争相观看。伍子胥和要离抱着公子熊胜，趁机溜出关口，落荒而去。

宓滠见了皇甫讷，哈哈大笑道："子胥兄，别来无恙？想不到，你我在昭关见面。"皇甫讷道："我不认识你。我不是伍子胥，我叫皇甫讷。"

宓滠冷笑道："子胥不识我宓滠，不会不认识楚王吧。"喝令兵丁，"押下，囚槛。"关兵把皇甫讷押去关前石牢囚监。宓滠立即赶到武跞屋里禀报道："将军大喜。伍员伍子胥，刚才已被捕获。"

武跞听言大惊，自床上坐起身问："伍子胥拿获了？他在哪里？"

宓滠道："末将已经命令关兵将他囚槛，等候将军发落。"

武跞精神一振，慌忙下床，一边穿衣一边道："命人押来，我要亲自查验。"宓滠领命去押解皇甫讷。武跞穿戴盔甲，腰悬宝剑，在士兵拥护下来到关防公所。

宓滠已率关兵押皇甫讷等候。

武跞盯住皇甫讷细辨，认出果真是伍子胥，仰天大笑道："伍子胥，伍子胥！天下大道千万条，你非要走昭关！今天你落在我武跞之手，是你的命数，休怪我武跞！"

皇甫讷道："你们有眼无珠，抓错人了！我不是伍子胥。"

宓滠从关兵手中取来图像，说道："你的相貌和画像无二，怎敢抵赖。"又喝令兵士道，"给我拷打，让他招供！"

武跞在郢都见过伍子胥，今天见皇甫讷貌似伍子胥，声音不对。武跞心里纳闷，坐在一旁观看兵丁拷打皇甫讷。

兵士们把皇甫讷吊起，拿藤条抽打。皇甫讷大声喊叫道："我供，我供，别打了！"武跞挥手，止住兵丁拷打。宓滠道："你老实招供！你是不是伍子胥？熊胜在哪里？"

皇甫讷道："我不是伍子胥，更不知道熊胜。我是皇甫讷。"

宓濈示意兵士抽打皇甫讷，武阫伸手制住，对皇甫讷道："你说你不是伍子胥，怎么和画像相像？"

皇甫讷道："将军错了！天下相像的人多哩。如果有人貌似将军，能冒允将军吗？我是龙洞山土人皇甫讷。我和友人东皋公有约，今天一同出关东游。我在关前等候我友，不料关兵把我当成伍子胥，抓我。将军不相信，可叫村长查对。"

武阫见皇甫讷确实不像伍子胥，挥手道："押下，囚槛。"见兵士押走皇甫讷，才叹口气道，"我去年见过伍子胥。伍子胥双目如电，声若洪钟。这人声音细小，虽貌似，却神不似。"

武阫正在怀疑，兵士报告道："东皋公求见将军。"

武阫一惊，心想所捉之人说和东皋公相约出关共游，莫非真的抓错。武阫看着宓濈。宓濈目瞪口呆。

武阫对兵士道："传见。"

东皋公拜见武阫，说道："贺喜将军，恭喜将军。老夫正要出关东游，听说将军抓获伍子胥，特来祝贺。"

武阫揖礼道："武阫谢先生致贺。不过，关兵所捕一人貌似伍子胥，还未确认。"

东皋公惊道："怎么貌似？"

武阫道："我看这人虽然貌似，眼小声细，不像伍子胥。"

东皋公道："老夫当年见过伍子胥。将军把这人带来，老夫便识真假。"

武阫应允，命令士兵传带皇甫讷。皇甫讷被捆缚押进，见东皋公大呼道："先生约我一同出关游玩，为什么迟迟不来？关兵把我当成伍子胥，打我，污辱我。"

东皋公一见皇甫讷，便开怀大笑，朝武阫道："将军抓错人了！

他不是伍子胥，是老夫朋友皇甫讷。我和他相约出关东游，定在关前会面，不料他先走一步，被你们误抓。将军不信，老夫过关文书在这，能辨真伪。"

武矜接过关书查看，果真是历阳邑宰书具东皋公、皇甫讷二人出关东游的关券。武矜还给了东皋公关券，拱手道："先生朋友貌像伍子胥，关兵错拿，望先生谅解。"说完亲自给皇甫讷松绑，让兵士拿酒给皇甫讷压惊。

武矜向皇甫讷揖礼道："武某不知先生是皋公朋友，抱歉！"

皇甫讷也揖礼道："将军为楚王执法。我辈草民，应该守法。"

武矜感到东皋公为他治病，又对皇甫讷遭受误拿拷打过意不去，拿来铜钱助二人游资。东皋公和皇甫讷接受道谢，告辞出关而去。武矜见宓濺站立一旁，怒问道："关门禁了没有？"

宓濺道："刚才守兵捕捉皇甫讷，误当伍子胥，关门开放多时！"

武矜大吃一惊，一阵晕眩，踉跄几步才扶案站稳，朝宓濺吼道："关门不禁，伍子胥早已逃出昭关了。"

武矜心中热血翻涌，扶案垂头，大口吐血不止。宓濺慌忙扶住武矜道："东皋公嘱告将军戒忿，忿则病垂，无药医治。"

武矜哭号道："天灭我武矜。我杀伍氏一族，伍子胥怎能饶我？楚王有令，使伍子胥出逃者，灭族。大王得知伍子胥从昭关出逃，又怎能赦我？我武矜不死于病，也死于楚王和伍子胥之手！"

武矜说完仰面长嚎，喷血如泉，倒地死亡。

宓濺见武矜已死，吓得悲叫道："武将军，你死了百了，大王要怪罪我了。"嚎了几声停住，眼露凶光，拔剑朝兵士们喝道，"伍子胥出关，还没走远。你们备车，跟我去追杀。"

官兵们遵命牵马驾车，驱车随宓濺出关，奔大道往南追杀。

巧遇渔翁，舍命渡客

正所谓天无绝人之路，伍子胥在东皋公的帮助下，顺利过了昭关。

伍子胥刚刚脱离险境，疾走数里，好不容易到了江边。伍子胥纵目搜寻，只见江面足有一里多宽，江中浪头一个接着一个，像是无数朵雪花堆攒起来似的，怒涛狂暴地冲击着江岸，发出巨响。江对岸却是遥山耸翠，江中间白帆点点，隐隐沙汀。几行鸥鹭像是在嘲笑伍子胥似的，自由地在江面上盘旋着。

此时此刻，伍子胥前阻大江，后有追兵，心急如焚，却无计可施，只好在湿漉漉的江堤上走来走去，不住地祷告神灵为他降下一线生机来。

就在这万分危急之时，忽见一叶小舟从下游溯流而上，打江边经过。舟上站一个头戴斗笠的渔翁，正奋力划着桨。伍子胥大喜过望，连喊数声，"渔父渡我！渔父渡我！"那渔翁似乎听见伍子胥的喊声，正慢慢地把小舟往岸边靠拢。眼见得就着岸了，伍子胥急忙奔跑过去，渔翁突然一点竹篙，小舟又荡至中流，继续向上游划去。渔翁的这一举动，令伍子胥大失所望，不由得大声喊叫起来。那渔翁也不搭理，只是操着吴腔唱道："日月昭昭乎侵已驰，与子囤手芦交渍。"伍子胥闻歌会意，四下一张望，果见上游处有一大片花絮似雪的芦苇荡。于是他便朝芦苇荡奔去。进得荡内，只见芦苇一棵接着一棵，密密匝匝地结合在一起。时方早春，芦苇枝头依悠是一蓬蓬白灿灿的芦花，风卷芦荡，千万支芦秆互相摩擦，发出此起彼伏的"喳喳"声响，千万朵芦花，如雪似玉，汇成一片望不到边的银色的海洋。栖身在芦苇荡里，听追兵呼啸着循江向东而去，伍子胥觉得自己是那么疲乏、那么饥饿，从早晨起，他就一直在不停地狂奔，已赶了百十里路。在东皋公那里吃的早饭，早就不济事了。咳！要知路上会有这么多麻烦事，怎不从东皋公家弄点干粮在路上吃。再看看身边的熊胜，也是一副有气无力、馋巴巴的样子，便抚摸着他的头，安慰说："公子，待会儿上了船，自然就有吃的了。"

"我不饿，伍伯辛苦，一路上还背着我跑。"熊胜懂事地说。

"孺子可教！"伍子胥有点激动地说："吃得苦中苦，方为人上人，天欲授大任者必先饿其肌肤，劳其筋骨！"

看着太阳已坠落到大江西边，一轮寒月正从芦荡的东边升上来，可仍不见渔翁驾舟来救，伍子胥又焦急起来。

就在伍子胥惶恐不安之际，忽听江面上又传来渔翁的歌声："日已夕矣，予心忧悲，月已驰兮，何不渡为，事紧急兮当奈何！"

伍子胥知是渔翁以歌传唤他们，便连忙抱出熊胜，钻出芦荡，来到江边。渔翁已把小舟停泊在江边大柳树下，正满脸焦急地四下张望着，见伍子胥出来，那渔翁忙不迭招手示意，要他们赶快登舟。

伍子胥一手抱着熊胜，一手提着包袱，踏着江畔的石块，三步并作两步就跃上小舟。渔翁见伍子胥二人坐稳，便用竹篙照大树根处一点，小舟驰离江岸，然后收篙操桨，小舟就像离弦的箭，飘然荡向中流。

"老丈先前已泊舟靠岸，怎又折返中流。"伍子胥想起先头的情形，便问那只顾划桨而不发一语的渔翁。

"客人有所不知，本待渡你，遥见芦荡中有人窥看，故而折舟江中，"说着，渔翁脸上露出一丝不易察觉的神秘微笑。"我们是吃江上饭的人，可不敢轻易得罪官府哟。"说着，又哑然不语，自顾自地划着船。伍子胥好生纳闷，这渔翁好奇怪。人是精瘦的，斗笠下的一双眼睛也十分有神。那神情，仿佛晓得自己是个在逃的犯人，但一路上又不见他问过一字半句。可见此人也不是个等闲之辈，想是久经人间风波的老江湖。

不足一个时辰，小舟就到达属于吴境的彼岸。老翁把舟系于江边一棵大杨树上，然后扶着伍子胥一同舍舟登岸。

既达吴境，伍子胥打算谢过渔翁继续赶路。可他还没说话，那渔翁却先开了口："吾见尔父子面有饥色，此刻已是向晚时分，尔父子人生地不熟，料难觅得饮食，莫若等待于此，我进村去为尔父子寻觅充饥食物来。"说罢，那渔翁就径向数里外的小村落走去。

渔翁刚走，伍子胥心里就犯了疑，这老头搞什么名堂，没等我答应就撇下我们走了。此地虽然已是吴境，但毕竟还是楚吴交界处，万一老者把自己行藏通报给楚国守吏，岂不大祸临头！想到这一层，子胥觉得情况不妙，就想开溜，可是肚子实在太饿，路径又不熟，想走也是寸步难行，怎么办？不远处有一个大芦苇荡，又触动了伍子胥的灵感，何不暂避芦荡深处，观其如何动作再说。想到这里，就拖着熊胜躲进芦苇丛中，在一块高地上坐下来，竖起耳朵，睁大眼睛，观察着四下的动静。

半响，从黑暗中传来渔翁急促的脚步声。伍子胥见只有渔翁一个人，悬着的心才放了下来。只见那渔翁手中提着一个竹篮，来到大杨树下，四下寻找，呆立片刻，摇了摇头。然后又轻声喊起来："芦中人，芦中人，岂非途穷之士乎？"如此喊了几遍，伍子胥见没有他人随那渔翁而来，才放心大胆地边答应边从芦荡中出来。

"咳！你这人是怎么了？吾见你们面带饥色，进村为你们取食，你们却躲藏起来，害我好找，难道客人怀疑我吗？"渔翁不高兴地说。

伍子胥接过渔翁递过来的麦饭、清蒸咸鱼和一大瓦罐菜汤，苦笑道："咳！某实为惊弓之鸟，岂敢疑心老丈，只是性命关天，今又把命交在老丈您的手上，见您久去不归，怕有意外，故而躲进芦荡。岂有怀疑尊长之心。望老丈不要错解吾意。"

说罢，伍子胥和熊胜二人就坐在杨树下狼吞虎咽起来，片刻工夫，就把渔翁带来的食物吃得一干二净。吃完，伍子胥拉起熊胜就要告辞而去。就在此时，伍子胥忽然想到，老渔翁对自己如此盛情，我怎能连谢都不谢一声就一走了之。可自己亡命在外，身旁又无钱财可表谢意，身上唯一值钱的东西就是腰间这把祖传宝剑了。想到这里，就伸手去拔剑。

"子欲何为？"渔翁见伍子胥抽出宝剑，吓得大惊失色，连退数步。

"老丈莫怕。"伍子胥双手捧着剑走到渔翁面前，"老丈有活命之恩，吾怎敢有伤害之意！此剑乃家传宝剑，剑把上嵌着七颗宝石，每颗都价值百金。途穷之人，无以报答，特解此剑聊表谢意，伏望老丈笑纳。"说着，就把宝剑往老丈手上送。

"壮士不必如此客气，一饭之劳何足挂齿。"渔翁死活不肯接剑，别有深意地望着伍子胥笑道："吾闻楚之法令，'得伍员者，赐粟五万石，爵执圭'，吾不图上卿之赏，而利你百金之剑乎？且吾乃一渔夫，每日操桨江上，带剑何为？而'君子无剑不游'，此乃子必需之物，不必送人！"

"老丈既不受剑，某终觉心中不安，愿乞姓字，以图后报。"

渔翁闻言，大为不悦道："邂逅相逢，得形于默，何必问姓字乎？子为芦中人，吾为渔丈人。况我舟楫为生，出没波浪，纵有姓名，何日再能一会。万一天涯相逢，我但呼子为'芦中人'，子呼我为'渔丈人'，足以为志记耳。"

"既如此，某恭敬不如从命，日后若能富贵发达，定来报答老丈今日活命之恩！"伍子胥便揖礼道别。

伍子胥刚转过身，心中又犯了嫌疑，此老者好生奇怪，既知我是伍子胥，又不言明，且死活不肯说出自己的姓氏，他到底是何许人也？会不会把我的行踪泄露给他人？对，还应该再叮嘱他一句。想到这里，伍子胥又转过身来，对已上了小船的渔翁喊道："老丈慢行，吾尚有一事相求。"

"客人难道还想过江嘛？"渔翁操桨在手，面色十分沉重。

"老丈又错解吾意！"伍子胥着急地说："此番转身相求，非为他事，乃求老丈口风紧一些，千万不要把我的行踪说给他人，万一遇见追兵切切不可泄露吾之去向，切记！切记！拜托！拜托！"说完这番话，伍子胥又转身上路。刚行数步，就听渔翁在身后叹息道："芦中人，芦中人！尔之疑心，何其重也！倘若真有追兵，吾何以自明？罢、罢，请以一死以绝君之疑矣！"伍子胥闻言，忙转身回视，只见渔丈人不见了踪影，但见小舟已翻了个底朝上，正慢慢往江底沉下去。

为义而死，千金报德

二月里，春天悄悄地来到了江南大地上。站在濑水边，已不觉什么寒冷。前些日子的那场春雪，曾给远方的瓦屋山戴了一顶洁白的帽子，连刮了几天东南风，又把那顶帽子吹落，见到的还是青翠欲滴的黛绿色。河岸边的榆树、槐树，虽还是光秃秃的枝条，可是，离河水最近的那一排柳树上，千万支柳条已绽出无数个嫩黄色的叶苞，远远望去，仿佛是无数根少女飘逸的乌亮的秀发，在明媚的阳光照耀下，又像是无数条闪闪发亮的黄金缕。大堤上，隔年的草儿又呈出淡绿色，嫩芽正伸出细细的尖叶儿，贪婪地吮吸着温暖的阳光和清新的露水。

与冬日里细如溪流的河床相比，春日濑水的身段要丰满得多了。河水已漫到堤岸的柳树根处，清澈的水流在河床中欢快地流着、淌着……站在这春意盎然的濑水边，史贞女不由感到畅快和舒服起来。是啊，在这充满生机、洋溢着蓬勃生命力的春天里，任你心中有着沉重的压抑情绪，也会被万象更新的勃勃生机所感染、所陶醉，情不自禁地为自己、为大自然而欢欣起来。

当灿烂的阳光把河面最后一点雾气驱散，史贞女放下食篮，脱下鞋子，挽着一大筐已在贝壳灰水中浸泡了七天的生丝，吃力地向河滩边走去。

站在河岸上不觉得寒冷，可是赤着脚站在河中的石块上，仍感到冰冷股骨。史贞女不由打了个寒战，先前那一点暖融融的春意，此刻也被这冰冷的河水冲走了。她又像往日一样，弯下身子，举起木杵，机械而又用力地捣击着搁在石块上的生丝。被贝壳灰水浸润过的生丝呈灰褐色，经清水一漂，又变成了灰白色，使劲地捶打了几下，再在水里漂一漂，便恢复了雪样的白色，这就叫"练"丝。这种劳作看似简单，但没有熟练的技艺是很难达到收丝人要求的。而且每次只能一把丝一把丝地操作，要把这一大筐生丝漂好，捶好，晾干，是够她忙一整天的。

村里的姑娘们都在木桥的上游漂丝、捣丝，木桥下游只有她孤零零的一个人。此刻上游的姑娘们正欢快地劳作着。"乒乒乓乓"的木杵捶击声里时不时还夹杂着姑娘们银铃般的欢笑声。相比而言，木桥的下游要冷清得多，除了时断时续的木杵声，便是偶尔从此掠过的鸟雀的"吱嗯"声。

这座摇摇晃晃的木桥仿佛是一道不可逾越的界限，把她与村里的姑娘隔离开来，更把她与欢笑和幸福的生活隔绝开来。

作为濑水河神的未婚妻，她既是村里最尊贵的女人，也是村里不可接触的最低贱的女人。

史贞女在她十六岁的花季之年，被族中长老和巫师们通过秘密表决而选为濑水河神的未婚妻。大家都认为史贞女是全村最美丽的姑娘，为了表达对河神的恭敬和畏惧，当然得奉献上最美丽的女子。

本来，史贞女与河神的隆重"婚礼"当年夏季就要举行，村人已在木桥上搭起庄严的祭台。说来也怪，那年夏天，濑水之神一点也没有发脾气，这一带十日一风，五日一雨，风调雨顺，和乐融融。这也许是因为河神还没有厌倦前几年所娶的妻子，或者对史贞女作为他的妻子还不甚满意。一句话，驯顺的濑水，使村民们变得小气起来，他们觉得在这种情况下，向河神奉献上几十年才出一个的美女，简直就是浪费。好钢得用在刀刃上，等河神发脾气时，再举行婚礼也不迟。于是搭好的祭台又拆了下来。

更为奇怪的是，十四年来，濑水之神一直都没有发过脾气，河水没有冲上过堤岸，甚至连一只羊、一头猪也没有被濑水淹死过，更不要说天地间最高等的生灵——人了。所以，史贞女与河神的婚礼，就一直拖了下来。

河神似乎忘记了在濑水之滨还有一个未婚妻，可村里的人却牢记住史贞女的身份，并以敬而远之的态度对待她。

作为神的"未婚妻"，贞节是最重要的，所以十几年下来，人们已记不清史家这位姑娘曾经有过什么样的大名或小名，一律都叫她史贞女。话说回来，像史贞女这样的身份，谁有胆量来破坏她的贞节！即使村里最无赖的好色之徒，见了史贞女，那眼光也不由自主地邪气顿收。

做了神妻，自然就不能再做人妻，史贞女的青春美貌渐渐消失了。

按常理说，史贞女应该受到村民的优待。可此地风俗规定，一切优厚待遇应从史贞女与河神正式婚配之日起方可享受。所以在这待嫁"闺中"的日子里，史贞女还得抛头露面，担任赡养老娘和为自己挣口粮的重任，冬绩麻、春养蚕、夏插秧、秋开镰，都是这位河神未婚妻养家糊口的手段。史贞女的家中也挺可怜的，老爹早亡，又无弟兄，只有一个老娘。贫寒的家境，大约也是她能被"荣耀"地当选为河神之妻的一个重要原因吧。

太阳已升得老高，和煦的阳光照在人身上，使人慵懒无力，不知是累了还是被太阳唤起身体内部的疲乏，史贞女挥杵的手越来越没有劲，红红的脸上像发烧一样地滚烫，尽管脸上已被溅起的水珠儿打得湿漉漉的，腿膝盖以下一直浸泡在冰冷的河水里，可她仍觉得周身发热，一股不可名状的内心骚动布满了她枯瘠的心田，在这万物复苏的春天里，她的内心在呼喊着、在催促着，去做一个女人吧，做一个名副其实的女人！即使是做这冰冷河神的妻子也比那不死不活的老处女生涯要强。她忍不住在内心深处发出呻吟，"河神，你快来吧，今天就让我做你的新娘！该死的负心家伙，你为什么要让我白等这么多年，难道真要我等到头发花白的那一天。"

想到这里，史贞女放下木杵，任凭练丝在河中漂荡，自己微闭上双眼，让全身心沉浸在愉快的幻觉世界中。她看到身材伟岸雄壮的河神正从桥下河水深处冉冉升起来，长长的胡须上还沾着晶莹的水珠儿，一双如炬的大眼睛柔情地望着她，宽厚的嘴唇嚅动着，似乎在说："亲爱的人儿，我来接你了！"然后，河神向她伸出一双巨手。让那巨手拥抱一定舒服极了。史贞女简直醉了。

"大姐，请问去吴都可是从这里走？"

一声响如洪钟的呼唤，把史贞女从痴迷的梦境中惊醒过来，定睛一看，河堤上正立着一位身高丈余，肩宽腰圆的大汉，旁边还有一位四五岁左右的小童子。他们是什么时候从桥上过来的？她怎么一点也没有察觉，敢情是自己太忘情了。他们想必看到了自己那副如痴如醉的情态，这岂不太难为情了。想到这里，史贞女的脸一下子变成绯红色，垂首低语道："小女子从未出过远门，只是听村上人说，过桥投东，便是去梅市的大道，而吴都怎么走，小女子就不得其详了。"

"多谢大姐指点路途。我们一路奔走，两天没吃上饭，实在走不动了，不知大姐能否……"伍子胥一边说话，一边盯着史贞女的饭篮。

此人真是恶赖，问了路，还要乞食，如此壮大的汉子，怎么落到讨饭的地步，真是怪异。史贞女一面思索，一面偷瞟了那壮汉一眼。她只是轻轻一瞥，便顿觉灵魂出了窍。这壮汉怎么与刚才梦中的河神长得如此相似？只是颔下的胡须短一些，肤色较黑。怪哉！此人究竟是神还是人？史贞女不由一阵恍惚，立在水中半晌说不出一句话。

"大姐，能否恩赐一饭？"伍子胥见史贞女垂首不语，以为她舍不得，便再次请求道。

史贞女定下神，从水中走上岸，对伍子胥施礼道："壮士见谅，小女子与寡母独居，三十而未嫁，从不与男子言语，这饭是断然分不得的。"

"大姐何必如此拘礼，在下又不是什么歹人，分饭于穷途之人，与礼何碍？"

"这个……敢问壮士是何许人也？"史贞女心里仍有些恍惚，不知此人是神还是人。

"承大姐发问，吾并非蠢贼歹徒，亦非村夫俗子，只是眼下被仇家追杀，不得不藏头缩尾。今日大姐一饭之恩，日后必将厚报！"

"如此说来，壮士也是天涯沦落之人，理应接济，然小女子亦有不便与壮士分饭之苦衷。"史贞女一想到族长与她立下的种种守贞规矩与处罚条例,心中好生害怕。但转念一想,规矩既然已破,再进一步又有何妨。于是打开食篮,取出食物,长跪在大汉面前,双手将食物举过眉端,恭恭敬敬地递将过去,"观壮士色,闻壮士言,贱妾乃知壮士是非常之士也。将来必定会干出一番惊天动地的大事业,今日得与英雄相逢,亦是天大的幸事。小女子亦有何嫌可避! 壮士,请用饭。"

"且慢,"伍子胥把手一摆,"大姐说话藏头藏尾,闪闪烁烁,莫非此地有什么男女避嫌的风俗? 若真如此,吾宁愿饿死,也不能坏了您的名节,给您增添麻烦。"

"本地寻常男女交往也比较随便,只是贱妾身份特殊,故而有诸多不便。"史贞女低声解释道。

"大姐有何特殊身份? 说句唐突的话,吾走南闯北亦有年矣,贵族姝丽,小家碧玉,吾亦阅之多矣,大姐的容貌可算是中上姿色。吾实不解,像大姐这样品貌,为何三十而不嫁人? 难道有什么难言之处,可否示之在下,否则,吾也不敢下咽大姐所赐之食。"

"承蒙壮士发问,敢不相告? 小女子之所以三十而未嫁人,只因为已被族人许配这濑水之神了,"伍子胥的诚恳目光给了史贞女无比的勇气和温暖,她再也拦不住汹涌而来的感情潮水,情不自禁地把自己十四年来的伤心事,哭诉给眼前这位既陌生又亲切的异乡壮士。

"这种陋俗,哪里是娱神,实则是滥害无辜!"伍子胥听罢史贞女的哭诉,勃然大怒道:"你怎么能挨到今日,当日为何不出走他乡?"

"咳,弱女子能逃到哪里去呢? 家中还有老母要赡养,再说,即使能逃出族人的手掌,又怎能逃脱河神的法网,要知道神力无边哟!"史贞女哀叹道,就在这时,突然冒出一个念头,要是这位大汉肯带她远走他乡,她一定义无反顾跟他走天涯、闯四方。可她这个念头又怎么能说出口来?

"不瞒壮士，小女子虽生人世，实同已死之人，早绝了生趣，只能听凭老天的安排，过一天算两个半日。"

"咳！"伍子胥长叹一声，搓着手说："吾若无仇人追杀，若无报仇重任在身，若无亡友的孤息拖累，一定要想方设法救你出苦海。"

伍子胥的三个"若"字，顿使史贞女刚刚萌生的一丝希望又彻底破灭了。她再一次把食盘举过眉端，"壮士一番好意，小女子心领了。请速用餐，饱食后，也好赶路。"

伍子胥刚把饭吃了一半，看到跪在对面垂首悲戚的史贞女，心中老大不忍，停下筷子安慰道："大姐莫要悲戚，常言道'天无绝人之路'，待我赴吴市，借得救兵，报了血海深仇，一定来此救你！"

"只怕小女子等不到壮士凯旋那一天。只盼他日壮士再经此地，能在河边烧一炷清香，贱妾九泉之下，心亦足矣，倘若老母还在人世，壮士能周济一二，便是无上恩德了。"

"大姐休要往绝处想！您所托之事，在下一定照办。"说到这里，伍子胥也感伤起来，只觉得搁在嘴边的饭团难以下咽。

"壮士乃远行之人，伏望饱餐，"史贞女把剩下的饭菜一齐端给伍子胥。

伍子胥与小童子急着上路，临行前，对史贞女拜了又拜。"蒙大姐活命之恩，在下没齿难忘，愿您收藏好餐具，勿与他人道及吾人行踪。"说到这里，伍子胥好像想起什么似的，连忙解释道："吾并非不相信大姐之为人，实在是为了避嫌。一则为您好，二则不欲让仇家得知吾人行踪。"

伍子胥的这番解释，一下子提醒了史贞女，村里的女孩子都在离自己不远的上游浣纱，自己与大汉盘桓了好一阵子，难道她们一点没有发觉？若是传到村里，自己何以自明？再说，这一切都在懒水之滨发生的，无所不在的濑水之神难道充耳不闻，视而不见？若是濑水之神因此而恼怒起来，降祸于族人，降灾于老母，岂不是自己的罪孽。罢罢，自己今生已邂逅这一异乡的奇男子，死又有何憾？他这一走，不知何年何月能再经此地，自己有生之年，断难与他再有聚首之日，也许他是一去不复返了，对，他一定不会复返了！与其活着痛苦地咀嚼这永难实现的幸福，莫如就此投水而亡，也好让自己的灵魂像风一样随他而去，岂不幸哉！想到这里，贞女主意已定，沉静地走到壮汉面前，隆重地拜了三拜，"壮士行矣，贱妾亦从此别矣！"

伍子胥和小童刚走出几步，就听见身后传来一声巨石坠水般的轰响，蓦然回首，却见史贞女已坠落到濑水中央。

"大姐，你这是为什么？"伍子胥发出撕心裂肺的惊叫。

然而，仰对着蓝天白云，正缓缓下沉的史贞女，仿佛一点也没有听见伍子胥一声又一声的呼喊，也没有看见伍子胥趴在河桥上双手递过来的树枝，张开的衣裳如同一叶小舟将她半托在水面上，嘴里正唱着一段又一段古老的巫歌，脸上没有一点恐惧的神色，却洋溢着令人难忘的幸福光彩。这张弥留的脸永远留在了大汉的心中。终于，史贞女的衣裳吸满了水，这位可怜的濑水神的未婚妻在那美妙动人的歌声中，被她那无情的"未婚夫"拖进长满水草的河水深处。最后，河面只剩下粼粼波纹，仿佛一切都没发生过似的。

一个可怜的人儿就这样消失了，可伍子胥却永远无法理解这个可怜人弥留之际脸上所浮现的神秘笑容和最后的神秘歌声。伍子胥无限感伤，毅然拔出佩剑，在河畔一块大砖石上刻下几句话："尔浣纱，我行乞，我饱腹，尔身溺，十年以后，千金报德。途穷人伍员敬题。"刻罢，又咬破自己的手指，沥血于字间。为了防止他人发现，伍子胥弄起一堆土，把题石掩埋起来，然后面对史贞女溺水之处虔诚地拜了几拜，才拉起熊胜的手向东走去。

行乞梅里，结识专诸

伍子胥过了濑水，按史贞女所说的方向，一路投东而去。又行了三五天，来到太湖之滨的故吴城。

故吴城又叫梅里，当年周太王古公亶父的长子太伯和次子仲雍，为了把王位的继承权让给兄弟季历和侄儿姬昌，从周原南奔荆楚之地，不惜"断发文身"，与当地的土著居民融为一体，在梅里建立了句吴国，又在梅里修建一座周长三里二百步、外郭三百余里的城郭。城内建造宫室住宅，居民在城郭外耕田务农。从太伯到吴王寿梦，都以梅里为都城。寿梦卒，长子诸樊继位。诸樊继位的当年，把都里迁到东面吴地，建立了吴子城。作为故都和先祖王寝的所在地，梅里城仍然是吴国统治的中心地带，依旧十分热闹。三街六市，店肆林立，人来人往，热闹非凡。

漫步在梅里城内，伍子胥料得楚平王不可能再对他构成威胁，戒心也略为放松了一点，便较为轻松地带着熊胜在大街上逛起来。

走着走着，忽听前面传来一阵打斗的喊叫声，赶上几步，只见观者如堵。伍子胥一只手抱起熊胜，一只手拨开众人，略使一点劲就挤到最前面，只见五个壮汉与一赤着上身的大汉正打得难解难分。大汉浑身绣着两条张牙舞爪的青龙，龙身四周又刺出若干云朵。一双胳膊似铁棒，一双拳头似铁钵，没头没脑地朝近处的壮汉脊背死捶死擂，而大汉身后，几名乘机窜过来的敌手围成半圆，有的朝大汉的胁间放冷拳，有的揪住大汉头顶的"椎髻"，有的像擂鼓似的在大汉的背肩上捶打，那大汉被打急了，便撇下正面的敌手，猛一转身，对着离自己最近的一个壮如铁塔的汉子面门上一拳，那壮汉顿时匍然倒在几丈开外的地上，一股鼻血急喷而出。那大汉见敌手倒地，勇气倍增，口中不住地喊："打死你们狗娘养的，看你们还敢欺侮人！"那被打翻在地的壮汉也毫不示弱，一个鲤鱼打挺，便从地上跃起，一只手揩了揩鼻血，就躬腰埋头，狠狠地往大汉的腹间撞过去。大汉被这突然一撞，顿时脚步踉跄，险些跌倒在地，还没等他站稳脚步，其他几个对手又围上来，纷纷抡起拳头往大汉的要害处乱捣。

站在一旁的伍子胥有点看不下去，当下就高喊道："五个打一个，岂不羞哉！"

伍子胥一声喊，大汉和他的五个敌手全都愣住了，大家暂时停下打斗，一齐盯住伍子胥。

"你算老几？也来搅浑！"鼻血还未揩净的壮汉不屑一顾道："杀猪的请来个要饭的帮手，真是一路货色！来，来，进场来，一样把你放平！臭要饭囊球，还要充好汉，多管闲事！"壮汉说罢，众泼皮也附和道："谅你也不敢进场来，哈哈，是个打肿脸充胖子的东西。"众泼皮的取笑一下子激怒了伍子胥，他把熊胜放下，袖子一捋，就要往场中跳。

"这位仁兄且慢，"赤膊大汉把手一摆道："咱家结的套子，咱家自行解，不敢有劳君手！"说罢，又弯腰躬背，摆出一个饿虎扑食的姿势，口中发出雷鸣般的吼叫声。

"要死的专诸！不来杀猪，却去打架，还不给我滚回家！"正当赤膊大汉欲做最后一搏时，猛然从人堆里传出一阵女子尖尖的喝骂声。

说来也怪，刚才还是威如猛虎的英雄，一下子就软了下来，也顾不得敌手的辱骂，掉头跳出圈子，忙不迭地拣起扔在地上的衣服，拼命挤开人群，朝发出喊声的女子奔去。

大汉一走，围观的人群立时散开，可那五个鼻青脸肿的泼皮仍在那里叫骂不休："什么英雄？十足的怕老婆！有什么活头，太湖没加盖子，还不如跳进去寻死算了！"那吃了亏的壮汉用手指抵住流血的鼻子骂道。可那叫专诸的大汉连头也不回，驯服地随着那女子往宰猪铺走去。

这么英勇的人物为什么又是如此胆怯惧内？伍子胥很奇怪，就问旁边的人："这么个壮汉，怎么还怕老妇人？"

那人告诉他："他是我们这儿的勇士，能力敌万人，生来就不畏强暴，见义勇为，只要看到有人受欺负，就会豁出命来去打抱不平。刚才门里叫他的，是他的母亲。她叫的专诸，就是这汉子的名字。专诸一向很孝顺，从来也不让母亲生气，即使正在火头上，听到母亲一到，马上就把火儿压下去了。"伍子胥不由得赞叹道："这才是真壮士啊！"第二天，伍子胥穿戴整齐去拜访专诸。专诸出来迎接，询问他的来历。伍子胥把姓名，还有受冤屈的始末情由，都对他讲了。专诸听后说："您受了这么大的冤枉，为什么不去求见吴王，借兵报仇？"伍子胥说："没有引见的人，不敢去乱闯。"专诸说："您说得也对。请问您今天来到寒舍，有什么事吗？"伍子胥说："我敬重你的孝道，想和你交个朋友。"专诸非常高兴，就进屋禀告了母亲，当即与伍子胥八拜之交。伍子胥比专诸大两岁，专诸管他叫大哥。伍子胥请求拜见了专诸的母亲。然后专诸又把妻子、儿子叫出来和伍子胥见面，杀鸡做饭，像一家人那样亲热，当晚又留伍子胥在家住了一宿。第二天早上，伍子胥对专诸说："我要告别兄弟进城，找个机会去见吴王。"专诸说："吴王粗鲁而骄傲，不如公子姬光亲贤下士，将来一定能成大事。"伍子胥说："谢谢兄弟的指教，我一定牢记在心。以后有用得着兄弟你的地方，请一定不要拒绝。"专诸答应了，三人就此分别。

伍子胥和公子熊胜继续往前走。只见城市又小又破，街市上人来车往，乱哄哄。两人身在异乡，举目无亲。伍子胥就把公子熊胜藏在郊外，自己披散着头发抹脏了脸，光着脚，拿着一管斑竹箫，在市场上吹奏，好要口饭吃。箫曲的第一段吹的意思是："伍子胥！伍子胥！跋涉宋郑身无依，千辛万苦凄复悲！父仇不报，何以生为？"第二段吹的意思是："伍子胥！伍子胥！昭关一度变须眉，千惊万恐凄复悲！兄仇不报，何以生为？"第三段吹的意思是："伍子胥！伍子胥！芦花渡口溧阳溪，千生万死及吴陲，吹箫乞食凄复悲！身仇不报，何以生为？"可惜街市上的人没有一个听得懂的。

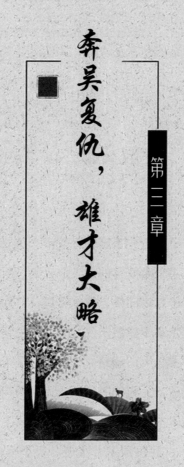

奔吴复仇，雄才大略

第二章

伍子胥逃到吴国，结识了甘嫄，找到好友专诸、要离、孙武和公子熊胜，又结识了公子姬光。为了帮助姬光得到王韬位，伍子胥命专诸刺吴王僚，使要离杀庆忌……在异国他乡，伍子胥以一个男人独有的气质与命运抗争，展示了他的雄才大略与超人胆识。

女奴甘媄，以身相许

这天傍晚，伍子胥行乞来到梅里奴市。这奴市就在梅里城墙根，有佃奴自卖的，也有邑主出卖奴客的，人群云集。伍子胥内急，要找一处茅茨小便。伍子胥向一个奴客问询，奴客笑道："你不是吴国人。吴国人只知道筑造笔宫邃室，从来不建茅茨。你要小便，朝墙可以。"伍子胥朝城墙根看去，果然有许多男人面墙站立，各自手扶尘柄击墙扫射。沿墙远望，那墙上漫港无数的尿迹，宛如一幅无边无际的神图怪画。又看见几个女奴提裙罩地，低头在人群中小便，或啸或吟，裙下边小溪漫流。又有穿短裙女奴，面墙蹲着，白屁股裸露着小便。伍子胥自语道："只听说吴国强盛，却不知道有这等情景。人为了活命，顾不上羞丑耻辱了！"

奴市上有一群人在哄闹。伍子胥走近前观看。有一个家臣买奴，让一个男奴张嘴，察看牙口，问道："你牙口还行。一天能吃多少？"

那男奴道："黍米三升。"

家臣拍打那男奴身板，讥道："你能吃未必能干。你这鸡胸蛇腰，我看不上。"那家臣扭头瞅见伍子胥，惊道："这人身高过丈，肩宽腰窄，有神力。"摇头叹道，"可惜了！胡子头发都白了，老喽。"

伍子胥听那家臣说他年老，心中凄凉，心想："我伍子胥才过四十岁，已经老了吗？世上有谁人知道，我伍子胥在昭关七天，愁白了胡须头发！"

伍子胥转身走到一旁，又见一个锦衣白胖男子调戏一个女奴，问道："我要买你，奶我小儿。你有奶吗？"

那女奴含羞，低头低声道："妾原来是家生奴，善春善酉。妾没有嫁人，嫁人就能生养，生养就有奶了。"

那白胖子淫笑，说道："你没有嫁？让我检查。"说完伸手去捏女奴的胸部。女奴慌忙双手护胸。胖子又撩起女奴的短裙。女奴惊怕，夹紧双腿躬身哀求道："老爷饶妾，老爷饶妾。"

那胖子不罢手，一手抓住女奴，强行猥亵。伍子胥一旁勃然大怒，伸手把胖子拉到一边，责斥道："你这人，怎能这样无礼？"

胖子怒骂道："你这个死叫花子，也配说礼！你瞧我，老爷礼来了！"

胖子挥拳朝伍子胥打去。伍子胥伸手抓住胖子胳膊，一脚把他踢得四脚朝天，引来人群一阵哄笑。那胖子打不过伍子胥，爬起来指戳道："死叫花子，有种你不要走。"伍子胥知道他去呼叫打手，拍剑笑道："我等候你。你要多带些兵马来！"胖子刚走，城门里果然开来一队兵马。前头戟戈开道。中间一乘轩车挂有车帏，不知道什么人乘坐。伍子胥暗想，周王礼仪规定，诸侯出巡单戟开道。如今一个小小官吏出行，竟然也戟戈如林，横行霸道，叹道："礼崩乐坏，世乱已堪了！"

女奴看见伍子胥和那胖子交手，见胖子去纠合帮凶，拉住伍子胥袍袖，说道："恩人，你不要在这里等他了。快，跟我走。"

女奴拉住伍子胥不松手。伍子胥只有随她沿城墙西行二三里才站住。靠着城墙根，是一排人字形趴地窝棚，都是竹木做屋梁，用稻草披了遮风挡雨。这种草棚，齐国人叫"马架子"，吴国人和楚国人叫做

"滚地龙"。

女奴领着伍子胥来到"滚地龙"门前，撩开草帘，请伍子胥进屋。屋里靠墙有草铺草席，粗布被褥整齐洁净。另一边有泥灶，锅碗瓢勺也很齐全。伍子胥寻思，这个女奴是个勤劳的女人。

女奴舀了一碗酒，让伍子胥喝，说道："这是我酿的清酒，请恩人解渴。"

伍子胥双手接过，连忙道谢。

女奴听到伍子胥的口音，问道："恩人也是楚国人吗？"见伍子胥点头，惊喜道，"恩公和我是同乡。"

伍子胥问道："你为什么来到吴国？为什么要插标卖身？"

女奴道："我父母替宗主春、酋，战乱中死亡。我跟随姐妹们逃奔到吴国，没有生计，只能卖身做奴。"

伍子胥对女奴的身世和遭遇很同情，自己也是流浪异国的苦命人，问道："请问你叫什么名字？"

女奴道："我叫甘嬷。"

伍子胥一乐，笑道："你名字丑，人俊俏。"说得甘嬷害羞，一边偷笑。

甘嬷见伍子胥豪爽豁达，少了拘束，大了胆儿问："恩公尊姓大名？为什么也来吴国？"

伍子胥长叹一声，说道："不说，不说了！"

这时，外面人声嘈杂。甘嬷捲下门帘，钻出屋外观看了一会儿，惊慌回来，对伍子胥道："我给恩公惹祸了。刚才撒野的白胖子，纠合一帮无赖，正在寻找恩公报仇。恩公不要走，天晚了，就住这里。我有个姐妹阿香，在屠户专诸家帮工，我去阿香那里住一宿。"

伍子胥听到专诸名字，猛然站起，头顶撞了梁，草屋颤晃，着急问道："专诸？他是不是楚国人？"

甘嬷道："专诸是楚国棠邑人。他为了救伍子胥的儿子逃到吴国来的！"伍子胥急道："我就是伍子胥。快，快，领我去见专诸！"

甘嬷吓了一惊，问道："你真是，伍二爷？"

伍子胥道："我真是伍子胥！请婆婆，带我去见专诸。"

甘嬷犹豫道："门外那伙歹人找你打架，怎么办？"

伍子胥道："不用怕！"

伍子胥拉着甘嬷，出了茅屋。甘嬷头前带路，二人沿城墙根西行四五里，到一座宅院门前。甘嬷进门便嚷道："专诸大哥。你看看，什么人来啦！"

专诸手提水桶从门里出来，见着甘嬷身后的伍子胥，把水桶扔了，奔上前抱住伍子胥，大叫道："二爷，你来了！你啊，想死专诸了！"

伍子胥也流下眼泪，拍着专诸道："我来了，一切都会好起来！"

专诸朝门里大叫道："伍俍，伍俍，你父亲来了！"

伍俍奔出，搂住伍子胥双腿号啕。伍子胥抱起伍俍，父子泪流满面。

孙武听见院里嘈杂，走出门来见是伍子胥，张开双臂，大叫道："子胥，子胥！"伍子胥见是孙武，放下伍俍奔上前去，二人相抱大哭。专诸、甘嬷、阿香也站在一旁流泪。

专诸刚要请伍子胥进屋，院外一人边哭边叫道："二爷，二爷，要离找你找得好苦哇！"要离又抱着伍子胥大哭一通。

孙武一边劝道："都别哭了。劫后重逢，大喜事。快请二爷进家。"

专诸、要离破涕为笑，众星捧月般簇拥着伍子胥进屋。阿香、甘嬷摆上酒菜。伍子胥、孙武、要离、专诸入席欢饮。伍子胥叙述了渔丈人仗义偷渡，牙山遇险史鹣救助等情形，众人都感叹不已。

孙武叹道："子胥兄，你磨难已了，苦尽甘来。"

专诸说道："史鹣，女中丈夫。可敬，可敬！"

要离道："史姑娘舍命救我二爷，二爷也答应娶她，我去溧阳走一趟，把史姑娘接来吴国。"

伍子胥摇头，叹道："史鹣三十不嫁，侍奉母亲。眼下我刚到吴国，大仇未图，怎能儿女情长？等以后事情顺当再说吧。"

孙武问道："子胥兄，你有什么打算？"

伍子胥道："我如果现在去投靠吴王僚，吴王僚会用我，必然得罪公子姬光，不是万全之策！我去秦国迎聘太子妃，曾经和吴王僚的儿子庆忌比试举鼎，吴王僚不会忘记。我往后还去梅里街道叫唱，不愁吴王僚不知道！"

孙武拍掌道："好！货物离开家乡，宝贵。人离开家乡，不值钱。你让吴王僚主动请你，是上策。"

众人直到夜半才散。要离牵挂公子熊胜，要回去。伍子胥要见小主人熊胜，带着伍侲和要离上车。孙武也要去，专诸叫道："长卿，你别走！你一走，明天没人帮我拽猪腿了。"

专诸的话逗得众人大笑。两个女人笑得玉树临风。甘嬷更是楚楚动人。伍子胥招呼甘嬷道："甘嬷，你上车，随我去伺候小主人。"

甘嬷为伍子胥豪骨英风所倾倒，正愁今天分别，担心缘尽，听到伍子胥要她上车，连忙答应。

伍子胥问道："别急，你要多少身价？"

甘嬷道："我不要钱，只要管吃管住。"

专诸道："甘嬷你去吧，二爷不会亏待你。"

甘嬷朝专诸、孙武行礼，又和阿香告别，跟随伍子胥、要离上车去了。

投奔吴王，官拜大夫

　　梅里西门，是水陆闹市。一边是平场阔地，窄巷密宅；一边是河湾阔港，船帆如林。河窄处有石桥，形如弓月，拱在河上。

　　这天伍子胥经过梅里西门外桥头。他一边弹奏悲歌，一边缓缓自桥塊朝桥上拾级而上。对面桥塊也走上来一位占卜的先生，正是被离装扮。

　　被离听见对面桥坡伍子胥唱歌，摇动手中的卜幌，一边拾级登阶，一边高叫道："文王造易，周公代卜，晋献向聘，辞卜可禳也。要知福祸凶吉、贵贱寿夭、穷达兴衰、先知生死，问我相者！"

　　伍子胥和被离在桥顶相遇，正要擦肩走过，被被离拦住去路。被离对伍子胥行礼，说道："将军是当世豪杰，相者被离，有礼了。"

　　伍子胥大惊，一边避让，一边说道："我是乞丐。先生笑话我了。"

　　被离道："将军虽为乞丐，破衣难挡傲骨英风。乱发遮脸，难挡二目如炬。古人说，得遇高人不可错过。被离请将军小酌一杯，不要推辞。"

　　伍子胥推辞道："先生错爱。我是穷叫花子。"

　　被离道："将军不必过谦，请随我来。"

　　伍子胥被被离拉进桥头酒馆，在临河窗前坐下。被离朝伍子胥道：

"这家酒馆，鳝糊、河蟹、鲂鱼、炳肉，遐迩闻名。"

伍子胥拱手道："我是穷叫花子，怎敢挑剔。先生随便。"

被离叫过店伙计，要了炒鳝糊、蒸蟹、熏鲂鱼、红焖肉。店伙计道："小店刚进新苑，可做鲜汤。"被离大喜，又要了一坛黄酒。

二人饮酒三杯，被离说道："听说楚国忠臣伍奢满门被害，只有次子伍子胥出逃。我看将军相貌，敢问将军是伍子胥吗？"

伍子胥笑道："敢问先生，你听过我唱的歌吗？"

二人开怀大笑，又饮几杯，子胥才说了逃奔吴国的经过。被离感叹道："我相人许多，没见将军如此相貌。将军以后大业，旷古烁今。"

伍子胥长叹一声，说道："先生这话，叫子胥惭愧。子胥父兄大仇未报，流浪吴国，哪有前程大业。"

被离道："我为将军卜一卦。"

伍子胥问道："无龟不卜，无蓍不筮。先生龟蓍都没有，怎么卜？"

被离笑道："卜筮事倍。越国人用鸡卜，又用蠡卜。晋国人用虎卜，樗蒲卜，牛蹄卜成。楚国人常用竹卜。将军是楚国人，我用竹卜！"

被离拿了两根竹筷，对子胥道："将军看清了，青为阳，黄为阴。"就把竹筷朝空中抛去。竹筷落地，二人观看，真是一青一黄。

被离笑道："这是一仰一俯大吉之卜。将军以后要当宰相，功建伟业，名彪千古。"被离见伍子胥惊愕，便道："实不相瞒，我是公子姬光的门客被离，受公子吩咐，来寻访将军。吴国的王位，应当公子姬光继承。吴王僚是余昧儿子，窃占王位，让他同母弟弟掩余、烛庸掌握兵权。吴王僚儿子庆忌，曾经和将军举鼎，他虽不如将军冠勇盖世，也是当世勇士。朝中权贵，都是吴王僚亲信故旧。公子姬光势孤力薄，要夺回王位困难。如果不杀吴王僚，公子姬光迟早被吴王僚诛杀。公子姬光让椒丘携沥镂宝剑游访天下勇士，有幸结识将军。今天公子姬光听说将军已到梅里，命令我邀迎将军进府。"

伍子胥听罢被离一番话，正在思虑。店门外有一队士兵持戟奔跑而来，把酒馆围了个水泄不通。伍子胥、被离惊愕，门外走进一人。伍子胥见这人身高八尺，体壮如牛，阔口浓须，穿戴盔甲，手按剑柄四处顾盼。被离对伍子胥低语道："这人就是掩余。"

伍子胥道："我看面熟，原来是他。"

掩余看见伍子胥，慌忙抱拳行礼道："将军是伍子胥吗？"

伍子胥离座还礼道："在下正是。你是掩余将军。我和你在秦国有一面之缘。"掩余笑道："伍将军举鼎，冠勇盖世，气吞山河，掩余敬佩。大王听说将军来到吴国，命令末将迎接将军进宫。"

伍子胥听了掩余的话，心里暗喜。他已经熟虑，公子姬光虽然贤勇过人，却手无兵权，不能助自己报仇。自己要借兵伐楚，不依靠吴王僚不行。伍子胥不愿意得罪公子姬光，朝被离拱手低语道："请兄弟代我转告公子。公子情分，子胥厚报。"

伍子胥辞别被离，跟随掩余上车，进宫觐见吴王僚。进了王宫，掩余安顿伍子胥先在宫馆住下，又命令宫奴伺候子胥沐浴更衣，酒宴款待。掩余去回奏吴王僚。

第二天，吴王僚召见伍子胥。礼毕，吴王僚赐座。吴王僚在秦国看过伍子胥举鼎，十分敬佩。传言伍子胥雄勇冠世，武可定国，文能安邦，但不知虚实，他问道："寡人知你贤能，是当世豪杰。寡人听说伍氏三世忠臣，有大功于楚国。寡人小国，偏鄙东南，想要图强自保，你认为寡人应当怎么干？"

伍子胥道："吴国虽小，少遇战祸，今天大王图治，百姓富足。亡臣看当今大势，大王北和齐国、鲁国结仇，南和越国为敌，这是祸患。臣认为，吴国目前最大仇敌，就是楚国。大王和先王，同楚国征战不下数十次，未决胜败。楚国地广人多，国富兵强，晋、齐、鲁诸国多次伐楚不胜。臣认为，吴国西邻强楚，是吴国的心腹之患！吴国如果不打败楚国，楚国肯定要灭掉吴国。"

吴王僚听了伍子胥一番话，仰头大笑，问道："我听说你投奔吴国，想借寡人手，替你伐楚报仇，是吗？"

伍子胥道："是的！楚王杀我满门，此仇不报，我誓不为人。我投奔大王，因为大王是楚王的仇敌。我助大王报仇，我也报了仇。求大王成全。"伍子胥声泪俱下，离座跪倒，头颅触地有声。

吴王僚慌忙离座，扶起伍子胥道："子胥不要悲伤。寡人伺机出兵，为你报仇。"吴王僚设宴，和伍子胥共饮。席间谈到诸国国政军事，子胥都有见解。吴王僚愈加敬重，拜伍子胥大夫官职。

有一天，吴王僚问伍子胥道："寡人要出兵伐楚，替你报仇，只是寡人内忧未解，所以不敢举兵向外。"

伍子胥惊问："大王有什么内患？"

吴王僚叹息道："公子姬光，算计寡人王位，蓄谋很久了。寡人要除掉他，你看行不行？"

伍子胥心里大惊，镇定了说道："不行，不行。公子姬光是先王儿子，传言他有心争夺王位，没有行动。大王杀他，会遭到臣民埋怨。今天吴国兵权，都掌握在大王手中，又有将军掩余、烛庸、公子庆忌，都是万夫不敌，怎怕一个匹夫之勇。等到公子姬光谋反坐实，大王再杀不迟。"

吴王僚听伍子胥的话合情合理，愈加敬重。

公子姬光听到伍子胥被吴王僚接进王宫，拜为大夫，心中恼火，和被离商议道："伍子胥不为我用，以后必为我敌，怎么办？"

被离道："伍子胥投奔吴国，是借吴兵报仇。伍子胥依附吴王僚，因为吴王僚有兵。公子要得到伍子胥，不用离间计不行。"

公子姬光用被离计谋，进宫见吴王僚，奏道："光听说楚国伍子胥投奔大王，王兄认为其人如何？"

吴王僚甚为不悦，说道："其人冠勇盖世，吴国无二。寡人知道他文武奇才，堪称大贤。伍子胥为报父兄之仇，历千辛万苦投奔寡人，求寡人出兵相助，大孝。齐国人管仲说，人子不孝，不为贤臣。寡人用伍子胥，爱他贤孝。"

公子姬光问道："大王答应帮他报仇了吗？"

吴王僚道："寡人怜他悲伤，答应了。"

公子姬光听到吴王答应出兵伐楚，替伍子胥报仇，如果实现，伍子胥必为吴王僚所用，自己夺位无望。公子姬光强压心头怒火，进谏道："臣认为，近年吴楚交兵已久，未有大胜。楚国地广兵强，我吴国国力远不如楚国。大王为伍子胥泄恨而举兵攻楚，胜则释匹夫之恨，败则蒙大王之辱。臣认为，大王应当恤民养兵，等候时机谋霸，不要为伍子胥私仇兴师动众！"

吴王僚见公子姬光言语实在，说道："你话有理，寡人暂不出兵了。"

公子姬光告退。吴王僚对伍子胥道："寡人兵器缺乏，国库没钱，伐楚之事，以后再说吧。"

伍子胥见吴王僚出尔反尔，不肯出兵伐楚，心中恼怒，又不便发作。伍子胥道："子胥是一勇之夫，不足大王所用，请辞大夫官职。"

吴王僚知道伍子胥怨恨，心有内疚，便道："寡人准辞。寡人赐你阳山之田百亩，你自耕足食。以后寡人伐楚，召你带兵。"又赐黄金百斤。

伍子胥空得了一个大夫的头衔，却并不能满足自己报仇雪恨的目的，不由大为沮丧。他想：早也盼见吴王，晚也盼见吴王，没想到见了吴王却是这么个结果。看来，这吴王的确如专诸所言，不是一个开基创业的主儿，疑心甚重，又优柔寡断，自己的一番良苦用心，竟是要付诸东流了。

既如此，再待在王宫中，百无一益，不如先回住地，从长计议。因此，他辞过吴王，欲回专诸家中。吴王并不挽留，也不问他去往何方，只是赐帛三十匹，以表对他一番进言的嘉许。

冬去春来，燕子南飞。江南的乡间，又是一派氤氲的春景。伍子胥在专诸家中，与专诸母子共度时日。值春耕时节，他和专诸一道，扶犁吆牛，耕于垄亩之间，倒觉得有一番别样的情趣。在朋友们聚会的时候，专诸等人已劝过他：报仇一事，时机不到，不可操之太急。当今吴王，乃碌碌之辈，无霸业雄心，非成大事者，即使投靠于他，也不可能取得伐楚之功。既然这样，不如暂隐居茅屋，韬光养晦，以待时日。

决战鸡父，大败七国

吴王僚一心想争霸天下。在伍子胥来吴前后的几年里，与邻国争斗的战场血腥，掩盖了吴宫内部的刀光剑影。

吴王僚六年（公元前521年），吴军在宋亡臣华登的带领下进攻宋国，却被宋齐联军打败在鸿口（今河南虞城）。

吴王僚八年（公元前519年），吴王又伐楚，与楚军战于鸡父（今河南固始东南），楚军溃散，吴军复得州来（今安徽凤台）。楚国会同顿、胡、沈、蔡、陈、许等六个诸侯国联军前来救援，吴军在钟离（今安徽凤阳北）抵御迎敌，两军对峙。不料楚军主帅病死，联军士气低落。公子姬光对吴王僚建议分兵击破依附楚国的小国，吴王僚依其计，用三千名囚犯去冲胡、沈、陈三国阵地，三国军队争先恐后抓俘虏，乱成一团时，公子姬光率右军，公子掩余率左军，吴王僚自率中军，掩杀过去，胡、沈两国之君和陈国大夫被捉。许、蔡、顿三国军队听后也开始溃逃，楚军一看无人帮助了，也逃回楚都。吴楚鸡父之战，大长了吴国威风。

不久，吴楚边境又发生了民间冲突，楚国边邑钟离同吴国边邑卑梁（今安徽天长西北）相邻，都是以养蚕植桑为主。一天，两邑有女子在卑梁一边为争夺桑叶而发生械斗，引起了两国边境守军的战斗，楚军乘机占领了卑梁。吴王僚得知后，十分恼火，命公子姬光准备伐楚。第二年，公子姬光率部出征，占领了楚地钟离和巢。嗣后，楚国也加强边境防御，在卷（今河南叶县南）、丘皇（今河南信阳）等地筑城，还动迁大量移民驻守。

吴王僚十一年（公元前516年），也就是伍子胥到吴国后的第五个秋天，楚平王病了。

楚平王熊居的病，一者是纵淫过度，再者是因伍子胥逃奔吴国，惊悸过度。熊居四肢绵软无力，食不甘味，寝不安枕。每每合眼，便看见伍子胥执剑追杀，而他却腿不能迈，口不能呼，惊恐万状。醒来身如出浴，衾枕湿透。这天费无极进宫问候，平王熊居正命令卜官取宫里守龟卜疾。费无极侧立一旁，躬身观看。

卜官卜得一巽上艮下的蛊卦。卜官和费无极都大吃一惊。费无极略知卦辞，巽为女、为风，艮为男、为山。运卦含义，是平王和秦姬孟嬴不正当配偶，导致女惑男，男如草木被风吹落。这是大大不吉利卦象。太卜看着费无极，哀求助解。费无极目示卜官重卜，卜官又卜得无妄之卦。

楚平王熊居躺在宝榻上，见久卜未果，问道："卜得什么卦？报来！"

卜官跪禀道："恭喜大王，臣卜得无妄卦，大吉卦象。大王的病，快好了。"

楚王问："什么是无妄卦，太师知道吗？"

费无极道："臣略知卦辞。无妄卦，辞云'无妄之疾，勿药有喜'。臣让宓湜去历阳山，寻请扁鹊徒弟东皋公，来给大王治病，这几天就到。"

宓湜赶到历阳山，恰巧东皋公外出刚回。东皋公笑问："将军守关，怎么有空来这里？"

宓湜礼毕，把伍子胥出昭关渡楚河逃奔吴国、楚王囚他赴都问罪、屈踏求情等情况叙说一通，又道："太师囚我家小做人质，命令我寻请先生给大王医病。我请不到先生，我家小性命不保。请先生屈驾下山，救我一家老小。"

宓湜长跪不起。东皋公搀扶道："将军请起。我随将军去。老夫谨遵师训，医人者，救人行善，不问病人贵贱善恶。"

东皋公跟随宓湜来到楚都郢城，进宫为楚平王熊居诊治。东皋公认真诊视了熊居的面色和脉相，笑道："大王阳劳过度，不需医药，节欲静养，即愈。"

平王想到卜官无妄之卦，笑道："先生果真神医。"又问道，"寡人听说先生先师是扁鹊。先生有治不好的病吗？"

东皋公道："先师医术名闻天下。先师过邯郸，听说妇人病多，就做带下医。先师过洛阳，听说周人敬老，就做耳目痹医。先师入咸阳，听说秦人爱小儿，就做小儿医。医术者，随俗而变。秦太医令李醯，自知技不如先师扁鹊，让人刺杀先师。天下诊脉者，无不循先师之术。先师曾言，天下之病，有六病不医。疾者骄横放纵，不明道理，不医；轻身重财者，不医；衣食不适者，不医；阴阳并，藏气不定，不医；形羸不能用药，不医；信巫不信医者，不医。以上六不医的病，神人治不好。"

楚平王大为赞叹，酒宴款待，又赐东皋公重金。平王又赦宓滠罪，命他率兵守边，防备吴兵入侵。熊居病渐好，对费无极道："从前齐侯小白说，人有千年之食，而无千年之寿。小白死后，诸子争位，尸骨不殓，蛆虫出户。寡人不可学小白。"

费无极道："大王所忧极是。大王可命奋扬替大王筑寝宫，以备百年安息。再者，熊建虽死，熊胜有伍子胥辅佐在吴国，是太子的祸根。臣知道熊建母亲住郧地，她以后会做伍子胥内应，必立熊胜为王。大王应当派人杀掉她。"

楚平王思虑很久，不忍下手，说道："筑寝造陵事，命令奋扬去做。杀熊建母亲，以后再说。"

平王宫奴劳娜，是楚夫人旧奴，得知平王要杀楚夫人，偷偷跑到跡城，密报夫人。楚夫人在郧城坐卧不宁。劳娜道："伍子胥辅佐公子熊胜在吴国。夫人为什么不派人去吴国求救？"

楚夫人叹息道："只是没有人能去。"

劳娜道："妾奴私逃出宫，也不能长在夫人身边。妾奴愿去吴国见伍子胥，传达夫人请求。妾奴听说伍子胥和吴王僚、公子姬光有交情，让他请求吴王出兵来接夫人。"

劳娜女扮男装，带一名男仆驾车，赶奔吴都梅里。劳娜几经周折，寻到阳山，向伍子胥哭诉了楚平王要杀楚夫人。劳娜传达夫人请求，求伍子胥借兵入郧，救迎夫人。伍子胥连夜赶奔公子姬光府中，对公子姬光道："公子熊胜祖母住郧地，楚王要杀她。楚夫人要我借兵救她逃来吴国。子胥请公子相助。"

公子姬光沉思很久，叹道："不是我不助，我无力帮助你。吴国兵权，都在掩余、烛庸、庆忌三人手中。"又道，"你和庆忌在秦国举鼎较技，有一面之缘。庆忌这人虽然恃勇骄狂，却佩服勇士。我要向吴王建议出兵迎救楚夫人，吴王肯定猜疑。庆忌如果建议，吴王肯定同意。"

伍子胥去见公子庆忌。庆忌和伍子胥礼毕，大笑道："子胥此来，和我较勇吗？"

伍子胥拱手道："子胥当年和公子较力，承公子礼让，今天特来谢罪！子胥是楚国亡臣，仰慕公子神勇，愿和公子为友，岂敢较勇。"

公子庆忌被伍子胥一番恭维，说得心花怒放，摆上酒宴，款待伍子胥。酒过三杯，庆忌问："我父王封你大夫之职，你为什么辞官田耕？"

伍子胥叹道："大王答应替子胥出兵伐楚报仇，因为公子姬光劝阻作罢。子胥不愿为难大王，辞官归田。"

庆忌大怒，拍案道："公子姬光恃勇忌能，子胥不要和他交往。子胥你是我朋友，有事我自当助你。"

伍子胥暗自好笑，庆忌果然是一勇之夫，全无心计，便道："已故楚太子熊建母亲住在郧城，楚王要杀她。楚夫人派人来吴国，要我请吴王出兵，接夫人来吴国避难。子胥来请公子奏请吴王出兵，如果接夫人来吴国，以后子胥伐楚，立公子熊胜为王，楚、吴永世相亲，不交兵戈。"子胥说完，离席倒身下拜，泣道，"子胥和楚昏王不共戴天，誓杀昏王和费无极，为父兄报仇。公子帮助子胥，大恩子胥不敢忘。"

庆忌慌忙搀起伍子胥，说道："将军请稍候。我即刻面见父王，为将军请兵。"

庆忌随即进宫，奏请吴王僚出兵。吴王僚犹豫不决。掩余也不赞成出兵。庆忌一旁着急，便道："伍子胥投奔父王，借兵伐楚报仇。子胥和楚国为敌，是为父王效力。今天子胥借兵接楚夫人来吴国，为了将来更立楚公子熊胜为楚王。熊胜今在吴国，屡得父王资助，以后他当楚王，会不忘吴国恩情。父王今天借兵给子胥，对吴国有利无害。"

庆忌一边说一边目瞪掩余。掩余不愿意得罪庆忌，于是一旁奏道：

"大王可以借兵给伍子胥。为防备他有变化，可以让他把楚公子熊胜和他儿子，送来做人质。"

吴王僚觉得掩余说的有理，借兵车二百乘给伍子胥。伍子胥把熊胜、伍俍送到公子庆忌府中当人质，甘嬷跟随侍候。吴王僚对伍子胥还不放心，又派掩余跟随伍子胥一同率兵入楚。伍子胥奏请吴王僚道："臣此番入楚，兵少将微，要有大战恶战。大王派掩余将军随臣入楚，凡事当由臣遣调。臣以楚公子和儿子当人质，不敢掉以轻心。"

吴王僚命令掩余，入楚后凡事听令于伍子胥。掩余答应了。伍子胥和掩余各率兵车百乘，前往楚国郧城接公子熊胜祖母。大军走到钟吾，遭遇楚将宓濮率军阻截，双方军队安营扎寨。宓濮一边备战，一边派快马轻车飞奔郢都，奏报楚王熊居。楚平王拜令尹阳匄为大将，并征召陈、蔡、胡、沈、许、顿六国之兵，赶奔钟吾增援。阳匄命令宓濮军队居中，胡、沈、陈三国军队居右，许、蔡、顿三国之师在左，三方呈犄角形势，各安营寨。

伍子胥派人飞报吴王僚。吴王僚命令庆忌率大军一万，罪囚三千，开到楚国边境城市鸡父下寨，支援伍子胥。庆忌、掩余二人到伍子胥大帐商议军事，间谍禀报，楚令尹阳匄突患暴病死于军中，楚将宓濮统领三军。

伍子胥听到阳匄病死，仰天大笑道："宓濮过去跟从武钧，杀我伍氏满门。武钧已死，憾未能亲斩他。今天宓濮和我对阵，正好杀他泄恨！"

庆忌道："父王嘱我，军前听将军调遣。将军发令，庆忌没有不从。"

掩余说道："今天吴、楚两军对峙，胜负各具其一。掩余愿听将军命令。"

伍子胥感动，抱拳朝掩余、庆忌施礼，礼毕道："楚令尹阳匄病死，楚军未战先亡大将，其斗志已丧失！诸侯军队虽多，都是临时纠合。而且沈、胡军队战斗力弱，陈、蔡、许三国军队也不肯为楚国卖命。楚军七国之众，同战不同心。楚帅宓溅位卑无威不服众，此战必败。我军以左军击楚师陈、胡、沈三国右军，击他溃败，楚军必大乱，乘胜掩杀，可获全胜。"

掩余、庆忌都赞同伍子胥计谋。伍子胥命令庆忌率左军，掩余率右军，自己率中军。又命三军将士饱食待战。这天正是晦日，又逢天阴，四野漆黑。伍子胥登高远眺，不见山形，但见楚军营盘内灯火闪烁。楚营正面用兵车筑城，背倚山崖。等到夜半，伍子胥命令三千罪囚，攀崖杀进楚军右营。楚军右营是陈、胡、沈三国军队，兵士正在酣睡，怎经得起罪囚拼命砍杀。顿时楚营内哭爹叫娘，喊杀之声震天撼地。

伍子胥趁机命令庆忌率吴军左军，从正面杀进楚军右营。陈国君王只穿一件短裤，赤裸上身，提戟上车要突出营门，正遇庆忌驱车赶来，被庆忌只一戟挑死车下。沈、胡二国国君逃出营门，夜暗中慌不择路，误把掩余左军当作楚军左营，被掩余走车活擒。

伍子胥命令掩余率兵埋伏在楚国左军出山路口，等到敌军出援，趁机击杀夺营。伍子胥亲率中军扎在楚军中营三里之外，要和宓溅决一死战。庆忌在楚军右营杀到天晓，活擒陈、胡、沈三国兵士八百余人。营盘内尸横遍地，鲜血流满山下的沟溪。

伍子胥下令把沈、胡二君斩首，又命令庆忌把俘虏的陈、沈、胡三国八百兵士，全部释放，让他们投奔楚军左营。败兵逃归敌营，许、蔡、顿三国将士听到吴军血洗陈、沈、胡三军右营，三国君王都死了，吓得胆战心惊，兵士出营四处奔逃，不听号令。伍子胥命令庆忌、掩余合左右二军，进攻楚军左营，亲率中军杀向楚军大寨。

楚帅宓溅听说右营已破，吴军合攻许、蔡、顿营盘，急忙披挂上车，号令军士驾车列阵。刚列好阵，伍子胥率兵杀到。伍子胥命令三百死囚，赤裸上身，挥舞砍刀，直冲楚阵。楚兵丧胆，怯阵后退。伍子胥趁机挥师

方正贤良 伍子胥

赶杀，楚军大溃。宓澅回辕要走，伍子胥喝叫道："匹夫休走！你随武趵杀我一家老小性命，今天我讨债来了！"

伍子胥挺戟朝宓澅猛刺。宓澅怕伍子胥神勇，挥戟打马，驱车疾逃。伍子胥一戟刺空，深深扎入辂车车毂。宓澅趁机跳下车逃走。伍子胥率军追杀，五十里外才停。

宓澅收拾残兵，仅存半数，休兵三天，命令间谍探到伍子胥率一军亲赴郧阳接楚夫人。宓澅率兵赶奔郧阳阻截。宓澅兵到郧阳，伍子胥早已接走楚夫人，班师回吴国了。宓澅仰天长叹道："我守关失责，纵逃伍子胥已获死罪。今天又败给伍子胥，既丧七国之师，又失楚夫人，死罪难赦了。我有什么面目去见楚王。"宓澅畏罪，自刎而死。

吴王僚得报伍子胥大败七国之师，大捷于鸡父，亲自出梅里西门迎接。伍子胥随吴王僚进宫。吴王僚排盛宴贺捷。伍子胥喝得酩酊大醉。

阿香劝夫，以身赴死

公子姬光听说伍子胥指挥吴军和楚军在鸡父会战，一举击溃七国联军，迎回楚夫人，又喜又忧。喜的是，钦佩伍子胥是当世骁将，名不虚传。忧的是，万一伍子胥被吴王僚利用，他公子姬光想夺回王位就毫无希望了。

伍子胥班师凯旋，吴王僚亲率吴国群臣出梅里西门迎接。公子姬光托病没去，在宫中唉声叹息，愁眉不展。他打发被离去打探消息，直到天黑，被离还没有回来。宫奴要明火亮烛。公子姬光挥手赶走宫奴，黑暗中抽出一柄短剑把玩。这剑出鞘，闪出一道荧光。青幽幽的精光如同冷月一般，照得大厅一片明亮。这短剑名叫"鱼肠"，和他赠给伍子胥的沥镂剑，都是越国铸剑名匠欧冶子铸锻，当年越王进献给公子姬光的父王诸樊，如今传到了他的手中。

公子姬光把玩着鱼肠剑，心中生出刺杀吴王僚的念头来。他想，伸颈待戮，倒不如先下手为强。能够伺机刺死吴王僚，自己虽死，也无憾恨。

公子姬光正在思索，被离来了。被离见公子姬光手拿鱼肠剑，大吃一惊，低声道："公子，你要干什么？"

公子姬光长吐一口气，说道："这剑渴了，我要让它喝血了。"又问，"王宫盛宴怎样？"

被离道："吴王把楚夫人和楚公子熊胜扣留在后宫。伍子胥带他儿子伍偃回阳山耕田。"

公子姬光吃一惊，急问："大王没有封伍子胥官职？"

被离道："没封。我看伍子胥出宫上车，脸有怒气。"

公子姬光笑道："好，好啊！昏王没封伍子胥，忌伍子胥才能。他又质押楚夫人和熊胜，已经得罪伍子胥。伍子胥必为我用！"

被离道："鸡父大捷，是伍子胥的功劳。吴王装聋装瞎。庆忌、掩余狂妄自大，自认为功高盖世。吴王眼中只有庆忌、掩余、烛庸三人，天下再无英雄了。"

公子姬光亲自关上门窗，低声对被离道："昏王见鸡父一役大败七国联军，今又扣押楚夫人和熊胜。他要起兵伐楚。我祸患来了。"

被离惊问："公子，哪来祸患？"

公子姬光道："昏王怕我夺位，不用我领兵。昏王一旦伐楚，必忧内

82

患，肯定先杀我然后用兵。"

被离道："公子快联络伍子胥，先对昏王下手。圣人说，先下手为强，后下手遭殃！"公子姬光道："我担心伍子胥被昏王利用，不想昏王让他归田。你明天如此这般。"公子姬光和被离耳语一阵，各自回寝室安歇。第二天被离吃了早饭，穿了葛衫布服，从后院角门溜出王宫。被离寻背街僻巷走了一阵，回头四顾无人，雇了一乘马车，直奔城外阳山驰去。

伍子胥前夜醉酒大呕，神志不清。甘嫫替他脱净，温水擦体。甘嫫对伍子胥很是钟情，伍子胥又不愿娶她，又恼又恨。她见伍子胥体貌伟壮，春心荡漾，息了烛火，脱光了钻进被窝，抱着伍子胥睡了。

伍子胥夜里做梦，梦见要离从深阳接来史鶒。当晚孙武、专诸、要离等人为他和史鶒拜堂成婚。伍子胥高兴，放量豪饮，醉酒大呕。史鶒扶他进洞房，为他脱衣洗浴。伍子胥道："不要你劳累，我自己来。"

史鶒笑道："你看你烂醉如泥，能行吗？"

伍子胥道："我这丑陋身子，不能脏了你的双眼。"

史鶒说道："你怕脏我眼，阳山治伤怎么不说？妾今天是你妻子，你又为什么用羞丑拒绝我！"

伍子胥不再推辞，任由史鶒把他脱光了身子洗擦。他四肢绵柔无力，只微睁双眼盯住史鶒含羞的娇容。他看见史鶒吹熄了烛火，听到一阵窸窣之声，想到是史鶒脱衣。后来感觉到史鶒掀了被子，小心地挨着他睡下。他嗅到了女人的体香，触觉到史鶒冰凉细腻如脂玉般滑溜的肌肤。他感觉到自己的体肤如火一般地灼热，温暖着史鶒。史鶒如冰块一样，慢慢地融化了，四肢复苏，猛地抱住伍子胥，咬住了他的肩头。伍子胥被疼痛激醒，翻过身来，紧紧搂住史鶒的娇体。他听到史鶒娇声求告道："夫君轻点儿，我怕。"

伍子胥于是轻轻地拥抱着史鶒，脸儿相偎，身儿相压，一会儿如抚琴瑟,一会儿拉弓劲射,极尽夫妻恩爱。

伍子胥天亮醒来,见一娇美女子赤裸着睡在身旁,大吃一惊。拍拍昏沉的脑门想了想昨夜所梦,更是百思不解。难道昨夜所梦非梦?难道这女人正是史鹣?这女子秀发如云,遮盖着脖颈后如玉般洁白的肌肤,脸面侧向一边,吐气如兰。

伍子胥一时惊慌得不知所措,半天才伸手拿了衣衫要穿。这时那女子翻过身来,伸了玉臂搂住他,把脸面埋在他的腋窝下,抬了腿在被中压上他的身子。伍子胥一阵激颤,吓得大气不出,又过半天,才大了胆去撩开女子脸上的乌发,一瞅惊叫道:"甘嫫,甘嫫!你,你,你怎么这样?"

甘嫫醒来,睡眼惺忪地看住伍子胥,问道:"二爷,我怎么啦?"

伍子胥怒斥道:"你怎么睡在这里?"

甘嫫含羞,笑道:"二爷,这要问你。你昨夜酒醉,呕吐得上下污秽。妾奴替你擦洗,你搂住妾奴不放,直叫唤妾奴啥子史鹣。妾奴是二爷的奴婢,怎敢抗拒,就顺从二爷,在这里一同睡了。"

伍子胥听了,直拍脑袋,愤道:"酒后失德,酒后失德。我伍子胥堂堂汉子,如此荒唐?甘嫫,我对不住你。"

甘嫫笑道:"二爷是主子,甘嫫是奴,二爷怎能说这样话哩!甘嫫一心想嫁二爷,一是甘嫫出身卑贱,二是二爷难忘史鹣,甘嫫命薄。昨夜之事,不怪二爷,是甘嫫自愿。甘嫫求二爷不要怪罪妾奴,妾奴愿一生一世侍候二爷。"说罢跪伏在地,潸然泪下。

伍子胥慌忙伸手挽起甘嫫,说道:"我不怪你,你快起身。"又道,"我不嫌你出身,只是我家仇未报,无心娶妻纳妾。你情系于我,又以身侍奉,我伍子胥对不住你。"

甘嫫一边擦泪,正要劝慰,要离进门道:"二爷,有客人来了!"

伍子胥正要询问来者何人,被离进来施礼道:"被离,给二爷行礼。"

伍子胥还礼，一边命甘嬷道："恰好，我还没用早饭，你替我们张罗饭食。"甘嬷躬身退去，去厨下传命奴仆做饭。伍子胥请被离、要离一边落座，问被离道："先生一早到此，有什么吩咐子胥？"

被离笑道："二爷客气了。被离是个门客，替公子姬光张罗鞍低镣短，跑腿传讯，怎敢吩咐二爷。"又低声道，"公子请二爷跟随我前去，他有要事和你相商。"

伍子胥也不多问，和众人吃了早饭，跟随被离坐车离了阳山宅院。车夫赶着轩车上了大道，却不往梅里城里，径奔西边郊区而去。伍子胥也不多问，在车里半卧半眠。许久，又听车夫喝住车马，被离对伍子胥低声道："请二爷，下车上船。"

伍子胥撩开车帏，只见来到太湖边上，一望无际的湖水在阳光下炫目生晕。伍子胥跳下车来，跟随被离走到湖边上船。小篷船如箭一般驶向茫茫的湖心。约半个时辰，前面出现一洲，自洲旁摇过一只篷船。两船贴近，被离道："二爷，请换船。"

伍子胥见那摇船之人，身高八尺，头戴一顶竹笠，朝他微笑点头。伍子胥跳到那人船上，被离已把来船划向湖边去了。

伍子胥见船舱里无人，小桌上摆放了数碟佳肴，一坛黄酒，两只杯，两双筷，却无人。子胥正自纳闷，只见那船夫钻进仓来，朝伍子胥拱手道："将军久候，姬光失礼了。"

伍子胥见船夫摘去竹笠，才识出是公子姬光。伍子胥慌忙行礼，因身高头撞到船顶，小船摇荡。公子姬光道："船小仓窄，二爷不必多礼。请入座共饮。"

伍子胥和公子姬光各自盘膝，面对面坐在舱板之上。公子姬光先为伍子胥斟酒，后为自己斟。二人三杯酒过，公子姬光才说道："姬光请将军船中说话，为避吴王僚耳目。吴王僚已经猜忌我，早晚必要杀我。

我请将军助我避祸，我以后如果登上王位，誓和将军共国。我如果失信，人神共诛。"

伍子胥被公子姬光单刀直入的坦诚惊得一时无语。半天，伍子胥说道："公子遣椒丘赠子胥沥镂之剑，子胥不敢忘记。子胥逃命投奔吴国，是投奔公子的。无奈子胥报仇心切，不得不放弃公子，要借吴王兵力伐楚。吴王僚失信，子胥又不得不辞官归耕。吴王借兵让我奔楚国营救楚夫人，想不到吴王僚竟然阴险多疑，把楚夫人和公子熊胜囚在后宫为人质。子胥已识吴王僚阴恶，不可以和他共事。吴王僚兵权在握，王位又是夺公子的，他要杀公子是早晚的事。公子要想避祸，必须杀吴王僚。"

公子姬光叹道："我是一勇之夫，不如将军武可定国，文能安邦。我今天请将军商议，要将军教我计谋。"

伍子胥道："公子要避祸，必须夺王位。夺王位，必须先杀吴王僚。杀吴王僚，必须得有真勇士。"

公子姬光叹道："可惜，椒丘死了。"

伍子胥道："椒丘虽勇，难敌庆忌、掩余、烛庸其中一人。"

公子姬光道："除了椒丘，天下还有勇士吗？"

伍子胥笑道："公子没听说闹市隐圣贤，山野埋麒麟？"又道，"我有一个朋友，名叫专诸，是当世真勇士。"

公子姬光道："公子庆忌铁骨铜筋，万夫莫当。掩余可手擒飞鸟，步斗猛兽。烛庸也有擒龙搏虎之勇。将军朋友专诸，能打胜其中一人吗？"

伍子胥笑道："专诸能力分二牛，庆忌等人怎能是对手。公子要杀吴王僚，不可斗勇，当用智取为上策。干大事轻举则无功，必求万全。鱼在深渊，要得到鱼，必用诱饵。公子要刺吴王僚，必投其所好，才能走近他身边，方便行刺。不知道吴王僚有什么爱好？"

公子姬光道："吴王僚好美食，尤其馋炙鱼。"

伍子胥道："子胥请公子不要忧愁，让我想个万全之策。"

伍子胥和公子姬光尽兴饮酒，日落湖西，才弃舟上车。伍子胥回到阳山，第二天就去面见专诸。专诸嘱阿香烹肴治酒，和伍子胥饮。席间伍子胥对专诸道："我奔吴国，不是贪图自保，是要借吴王之兵，伐楚报仇。我见吴王僚不会帮我，只有帮助公子姬光夺得王位，我大仇才能图报。我听说吴王僚馋炙鱼，要请贤兄去学炙鱼，方便贴近吴王僚刺杀他。不知道你能不能办到？"

专诸见伍子胥要他去刺杀吴王僚，脸有怒色，摇头道："不是我不愿，这事不仁义。公子姬光要得王位，为什么不劝谏吴王僚遵循祖命，退位让贤？为什么要私下暗杀，伤先王之德？"

伍子胥道："吴王僚贪权恃力，知进不退，恃勇不仁，恃尊不恤民，恃骄不纳谏，嗜利无义，群臣怕他残暴不敢违反。公子姬光要劝他退位，定招迫害。吴王僚有公子庆忌和掩余、烛庸掌握兵权，公子姬光势孤力弱，难用武力争夺，只能用勇士刺杀吴王僚夺位。我帮助公子姬光夺王位，是为我伐楚报仇着想。专诸兄不愿干，子胥怎能强求。"伍子胥说完，泪如泉涌，放下酒杯，长叹而去。

伍子胥和专诸交谈，阿香在一旁字字听清。阿香见伍子胥悲愤离去，对专诸说道："妾听说，做儿子应当尽孝，做朋友应当尽义。二爷要刺杀吴王僚，助公子姬光夺位，为了伐楚报仇，是孝义之举。夫君是二爷朋友，袖手旁观，是大不义。妾嫁夫君，是敬佩夫君侠义，哪知道夫君这么怕死。"

专诸叹道："不是我专诸贪生怕死，也不是不义不友。我如果去刺杀吴王僚，成败都难逃一死。我所以犹豫，是不愿丢下你一个人孤苦。"

阿香说道："大丈夫应当视死如归，不要儿女情长。"

阿香拿酒壶给专诸倒酒，也给自己斟了一杯，举杯敬专诸道："夫君不必因为我辜负朋友。妾用这杯酒，祝夫君成功！"

阿香和专诸共饮一杯，然后朝专诸行了跪礼，躬身抠衣退去。专诸酒酣，不觉得阿香举止反常，又独饮数杯。专诸不见阿香回来，踉跄进入卧室探视，只见阿香已经悬梁自缢。专诸抱下阿香，已经是香消玉殒。专诸擂胸恸哭，涕泗滂沱。

专诸哭罢，给阿香换了一身新衣，拿被子盖了，供奉三天才安葬。专诸葬了阿香，卖了宅院，背了行李离开住了几年的草屋。

伍子胥自从和专诸不欢而散，回到阳山一直忐忑不安。子胥把和专诸争执的事说给甘嬷，甘嬷道："专诸和阿香结婚三年，没有子女。专诸不是怕死，是不忍心丢下阿香。"

伍子胥听甘嬷说的合情合理，感觉自己误会专诸，心里愧疚。伍子胥要去向专诸赔罪，甘嬷道："专诸和你是生死之交，他不会怨你。你去登门谢罪，倒是显得生分了。不如由妾奴做一桌酒席，你让人请专诸、阿香来这里团聚，胜过道歉。"

伍子胥称赞甘嬷好主意，让要离去请专诸、阿香夫妇。要离驾车赶到专诸草屋，拍打门环，半天才来人开门，却是生人。

那人道："先生，你找谁？"

要离道："请我好友，专诸。"

那人道："这草屋原先的主人是专诸，现如今已经卖给我了。"

要离吃了一惊，拱手又问道："请问先生，你知道专诸现在住哪里？"

那人道："听说他新近丧妻，所以卖了房屋。先生问他去向，我哪里知道！"

伍子胥听了要离叙述，吃不下睡不着，整天唉声叹气。甘嬷安慰道："你不吃不喝也无济于事。不如派人去梅里周围打听，专诸救了伍倃逃来吴国，他绝不会丢下二爷回楚国去。"

伍子胥说道："专诸是血性汉子，我也料他不会不辞而去。我知道他肯定去投师学炙鱼了。要不了多久，专诸会来见我。"

伍子胥虽然深知专诸早晚会回来，还是派庄中家奴四下寻找，只在太湖边上找到阿香孤坟一丘。专诸和阿香没有子女，伍子胥让伍偯当专诸儿子，戴孝三年。伍偯为母亲戴孝三年刚满，孝衣已烂。甘嫫含泪秉烛，为伍偯缝了一身粗麻孝服。伍子胥让要离不要惊动孙武，带了要离、伍偯、甘嫫、卞开，前往阿香坟前祭吊。

一晃数月过去，这天恰逢鬼节。伍子胥命伍偯备下火纸果品，前去阿香坟上祭奠。伍偯自从亲娘故去，被专诸救来吴国，一直被专诸、阿香呵护，对阿香感情很深。伍偯跪伏阿香坟前，不由想到自己的生母，想到阿香慈爱温柔，感觉这世上对他最亲最好的两个女人已经永远离去，尤其是阿香就埋在面前的这丘土下，不由得悲痛欲绝，号啕痛哭。

一个身穿葛衫、头戴竹笠的大汉站在不远处的树下，看着啼哭的伍偯伤神。等伍偯走后，大汉才到阿香墓前。大汉摘去竹笠，露出头脸，正是专诸。

专诸伫立墓前，垂泪不语。许久，专诸才对着坟墓说道："阿香，我已经学会炙鱼了，能为二爷实现计划了。你说得好啊，士为知己者死。我专诸，草民一个。二爷高看我，以兄弟待我。二爷大恩，专诸没有东西报答，只有这条命了。以前我不答应，是不忍心把你一个人丢在世上。你为了保全我孝义，竟然自尽。专诸如果偷生惜命，以后没有脸面和你在九泉相会。你等着，我很快就去找你，和你永远相伴，不离不弃。"

专诸朝阿香坟墓磕头，又捧起一抔泥土，撒在坟头上。他围着坟墓左右各转行了三圈，才扭身离去。

专诸刺僚，鱼肠出世

　　伍子胥见专诸从太湖学会炙鱼回来，万分高兴。要离买来几尾大鱼，让专诸下厨炙鱼。专诸将鱼剖干净，用许多佐料调和了酱汁，浸了个把时辰。捞出来晾了半干，丢进沸油锅略炸，放进佐料酱汁烹煮。煮到汤汁要干，起了鱼。在汤汁中又加了若干佐料，熬成糊状，浇在炙鱼之上。炙鱼上席，满屋鲜香，美味不可形容，众人大声夸赞。专诸一旁搓手，呵笑傻乐。

　　专诸对伍子胥道："我已经学成炙鱼，二爷可以进谏吴王，给他炙鱼了！"

　　伍子胥赶奔公子姬光府中，说专诸已经学会炙鱼。伍子胥道："专诸在太湖学炙鱼三个月，我吃了他的炙鱼，美味无穷。"

　　姬光道："专诸虽会炙鱼，却也无法靠近吴王。"

　　伍子胥道："吴王僚之所以不能靠近，是公子庆忌和掩余、烛庸三人不离左右。公子要杀吴王僚，要先除掉这三人，然后大事可图。不然，杀了吴王僚，公子也难以夺取王位。"

　　姬光沉思好久，才有省悟，抬头说道："你先回阳山。我听从将军建议，除掉这三个人。"

伍子胥回到阳山田庄。想着要诛吴王僚的事，想不出好计策。要离、专诸都跟随奴人去田园劳作，庄院内只有鸡犬奔跑，并无人迹。子胥闲步走进厨房，见甘嬷、卞开正指使几个女奴蒸米酿酒。甘嬷见伍子胥来，从绍口处接了一瓢清酒道："二爷，你尝尝这头泡酒。"见子胥接了喝，又笑问，"酒劲味道怎么样？"

伍子胥道："甘醇爽口，好酒，好酒！"见甘嬷、卞开一旁乐，又道，"你们装一坛，给孙武先生送去。"

甘嬷装了一坛清酒，吩咐卞开送去孙武房间。伍子胥一旁无事，便道："你们都在忙活，我倒是闲人了。这酒，还是我送吧！"

伍子胥抱了坛酒来孙武房间。孙武正在写书，头也不抬，边写边道："子胥你自己坐。你等我写完这篇煞笔。"

伍子胥放下酒坛，轻取简编观看，尽是兵法精论。子胥凝神逐篇粗读，都是计、战、谋攻、形、势、虚实、地形、军争、九地、九变、行军、火攻、四变、地形二、黄帝伐赤帝、用间等，有八十二篇。

伍子胥深为孙武的兵论所折服。他抬头看孙武，依然执笔凝神写书，衣衫袖口已经磨烂不堪。子胥摇头叹息，想劝孙武停笔小歇，又不忍出声。子胥看见带来的酒坛，心生一计。他打开坛盖，酒气顿时弥散，满屋酒香。孙武打了个喷嚏，停笔问道："哪里来的酒味？"见子胥扶坛偷笑，说道，"子胥，你诱我酒虫了！"

孙武抱过酒坛，口套口猛饮一通，咂嘴赞道："美酒，美酒。"又道，"这么好的美酒，肯定是美女甘嬷、卞开酿的。"

伍子胥笑道："你为什么不在兵书中，续一篇美女酿酒？"

孙武道："子胥，你笑话我！我这是兵书，不是酒经。"又道，"子胥，你来得正巧。我这兵书刚刚结尾，没有书名。你就给我这部兵书，题个书名吧。"

伍子胥略做思索，抬头说道："古有医书，书名'黄帝内经'。前人管仲著有兵论，篇名'兵法''七法''九变''九守''势''地图''参患''制分'等，分篇谋题，没有书名。你这部兵书，不如叫'兵法内经'，或者叫'孙子兵法内经'。这两个，你挑一个吧。"

孙武思虑片刻，濡笔在简编起头处写了"孙子兵法"四字。写完弃笔，手抚酒坛道："子胥兄，你亲自来，不是专门送酒给我的吧？"

伍子胥笑道："长卿不愧为兵家，果然料事如神。长卿兄，你猜猜，我有什么事求教你？"

孙武道："我不巫不卜，怎知道你有啥事？我既不知事，就不能谋。子胥兄在鸡父用两万之兵，大败楚军等七国十二万之师，如果不会用兵，怎么能打胜仗？"

伍子胥叹道："从这件事上说，长卿兄，你我都不是神仙。"又道，"我要帮助姬光刺杀吴王僚夺王位，担心有庆忌、掩余、烛庸三人不离吴王僚左右，难以下手。如果迟疑不决，又怕吴王僚先下手杀害姬光。我因为此事，束手无策。"

孙武道："兵论说，攻人用谋不用力，用兵斗智不斗多。又说，时机不到，不能强谋。我想，姬光是先君诸樊儿子，又有季札在外，王僚一时还不敢杀害姬光。子胥兄既然要助姬光夺位，宜静制动，观察局势，然后趁机行动，可保万全。"

伍子胥叹道："长卿兄说的有道理。我是当局者迷，你是旁观者清。"

孙武又道："吴王僚要杀姬光，必用庆忌等心腹，未动手必先有迹象。如果认真防备，必能安全。"

伍子胥道："好，好！要打人一拳，必须先防人一脚。"

伍子胥和姬光商议，让姬光派心腹门客潜伏在吴王僚内宫，监视吴王僚的一举一动。

公子姬光在自己的内室里挖了一个大大的地窖，里面可容数十人藏身。然后邀请吴王后日到自己府上赴宴，又让伍子胥他们火速进城，并悄悄地直接住进自己的将军府。

一见面，公子姬光即与二人紧急商量具体的行动方案。公子姬光说："吴王僚生性谨慎多疑，赴宴那天，必会前呼后拥，卫士环身；而且，凡进馈肴者，均须先搜其身。到时，兵器如何带进去，是个大问题。我考虑了一个方法：到时，将短刃藏于鱼腹之中，只等近得其身，便可掣刃而出。"说罢，命人从室内取出一剑，长才九寸，剑柄占了其长度的三分之一。公子姬光道："此剑为越国欧冶子所造。当时所铸，其为五枚，各有其名。越王允常即位时，为密切与吴国的关系，将其中三枚剑献于诸樊，这把匕首，名曰'鱼肠'，便是三剑中的一把。父王当年将此剑赐我，我一直留在身边，今日正可用得上了。"

伍员和专诸分别仔细地将剑看过，都道："果是好剑！"专诸拿过剑，往身旁的蜡台上只一试，就只听"铮"然一声，那青铜制的蜡台削去一块，而手中的剑竟是丝毫未损。

公子姬光心中暗想，此时最关键的人物是专诸。专诸所任，事系成败，而且又最是危险。他死于庭上的可能十之八九，因此一定要坚定他的心，不能有丝毫动摇。他说："此剑先君甚为珍重，吾亦宝之。近日此剑，时于夜间发出熠熠毫光，难道是欲待勇士持之以扬威吗？"

专诸明白公子姬光此言的用意，他凛然道：

"殿下放心！我专诸既甘愿为殿下赴死，虽火海刀山，亦在所不辞。专诸虽为布衣之身，但素仰古烈士之风。今有全节成名的机会，乃吾所愿，又何憾哉！"

公子姬光闻言，这才放心。他又说："到时，我借足伤，隐入后室，等你得手，便亲率家甲从暗窖杀出。伍公子明日出府，找到你那帮市井里的朋友，在外接应。这边一动起手来，便上前助战。无论如何，后天是背水一战了，是生是死，是福是祸，均在此一举！"大家脸色庄重地点点头，都明白：多年所待，已在眉睫。现在须全力以赴，共同一搏，以求一逞了。

第三天的上午，吴王僚身穿三层厚铠甲，在众多卫士的簇拥下，起驾前往公子姬光的将军府。为了防备万一，同时也是为了给有觊觎之心的人施加心理上的压力，王宫卫队的士兵手持坚盾长戟，沿街布防，几乎是每隔一步，就有一人，从王宫门前，一直排到将军府内。可谓是警卫森严，防范严密。

待御驾到了府第门口，公子姬光拄杖亲到门前迎接。两人见过面，有说有笑进了厅堂。吴王背后，身材高大的卫士，手中紧握剑柄，寸步不离左右。

公子姬光为了使姬僚高兴，将筵席准备得十分丰盛，燕国的鹿唇、楚国的熊掌、西戎的驼峰、东海的鱼翅，山珍海味，奇馔异肴，尽皆收罗。庭下，还有乐人演奏音乐。一歌伎慢启樱唇，轻放歌喉，唱起了吴国的歌谣：

采桑阡陌，白露沾裳；

薄雾如绢，环彼代岗。

采桑林间，花树其芳；

妾心思君，缱绻其肠。

采桑枝头，叶碧如纺；

君违吾心，使我忧伤。

那歌伎人长得的确漂亮，蛾眉杏眼，脸赛桃花，腰细如蜂，身轻似燕，唱到动情处，美目流盼，双泪盈盈，使人顿生无限怜爱。吴王抚掌道："想不到王兄驰骋沙场，扬威中原，竟有余兴，藏娇娃于金屋，蓄美人于内庭，真是无情未必真豪杰呵！哈哈哈哈……"

公子姬光忙说："此伎不但人长得美，歌唱得也不错，不知陛下以为如何？"

"确如王兄所言。听其刚才所唱，如莺声婉转，似流水潺潺，真乃如闻仙乐。世人都说郑、卫之音，靡靡动人，岂不知我吴国的民歌也清悦可人，百听而不厌。不知此伎年方几何？"

公子姬光见问，心中会意，说道："此伎年方二八，自幼学艺，造诣已精，陛下如不嫌弃，臣将此伎献于陛下，以为陛下宽心解忧，望陛下玉允！"

吴王一听，正中下怀。他身边虽然嫔妃众多，宫女如环，却也是日久生厌，正好想找点新鲜感觉。于是，连忙举起手中的酒杯："让王兄割爱，寡人所不忍，但又却之不恭，只好掠人之美了—喝酒，喝酒，寡人与王兄干上一杯！"

公子姬光将一杯酒一饮而尽，对身边的侍者使个眼色，侍者知道该上鱼了。公子姬光又对姬僚说道：

"臣知陛下最好食鱼，今日请陛下来，正如上回所言，主要是请陛下尝尝庖人所炙太湖桂鱼。且听一听庖人的炙鱼理论。"

吴王僚连连点头："对，对！你不说，寡人险些忘记。那治国如、如……什么来着？"

"治大国若烹小鲜。"公子姬光连忙接过来说。

"好，好！这庖人之言，真是高论、高论！哈哈哈哈……"吴王僚吃得高兴，又是一阵大笑起来。

公子姬光让人倒满酒，再一次举起了酒杯："公子庆忌领王命而出征，不日将奏凯而归。到时，我们还要请陛下设宴庆贺！"说罢，起身欲将酒饮尽，谁知脚下不慎，扭伤足，顿觉疼痛难忍，跌坐于地，将一杯酒洒了一身。他扶着案几，半跪于地说："陛下恕罪！臣现在足痛难忍，先回内室，让家人按摩片刻，再陪陛下饮酒。"

吴王并未疑心，说道："但去不妨！"

公子姬光被人搀着，一瘸一拐进了内室。

这时，专诸手托一只巨盘从厨下出来。巨盘内，装着一尾特大的桂鱼。那鱼皮色脆黄，香气四溢，令人闻之而垂涎。上了宴客厅的台阶，卫士将他全身搜索一遍，然后让他更衣。卫兵们用事先准备的衣服给他换好了，说道：

"可以进去了！"

专诸双手托着巨盘，低着头走了进去。他用眼角瞟见两边站立的尽是甲胄齐全的士兵，神经立即绷得紧紧。当走到吴王近旁时，吴王僚发问：

"你即是将军府中新来的庖人？"

"回禀陛下，小人正是！"

"听说你最善烹鱼，不知何处学来的手艺？"

专诸答："小人家居太湖边上，自幼传家父所学，不事它技，专会炙鱼。"

吴王僚闻了闻那鱼的香味，觉得的确与众不同，正要仔细看一看，说时迟，那时快，专诸左手端盘，右手从那鱼腹之中，拔出一把利刃，朝吴王当胸刺去。旁边的卫士见状，顿觉不好，赶紧挥动手中长戟，前来阻拦。但是，毕竟已经来不及了。专诸手中那剑，锋利无比，加上专诸用尽平生力气，只听"噗"的一声，那柄"鱼肠"短剑，早已穿透吴王身上三层厚厚的铠甲，从后心而出，吴王僚连"哼"都来不及哼一声，就倒在了席位上。这时，卫士们的戟也同时搠到了专诸身上。可怜专诸何等的一个豪杰，身上一下被搠出无数个窟窿，也同时扑倒在吴王僚身上。这一下，庭上大乱起来，哭喊声、嚷闹声充满将军府。躲在内室的公子姬光知道专诸已经动手，立刻带着私甲从里面冲了出来。外面，伍子胥也已得到吴王被刺的消息，领着要离等一干人，从旁边的小巷里持械而出。

吴王的卫队虽然都是精锐士卒，个个武艺高强。但由于吴王已死，便无死斗之心；而公子姬光的人马，却愈战愈勇，人人精神百倍。加上公子姬光手中这支戟，使得如龙跃于渊；伍子胥那柄剑，耍得像星散于野，卫士们竟是无人能敌，也无人敢敌。公子姬光由内向外，伍子胥由外向内，很快，二人便合兵一处，鼓噪而进。王宫卫兵纷纷倒拽戈矛，四散而逃。王后在宫中得到吴王僚被刺身亡的消息，乃自缢而死。

姬光登位，吴王阖闾

吴王僚死后，公子姬光召集群臣议事。公子姬光面对吴国众臣道："我今天诛杀吴王僚，并非贪图王位。吴王僚违背先王之约，自立为王，是吴国的罪人，应当诛之以正王法。僚既然死，国不可一日无君。光权且代掌国政，等光的王叔季札回国，应当奉王叔登位。"

群臣见吴王僚已死，姬光又说代管国政，要奉季札为王，也就无话可说。姬光按王礼殡葬吴王僚，让吴王僚之母仍旧居住后宫，供奉如常。

姬光又厚殓专诸。伍子胥把专诸棺椁运到太湖之滨，亲穿孝衣，率领伍佷按楚国礼仪亲挽辅车。孙武、要离、甘嫫、卞开也参加葬仪。伍子胥在专诸、阿香墓前，拜请孙武、要离为证，把伍佷改名叫专毅，承祭专诸香火。公子姬光也改装布衣，趁黄昏无人，在被离陪伴下来到专诸、阿香墓前，跪拜祭奠。

公子姬光已是号啕不止，头击墓碑，其声如磬。姬光手抚专诸墓碑，辨识有"不孝子专毅泣立"数字，惊问被离道："你听说，专诸有儿子吗？"

被离道："专诸没有儿子。专毅，是伍子胥儿子伍佷。伍子胥念专诸大义，将伍佷承嗣专诸，改名专毅。"

姬光大为震撼，感叹道："棠邑多义士，愧煞吴国人。伍子胥无愧当世豪杰。"又朝专诸、阿香二墓跪拜，嘱咐被离道，"姬光请先生往后提醒，不忘专诸、子胥！"

在楚国通往吴国的边境山道上，一位穿着布衣草鞋的老人，拄长剑当拐杖，边走边唱道：

莽野衰草兮萧萧，陌上白骨兮森森。

烟墩狼火几时休？黝黝长夜乎悠悠。

前有三皇五帝，后有夏后三周。

多少豪杰争春秋，转眼兴亡过手。

青史几人留名？荒岗无数坟丘。

前人筑路后人走，昊昊乾坤无尽头。

这位边唱边行的老者年过五旬，身材高瘦，略显佝偻，三缕胡须飘散前胸如乱草临风。这人正是吴国王爷季札。季札出使晋国回来，途中听说姬光诛杀了吴王僚，很为哀痛。吴王僚和姬光都是他的侄儿，为争夺王位自相杀戮，使季札伤心不已。季札一边悲歌，一边走到吴国的边境。守境关兵见一布衣老者进关，横戟拦道："你是什么人？请出示关券，才准入境！"

季札道："我是吴国人。我这张老脸，就是关券。"边说边用佩剑拨开关兵的大戟，闯进关门。

关兵一拥而上，擒住季札，斥骂道："你这个老匹夫，竟敢闯关！"

另一个关兵骂道："这个老不死的东西，如此大胆，莫不是楚国的间谍？捉了向关将报功。"

季札道："你们有眼无珠。我是吴国的使臣，出使晋国回来了。"

关兵讥讽道："你是使臣？哈哈，吴国哪有你这样的使臣！使臣乘辅车，卫士护卫，持杖节，威风百里。你诳称使臣，分明是个疯子乞丐。"

另一个关兵道："甭跟他废话。他是楚国间谍，捉去见关将领赏去。"

季札长叹道："你们这就是吴国的关兵？这就是吴王僚调教的兵士？吴国有你们这样的兵，这样的国君，怎么会没有祸患呢！"

关兵听了季札的话大怒，斥道："你这大胆狂徒，竟敢谤君破政！瞧我削你。"挥拳要打，恰好关将盖贺正从关所下来，喝斥关兵道："休得胡为！你们抓了什么人？"

关兵道："禀报将军。这人是楚国间谍，竟敢口吐狂言，辱骂君王。"

盖贺近前一看季札，吓得双腿一哆嗦，就势跪在地上，磕头说道："小将不知王爷驾临，死罪，死罪啊！"抬头喝斥关兵道，"还不放了王爷？给王爷请罪！"

关兵听说捉了王爷，吓得跪倒一片。盖贺面色如土，只顾磕头谢罪，头盔已落，头发上沾满泥土草屑。季札等他们折腾够了，才一手拈须，一手拿剑杖拨弄盖贺道："头已磕得够数了。你起来，老夫饥渴，给我弄吃的去。"

盖贺慌忙谢恩，捡了头盔爬起，躬身侧引道："王爷请进关所，末将给你弄吃喝。"季札一边朝关所走，一边道："不必铺张。老夫不喜杀生，有蔬肴黍酏足够！"盖贺把季札请进关所，亲自端水给季札洗脸，又取一称新衣，请王爷更换。季札不换，问道："将军可有衰服？"

盖贺惊吓如痴，不知所措，口中却连声道："有，有，有。"盖贺命令关兵驾快车，从临近的边镇买来麻鞋衰袍，季札才换了鹑衣烂履。

边境守兵生活清苦，盖贺还是命令关兵在附近佃农家买来一只鸡炖了，又做了几样蔬菜，沽一坛清酒，置了席。盖贺请季札上首坐了，自己在下首侍酒。季札见席上有鸡，黯然伤神，叹道："老夫当年要是继承王位，吴王僚何至于死！"于是低头吃蔬，目不视鸡。

季札吃完，说道："老夫急要返都，请将军借我车马用用，行不行？"

盖贺道："末将派关兵二十人，护卫王爷起驾回都。"

季札笑道："不要，不要，不要。老夫一贯独来独往，只要将军借我驾马蓬车，行了！"

盖贺不敢违背，备轩车劲马相赠。季札也不道谢，上车扬鞭策马，驱车出关而去。盖贺见季札远去，急命关兵驱双马快车，飞驰梅里奏报公子姬光。

季札痛恨公子姬光的这种谋篡行为，认为姬光竟然卑劣到以残忍的手段，谋杀君王，逆天行事。此端一开，吴国以后将很可能陷入一系列谋刺、暗杀、迫害的血腥内讧之中，昔日太伯让国的美名不仅毁于一旦，自己对于所谓"君子之国"的向往也将就此破灭。因此，回到吴都，他不去王宫觐见新继位的吴王，而是独自一人，驾车来到姬僚的墓前，跪行臣礼，并对着墓碑一项一项汇报他出使列国的情况。

姬光一直派人观察季札的行踪，得知他竟向死人汇报出使情况，心想，王叔对于自己刺杀姬僚竟如此不满和愤怒，不由有些恐慌。于是赶紧选派要离去向季札转达自己的一番话。

要离的确善于辩说。他见了季札，首先说明姬光刺僚并非是为了篡夺王位，而是为了实现祖父寿梦的遗愿，让季札继位。要离说："昔太伯让国，扬美名于天下；南人服其德，因而建立了吴国。今日吴国要传太伯之余绪，立万世之基业，仍应由有德者继位，如此方能治理百姓，号召天下。姬僚贪位而无德，名既不正，德又不彰，性嫉而多疑，在治国行政方面，一无所长。其在位这么些年，除了把心思花在巩固自己的权势上外，其他方面可以说是毫无建树。吴国的王位唯王叔您来承继，才能做到使民以时，恤民以德，光大祖业，兴盛国势，也才有可能使吴国重现周朝立国之初的景象。"

季札回答说："我当初既已辞了王位，今又怎么可能再来登位呢？王位继立，应循序有法，无论是谁，岂可擅意为之？"

"正因为此，尤可见得姬僚当初自立为王，不合法礼。先王有嘱，这王位应归王叔，王叔既不愿即位，理应按宗法制度，由公子光承位，如此才见得我吴国在传位的大事上，无悖于周礼。"

见要离如此强辩，季札心中厌恶，但事实已成，不可复转。他只得长叹一声，默默地坐着，不再与要离搭话。

要离虽说是奉命来说服季札继承王位的，但他知道这其实只是姬光的一种姿态。他和伍子胥等人冒着天大的危险辅佐姬光登位，还搭上专诸一条命，又哪里希望王位轻易易手给旁人呢？因此，他不管季札听不听，有意说道："王位相争之事，各国多多，如今，就连周天子家中，这类事也不鲜见。现在在位的敬王，不就是攻杀其庶兄姬朝而登上王位的吗？当然，我知王叔不愿看到吴国出现这样的不幸。但公子姬光刺杀姬僚，实出无奈。当初若是王叔继了位，公子姬光必定诚心辅佐，这样的事也一定不会发生！"

说到这儿，他偷眼瞧一瞧季札的表情，看他有何反应。果然，季札眉头紧锁了一下。要离知道，自己的话戳到了季札心理上的痛处！的确，季札听了要离最后这番话，有所醒悟并开始自责。季札不得不承认，姬光杀僚，诸侄争位，肇端便是自己的辞让王位。自己生性恬淡，不愿做那颐指气使、八面威风的君王，却没想到，正由于自己的辞让，反使诸侄之间竞生觊觎之心，导致今日的萁豆相煎。国家之乱，竟由此生。季札心中暗叹：嗟我吴国，同为太伯之后，贤与不肖，却各个不同。话又说回来，于今世上，谁人不贪权势地位、金钱美女？能修德养生，洁身自爱者又有几人？王公贵族之家，一旦有隙可乘，何惜骨肉相残！太伯之后，亦非皆是贤人，我空有一贤名，于家于国，又何益焉？因此，他一句指责姬光的话也没说出口，只是说："送客！"

要离既已把要说的话说完了，便不再多留，马上起身返宫，向吴王复命。

送走要离，季札即命人打点行装，回到自己的封地延陵，终身不入吴地，不参与吴国政事，直至终老于此。

季札回了延陵。姬光一颗忐忑不安的心安定了下来。只要季札不说话，其他人谁也不敢说自己的王位不正统！

建阖闾城，子胥立功

公子姬光在伍子胥的全力帮助下，沿着专诸用血肉之躯铺垫的通道，终于登上向往许久的吴王宝座。自号为阖闾，当年即为阖闾元年。

阖闾正在得意之际，前线传来紧急军情，报道公子庆忌闻吴王僚凶耗而大怒，立即点起三千精兵，星夜杀向吴国。

阖闾深知庆忌有万夫不当之勇，是个不可小瞧的角色，于是也率领大军前往边界迎战，留下伍子胥一干心腹在吴都弹压局面。

阖闾的大队刚行至江口，庆忌已怒气冲冲地驾着战车疾驰过来，一见眼前尽是持戟挽弩的大队吴军，便知吴境难入。庆忌虽然武艺超群，但也知晓"好汉不吃眼前亏"的道理。当即掉转马头沿来路撤退，欲避开风头。阖闾见剪除最后一翼的机会就在眼前，岂容让它错过，即刻跃马扬鞭追将过去。

阖闾的马虽然快，但赶不上行走如飞的庆忌。眼看追不上了，阖闾赶紧命令紧随而来的弓弩手放箭射之，谁知庆忌毫不畏惧，听到身后箭响，立即转过身，左窜右纵，弓弩手的箭没有一支能射中庆忌，反而被他接了不少支。阖闾知道庆忌不可轻取，又见随他而来的三千精兵赶来接应，阖间只好眼睁睁地看着庆忌扬长而去。

等了一段时间，不见庆忌反攻，阖闾决定回都。返都之前，阖闾又命令边境守吏严格把好渡口关隘，万万不可让庆忌潜回吴国。

阖闾料得庆忌一时难以为害，当务之急是坐稳王位，保持国内安定，而坐稳王位的关键又是修政强国，让自己和吴国的大名凭实力在诸侯间响起来。能为自己出谋划策，提出治国良方者，除了伍子胥，吴国并无第二人。于是一到吴宫，阖闾来不及更衣，就命人传伍子胥进宫。

君臣寒暄过后，阖闾就微笑着说道："今急召夫子入宫，乃有要事咨询于足下，望夫子知无不言，言无不尽了。"

"大王吩咐，敢不从命？"伍子胥望着面带急切之色的阖闾，正襟危坐道。

"寡人欲强国图霸，何由而可至？"阖闾亮出心里话。

伍子胥闻言，没有立即回答，屈膝行至王位前垂泪顿首，半晌才说道："臣，楚国之亡虏也。父兄含冤，骸骨不葬，魂不血食，覆垢蒙耻而归命大王，幸不加戮，何敢与闻国事乎？"

伍子胥的这番表态大出阖闾的意料，什么"何敢与闻国事"，与自己合谋行刺吴王僚，泼天般的大事都做出来了，今日却为何扭扭捏捏？莫非是在提醒我当日兴兵伐楚的许诺。阖闾心想，好，你伍子胥越是提醒我，我越要装糊涂。阖闾暗思，兴兵伐楚是自己驾驭伍子胥的关键所在，不能轻易地一步到位，再说，现在是什么时候，自己的王位还没有坐稳，哪有心思去为你报仇。尽管心里是这样想，嘴上却说道："非夫子，寡人不免屈居人下，为人驱使，幸奉一言之教，得有今日之荣耀，方将托国于伍子，与伍子共遂其志，何故中道而生退心？岂以寡人为不足辅佐之主哉？"

伍子胥是明白人，自然晓得他话里的意思。然而，人是不能太好说话的，否则别人就会拿你不当回事。伍子胥又道："臣岂敢以大王为不足辅佐之主？臣闻疏不见亲，远不间近，某岂敢以羁旅之身，居吴国谋士之上乎？况吾大仇未报，方寸动摇，自谋不知所出，安能谋国？"

"子胥过谦矣！"阖闾怕伍子胥一味推诿下去，不再为自己卖力，只好重新承诺："吴国谋臣，无出伍子之右者，伍子不必再作辞让了。待国事粗定，寡人必为子兴兵报仇，唯尔所命！"

听阖闾如此说，伍子胥便不再矫情作态："大王所谋者为何也？"

见伍子胥回到正题上，阖闾不由得喜形于色，不知不觉地从王位下来，靠近伍子胥坐着，慢慢地说道："吾国僻远，远在东南之地，又有江海潮汐之患，国无所御，民无所依，仓库不设，田畴不垦，无以示威邻国，为之奈何？"

伍子胥闻言，思之良久，早就酝酿在心的"破楚七策"出现在脑际，当下就激奋地说："臣闻治国之道，安君治民，是为上策。"

"安君治民，其术为何？"阖闾闻言，不觉又向伍子胥席前数步。

"夫王霸之业，当定内而攘外，以近而制远。"伍子胥昂首挺胸，侃侃而论："必先立城郭，设守备，实仓廪，治兵库，使内有以可守，外有以应敌。"

"善！"阖闾拊掌称赞。接着，伍子胥自天文地理说到阴阳卜祝，口若悬河，滔滔不绝，摆出一套又一套的周密计划和论证。

"好！"见伍子胥胸有成竹，阖闾也十分开心，当下拍板说："寡人委命于夫子，伍子为寡人图之，不拘人力、物力，唯伍子所需而用之。"

两人心照不宣，一个是要强吴图霸、一个是要强吴伐楚，一个要称霸，一个要报仇，强吴则是他们的共同点。于是，经过这番小小的波折，君臣二人又和好如初。

第二天，伍子胥就率领一帮吴国的能工巧匠，四出勘探。伍子胥仰则观象于天，俯则效法于地，亲自观察土地之高下，亲自品尝水味之咸淡，终于在姑苏山东北三十余里之处，寻得一块理想的筑城宝地。禀过阖闾后，就择吉日开工，不上数载，便在太湖之滨，姑苏山之麓，筑成一座气势雄伟的城郭。这座新城就以阖闾为名。阖闾城北边襟带大江，东望湖泊纵横，西临太湖，南对良港，退可守，进可攻，是雄居东南的第一大城。新城周回七十余里，城有陆门八，像天之八面来风；水门八，法地之八方通达。大城之外另筑小城一座。小城周长十里，设棂门三座，不设东面，因越国正在东南方向，欲设此以挡住越国出路，使之憋死。大城之中有门为阊门，象征着天门以通阊阖之风，阖闾、子胥都有西破强楚之意，而楚正在吴国的西北方向上，所以立阊门以通天气，因此阊门又叫破楚门。另有蛇门，以象征着地门，因吴国有吞并越国之意，所以立蛇门以制敌国，吴地分野在辰位上，正属龙位，所以小城南门上塑起两条大鲵造型，以此象征龙角，蛇门上刻一条摇尾乞怜的木蛇，蛇首向内，表示越国臣服之态。而国王所居的宫地——子城，则高踞在阖闾城的东南方向上，雄视八方，殿阁森严，台观入云，朝云暮雨，气象万千。阖闾城的建成，终于使吴国摆脱了几百年来朝不像朝、宫不像宫的小家子气，一跃跻身于大国名城的行列。

新城告竣，伍子胥便请吴王阖闾择日迁都。阖闾率领朝臣遍观新都，只见前朝后市，左祖右社，井然有序，仓廪府库，无所不备，不觉大喜，称赞伍子胥建城有功。

莫邪舍身，干将铸剑

阖闾初登王位，须有一件镇国之宝。他喜好的是剑，但越王当年所赠的三把剑，一把已随同诸樊葬于墓穴，一把被季札送给那死去的徐君，还有一把，就是那柄名叫"鱼肠"的匕首，因沾了姬僚的血，不便再用，因此将它密封起来，藏于宫中。三剑既已不存，只能再求新剑。他命人一定要求到一把比允常所赠之剑更好的剑！宫里宫外一时都为此而忙碌起来。

过了一些时日，要离进宫向阖闾禀报："下臣已访得吴人名干将者，曾与欧冶子共同拜师学铸剑，两人为师兄弟，技艺据说不相上下。若命其取精金冶炼，所铸之剑当不下于允常之剑。"

阖闾一听大喜，即命人找到干将并下达旨意：一定要锻造出一把举世无双的剑来！

春秋战国之时，人们把黄铜也称为金，所谓"精金"，就是指上好的黄铜。干将承吴王之旨，分别选用会稽山南之若邪溪的铜矿、赤堇山的锡矿，以炭火日夜冶炼不休。谁知此番铸剑，不同往常，彤红的炭火一直炼了三个月，那矿石竟是不得熔化。干将之妻莫邪，心知此为神物，须以人血恤之，方能成功。于是趁干将聚精会神观察火势的时候，纵身一跃，竟入炉中。不一会儿，炉中矿石化为铜水，干将以之铸成雌雄双剑，并以自己夫妻二人的名字命名：雄曰"干将"，雌曰"莫邪"。莫邪因替吴王铸剑而捐躯，干将痛悼不已，并因此对吴王心怀怨恨。当阖闾三番五次命人来催剑时，干将只将雌剑献给吴王，而将雄剑藏于家中。阖闾得剑，仔细端详，觉得果是世间无双，心中十分高兴。择日带领众臣，出城郊登虎丘之山，以试剑锋。

这一天，又逢阳春季节，田野已是一派绿意葱茏。和煦的微风吹在脸上，犹如一只柔软的手给人以充满爱意的抚摩。阳光暖暖地照来，更使人产生一种微微的醉意。马蹄得得，旗幡飘飘，吴王的车仗迤逦而行，就像是去郊外踏青。到了虎丘，吴王与随行众臣下车，沿石阶而上，但见两旁绿荫遮蔽，花树相杂，甚是好看。间有杜鹃鸟的啼叫，从不远的林间传出，一声声相应相和，凄清哀婉，楚楚动人，似与这融融的春色不相协调。阖闾向伍子胥道："听说楚境之西，有国名'蜀'，其地山岭万重，与中原无路相通，故自古以来，有'蜀道难行'一说。外界之人，罕有能入蜀国一游者。蜀国国君名'望帝'，其妃与手下宰相私通，故而君臣相疑、相嫉以至相遇。望帝不得已，让位于宰相而归隐山林间，其魂冤郁相结，化为杜鹃鸟。每年春二月，此鸟鸣于林间旷野，其声掩抑顿挫，犹如言诉'不如归去'，不知是否为真？"

伍子胥答道："从楚国郢都，溯大江而西，果为'蜀'地。然山岭阻隔，层峦为障，马不能行，车不能走。人欲入内，则山高不能攀，林深难觅途，故自来与内地不通往来。望帝之魂，化为杜鹃的传说，人所共知，毕竟难考其实。陛下闻鸟音而思古事，定是心有所虑。"

阖闾说："那蜀国君臣，因相疑而生隙，乱由此生，国祚则不能远久。寡人幸得客卿，又有众臣相助"，他指指要离、伯嚭等人，"当依尔等为肱股，尔等亦当尽心辅佐寡人，思此吴国之兴，扬吾先祖之业，同荣

方正贤良

伍子胥

辱，共富贵，不以私念相欺，不以心术互诈，这样的话，不用说齐桓、晋文之业，就是那商汤、伊尹之功荣，文王、吕望之勋绩，要做成它恐也不难。不知众位以为然否？"

众臣闻阖闾之言，皆唯唯点头称是。伍子胥见吴王思虑甚深，又有如此大志，暗暗欣慰，心中想到：此生得遇吴王，亦是天意。吴王要称霸中原，首先必得克制楚国，我伍子胥替父兄报仇雪恨的日子不会太远了！

到了山顶，选了一块平地，作为试剑之所。阖闾站定，环顾一下随行众人，说道："今日与众卿在此试剑。此'莫邪'之剑，由我吴国臣民干将所铸，寡人观之，其泽玲珑，其锋峥嵘，实乃宝物也。但剑器为物，虽能做镇国之宝，犹不若能臣用世，堪称治国之精英。当此春日，草木萌苏而蛰物跃动，寡人亦望众卿一较武艺，以试身手，一展国士之精神！"

众人听罢，都称："陛下英武无敌，战无不胜，他人谁敢班门弄斧？"

阖闾道："不然！常言道，人各有其长，物各有其用。依此而言，则士各有其智，将各有其勇。昔楚将养由基善射，卫将孟贲善钺，公子无忌虽死，其勇猛善战之态，犹然如在目前。伍子胥自幼习武，伯嚭出自名将之后，使用兵器自然娴熟。那日诛姬僚，寡人亲见子胥一柄剑，如电炸龙翔，无人能敌。吾闻道伍家剑乃天下一绝，何不乘此机会，使与寡人一看？"

子胥听吴王这样说，不好推辞，提剑出列，屏息敛气，挥剑而舞。那伍家七星剑法，原本有三十六招七十二式，正合天罡地煞之数。上回当专诸等人的面，虽然舞了一回，却以为无人能知其妙，又正处自己情绪抑郁的时候，故发挥不算太好。此时，他抖擞精神，龙跃虎步，一招一式，尽展其长，一柄剑翻江倒海，吞星吐月，让众人看得目瞪口呆。阖闾连连称妙，抚掌而笑："伍公子智勇双全，武艺精湛，寡人得卿，还愁何事不成？！"

第三章

奔吴复仇，雄才大略

伍子胥舞剑之后，又有伯嚭上前。伯嚭为讨吴王的喜欢，双手各持一把吴钩上场。那吴钩实为细长而顶端弯曲的刀，外形似钩，产于吴地，又为吴人所习用，故世人皆称之为吴钩。伯嚭刀法细腻，套路严谨，虽说时有浮华卖弄之处，亦不失名家高手之风度。阖闾观之，亦夸赞不已。

又有两名吴将，出班献艺。虽说动作也颇可观，但较之子胥和伯嚭，毕竟就差了许多。这时，惹恼了随行诸人中的一位。此人大步走上面前这块空地，说一声："王兄，让我也来试上一试！"

众人一看，但见是一位小将军。此人年方一十七八，身材硕长，面色白里透红，他头戴一顶冲天冠，足踏一双履云鞋，金甲裹身，犀带束腰，一领粉红战袍披于身后，装束严整，气度不凡。原来是吴王之弟夫概。

阖闾见弟弟主动上场，欲一展身手，心中不觉大喜。他知道自己这个弟弟，自幼好兵，娴习武术、兵法。只是因为年幼，无人把他当一回事。现今他已近弱冠之年，差不多是个大人了。他主动出列，欲与众卿诸将比试身手，就这胆略，也使人高兴。于是，阖闾鼓励他说："王弟不必拘谨，尽管使出你的本事，让为兄我也领略一番！"——他哪里不知夫概底细，实在是要让夫概在众人面前一显高下，让群臣刮目相看。

那夫概，手使一柄开山斧，论斤两，足足六十余斤。他虎目圆睁，大吼一声，把一柄巨斧舞得车轮一般。只见斧刃耀寒光，阴风嗖嗖生，恰似巨鳌摇头探大海，又如乌龙摆尾出深涧。黑色的斧头，好像一朵黑色的花，将夫概全身上下罩住，点滴不漏。众人没想到王弟竟有这般好武艺，一起鼓掌喝起彩来。

原来，那夫概见哥哥一味夸奖两个从楚国来的大臣，心中不平，故要卖弄精神，逞示本领，好让吴王不要看轻了自家人。

夫概演练下来，众人喝彩不已。阖闾见了十分高兴，说道："今日既曰试剑，寡人当亲操此剑，以慰众卿！"

说罢，拔出莫邪剑，就见一道金光迸射而出，虹光斑斓，剑气上冲不止。

阖闾剑法，众人不识其所宗，只见刚柔并济，健劲苍老，浑圆而茂密，古朴而雄深，似神机不可测。众大臣——连那站在边上的卫士们也只顾得看，连叫好都忘了。

阖闾舞到高兴处，见旁边有一块花岗岩石，他应手一击，那巨石"哓"然一声，竟被劈为两半。阖闾收剑一看，剑锋完好如初。他将剑示以众人，大家观看之后，这才一齐欢呼起来。

下虎丘之山，回到王宫，阖闾大宴君臣。筵席上，阖闾乘兴赋诗一首。诗曰：

> 我有莫邪，干将所造。电耀霜凝，天赐之宝。
>
> 嗟此神物，龟文龙藻；裁金断玉，镇国之宝。
>
> 祝尔太伯，享此华筵。神赞天佑，国禄永葆。

被离马上令乐人将吴王所赋之诗，被之管弦，并歌于筵席之上。阖闾大悦，命换大盅饮酒。是夜，君臣尽欢而散。

其后不久，干将匿剑一事走漏消息，被吴王知道。阖闾心想：此剑原来为雌雄两柄，怪不得献与寡人的剑取了"莫邪"这么个怪名字。今寡人仅得雌剑，而失雄剑，恐不吉利。雌者，阴物也。阴柔之物，岂堪用来镇国？因此下令派遣卫士去干将家索要那柄雄剑，谁知干将就是不肯将雄剑交出，反让儿子带着宝剑逃出吴国。卫士便将他砍了头，报送吴王。也有说干将见宫中卫士前来搜剑，心中惊恐。不料候时，那柄剑化为一条青龙，干将乘龙而去。卫士报与吴王的那颗头，是途中割了一路人脑袋回去交差的。十几年后，阖闾死时，莫邪剑亦不知所终。有人说，系雌剑听得雄剑之唤，飞遁而去。两剑相遇后，双双化龙，潜于大波之中，不再出现。

举荐要离，刺杀庆忌

阖闾大城完工之后，最高兴的不是吴王，而是它的缔造者伍子胥。因为他终于可以以此大功向吴王邀赏了。他所在意的赏赐当然不是其他人贪图的高官厚禄，而是等了这么久的大举兴兵伐楚、报仇雪恨。想到这里，伍子胥就难掩激动之情。

这一天，吴王果然派人召他入宫，说是有大事商宜。

伍子胥紫袍银冠，春风满面，一早就等在了王宫外面。初秋时分，天气微凉，伍子胥的心却是滚烫的。一夜未睡，目光却炯然如炬。他静静地看着东方初升的太阳，只觉它红得煞是可爱，这似乎是他流落异乡后第一次有心欣赏日出。美景当前，伍子胥想象着吴军破楚的情景，嘴角露出了一丝不易觉察的微笑。

等了大约半刻钟光景，他便入宫了。正殿内，当着群臣之面，吴王并无提及任何有关出兵的事。伍子胥初有疑惑，转念一想大概是吴王想单独与他商议，于是心便泰然。待到退朝后，众大夫卿相逐一离去，殿内只剩阖闾伍子胥君臣两人。伍子胥一颗心几乎要跳出来，他耐心地等待着，等待着吴王向他宣布伐楚的消息……

再说之前公子姬光弑主夺位之所以能一举成功，除了专诸的勇猛之外，更重要的是由于当时吴王僚的儿子庆忌苦于吴楚之战，不在朝中。庆忌得知父王被暗杀的消息后，又悲又悔，仰天长叹道："父亲，我早知姬光有害您之心，还这样轻易地中他的调虎离山之计，孩儿真是不孝啊。"

然而哀伤的同时，庆忌也清楚地知道公子姬光为保住王位定会斩尽杀绝，特别是像他这样的先王子嗣。于是拼死摆脱公子光的追杀，而后逃到卫国，并在艾城（今江西武宁）招兵买马，欲联络邻国，伺机伐吴报仇。

吴王听说庆忌在卫国所为之后，心中忐忑不安。这次单独召见伍子胥为的就是这个事情。他忧虑地对伍子胥道："夫子啊，寡人召你入宫并无他事，只因近日听闻庆忌在加紧锻炼死士，有意攻打吴国。你知道此人钢筋铁骨，骁勇善战。他一心为父报仇谋国，矛头直指寡人。他一日不除寡人是日日胆战心惊，你与寡人亲如兄弟，一定要想办法对付他啊！"

伍子胥听了，一颗本来提得老高的心一下子沉到了谷底。他微露不悦，默然不语。

阖闾看出了伍子胥的心思，走下殿来，握着伍子胥的手，满怀感触道："寡人能有今时今日，全仗伍大夫的诚意相助。你放心，寡人不是言而无信之人，答应夫子起兵的事一定会做到。只是寡人登基不久，国事尚未稳定，前有各诸侯国的威胁，后有庆忌的追逼。现在实在没有余力替你报仇啊。寡人答应你，庆忌一除，立刻出兵伐楚！"

伍子胥叹息道："子胥深感大王恩德，也很信任大王。只是心中焦急，时刻挂着复仇之事。尤其是今日……"他摇摇头，复而抬头看了一眼吴王的表情，另起话题道："当日让专诸于暗室刺杀吴王僚臣已觉不安，今日大王又叫臣刺杀其子，上天有好生之德，这恐为天理不容啊！"

阖闾面露愠色，悻悻然道："昔日武王伐纣，也是连同他的儿子一并杀害的。更朝换代，天意使然，无可厚非。还有，倘若留庆忌在世，对你我和吴国的发展来说都是极大的阻挠，'皮之不存，毛将焉附'？到时你又怎么雪灭门之耻呢？夫子慧眼识英才，还是快快为寡人谋四方勇士，先除你我心头大患，再谋报仇之计吧！"

伍子胥此时却有说不出来的情绪，是期望落空后的失意，是回想自己遭遇的悲恸，抑或是对楚王的憎恨对吴王的怨慰？恐怕连他自己都无法理清。千头万绪只拧作一声长长的叹息。

他木然地收回思绪，无奈道："大王说得在理。不过当日能觅得专诸刺杀僚也是偶然，要再找这样的勇武之士可就难了。近日臣也四处打探吴国境内是否有力敌庆忌之人，怎奈一无所得。几日前倒是看到一位奇人，但不知大王是否中意。"

阖闾一听，喜上眉梢，忙道："快快说与寡人听吧。"

伍子胥于是道："此人姓要名离，吴国人。长得矮小瘦……"

话还未完，阖闾脸色就变了："夫子莫非不知庆忌力敌万人，一个矮小瘦弱之人怎能与之抗衡，夫子怎的戏弄寡人？！"

伍子胥笑道："大王莫急。臣以为欲杀庆忌，不可明刺，只能暗杀。杀人，只需一剑。要离者，虽矮小瘦弱却有万人之勇。"

阖闾沉思再三，对伍子胥道："那么夫子快些召他入宫来吧，寡人倒要看看他有什么本事。"

伍子胥道："无须急召，臣已将他带来了。"说毕，往帘幕里唤了一声："要离，出来拜见大王。"

只见从边室走出一人，其人身高不足五尺，腰仅一束，畏畏缩缩，样貌十分丑陋。

阖闾见此，按捺不住失望之意。他快快地问来者道："你就是伍大夫所谓的勇士要离？"

要离一听阖闾语气，心中早已明白大概。他道："大王，小的虽是一介草民，外形谈不上勇，但也绝不是胆小懦弱之辈。只要大王差遣，我愿为吴国赴汤蹈火。"

伍子胥也在一旁劝解道："大王，千里马不在外形怎样，贵在能驰骋千里。要离虽然外形不占优势，但他有高人一等的谋略，大王切不可以貌取人啊！"

要离趁机进言："小人知道大王心中的疙瘩乃是先王的公子庆忌，请大王给小人一个机会，为吴国除去这个眼中钉、肉中刺。"

阖闾轻哂道："庆忌矫捷如神，一人当关，万夫莫开，你这样的身手恐怕敌不过他吧。"

要离听出这是阖闾的讥讽，却并不生气，他目露凶意道："大王不知，善于杀人者，并不是一味依靠蛮力，而是以智取胜。小人有办法接近庆忌，取得他的信任，只要在他身边又不被怀疑，那杀他就跟割掉鸡的耳朵一样容易。"

阖闾仍然不信，摇头道："庆忌此人智勇双全，他正招纳各国死士，准备偷袭吴国。这样明智的人，岂能轻信一个来路不明的吴国人并让你接近他再刺杀他呢？"

要离道："小人已经想好了。我假装畏罪潜逃出吴国，而后请大王杀我妻儿，断我左臂。庆忌是忠义之士，他一定会相信我的苦肉计，若我成了他心腹，那么杀他就易如反掌了。"

阖闾愀然不悦，正色道："你没有罪，让寡人加罪于你，还残害你妻儿，这样岂不是陷寡人于不义，引吴国子民不满？未免太荒谬了！"

伍子胥见阖闾脸色有变，急忙插话道："大王息怒。要离能为国舍家，为主忘身，是真正的勇士。他日一旦成功，大王可加封他的妻儿，使他们名扬于世！吴国子民只会觉得大王贤德，怎么会有怨言呢？"

阖闾听罢，说道："既然伍大夫觉得此人可取，那寡人就暂且相信吧。"

要离一听，忙磕头谢恩。

第二天早朝，要离跟随伍子胥拜见阖闾。礼毕，他大声说道："大王，要离自荐为破楚大将，请大王准许我带兵出征。"

阖闾大怒道："像你这样力不及小儿之人，怎能胜任伐楚重任呢，难道要天下人耻笑我吴国没有将才吗？况且像楚这样的大国，不经周密计划怎能随意攻打呢？"

要离闻言破口大骂："阖闾，没想到你是这样一个忘恩负义之人，伍大夫助你夺取君位，为你建固若金汤之都城，你却为保自己失信于他！怪我要离错看了你，枉我对你一番诚意，以为你是贤明的君主，原来也不过一个昏君！"

阖闾怒发冲冠，疾声道："这是我吴国军政大事，你山野刁民懂什么，大殿之上，岂容你等小民撒野，还口出狂言，置寡人于何地？来人，断要离一臂，囚于地牢；捉他妻儿，斩首示众。囚禁期间，无寡人钦赐令牌，任何人不得接近，违者立斩！"当即令左右武士抓住要离，断其左臂，囚于狱中，并遣人捉拿要离妻儿，杀戮于吴都集市。

伍子胥闻讯，按照原计划，秘密指使狱吏，故意放松对要离看管，让他越狱逃跑。

要离只身独臂，逃出吴境，他的耳边回荡着未见吴王前白首皓须、湛然若神的伍子胥与他的对话。

"要离，听说你曾向公子夫概献策，欲止天下兵伐？"

"那只是小人的狂悖之言，大夫恕罪。"

"你的计策虽不可取，但欲息天下兵伐的善心总是好的。若天下人人向善，太平也就不远了。现在先王的公子庆忌想加害吴王，夺取王位，你身为吴国的子民，难道愿意看到自己的国家生灵涂炭吗？"

"我愿意为吴国赴汤蹈火！"

他的脑海里又浮现出自己与妻儿享天伦之乐的情景。现在妻儿已经没了，他所能做的就是完成自己的任务，杀了庆忌。

要离在离开吴国之后，他逢人喊冤，辗转打听到公子庆忌在卫国，于是直奔卫都楚丘（今河南滑县）而去。

找到庆忌的营地后，要离故意哇哇大叫引起看守注意。看守见此人衣衫褴褛，相貌丑陋，以为其是哪国的亡命之徒，于是把他捆绑起来，拷问来历。要离满脸污垢，目光浑浊，他告明来意，守军士兵觉得事有蹊跷，于是禀告庆忌道："公子，外面有一个自称要离的吴国人想要投靠您。"

庆忌为人谨慎，他叫士兵搜了要离全身，确定无任何危险才放要离进营帐。

要离一见庆忌，便"扑通"一声跪倒在地，边哭边嘶哑着喉咙道："公子，阖闾杀我妻儿，断我左臂，我与他有不共戴天之仇，我千里迢迢跑来投奔公子，是希望有朝一日能报此仇！"

庆忌一听怒道："要离，别以为本公子会相信你的话，阖闾既然断了你的手臂，杀了你的妻儿，你找他就是了，来我这里做什么？"

要离面不改色道："我知道先王被阖闾所杀，公子与他亦有不共戴天之仇，也知道公子最近与众诸侯联络，想要报杀父之仇，故要离留此残命前来投奔。要离熟悉吴地地形，可以和公子里应外合，一起杀回吴国，以雪杀妻儿断臂之恨！"

庆忌仍然不敢全信，要离早知庆忌会疑心，便凄然道："我要离一腔热血只愿能伴公子左右，助公子了却心愿。公子若是不信，大可以派人去吴国查探虚实！"

庆忌道："本公子心里有数，我这里绝不会留一个来历不明的人，尤其像你这样的吴国人。你暂且住下，不妨再告诉你，本公子并不怕你是阖间派来刺杀我的，因为天下没有人能够刺杀本公子。"

就这样，要离留在庆忌的府里，庆忌派人去吴国探查了要离的身世，证实阖闾确实派人杀了他的妻儿，断去他的手臂。庆忌便不再怀疑要离，他知道敌人的敌人就是朋友，而普天之下最恨吴王的应该就是要离。于是没多久要离就成了他的心腹。

一天，要离向庆忌建议举兵攻打吴国。庆忌一听感叹道："你有这样的心本公子是赞赏的，只是我方兵微力薄，他阖闾军备充足，且有伍子胥这样的能臣辅助，这一战打起来胜利的概率太小，搞不好损兵折将，得不偿失啊！"

要离听了立即回应道："公子不必忧虑。阖闾的各种阴谋能够得逞，全赖他身旁的伍子胥。如今他俩反目成仇。正是伐吴的大好时机。"

庆忌听闻十分惊讶："伍子胥乃是阖闾的恩人，他们亲如手足，怎会关系破裂呢？"

要离狠狠地说道："公子不知，那阖闾乃是忘恩负义的小人，伍子胥全力助他，想有朝一日阖闾为他攻楚报仇。但阖闾假意推托，根本无意为伍子胥出兵楚国，伍子胥心有怨恨，故决心转投公子，做公子攻吴的内应。"

庆忌深信不疑，于是决定择日攻打吴国。

出发当日，庆忌与要离同坐一条战舰，顺流而下。中途休息，便把战舰停在了太湖之上。

要离站在船头，看着天边涌起的一块乌云，这半边天太阳很刺眼，江面上的波浪并不大，风刚刚能吹动江岸碧绿的芦苇。头顶上的天格外的蓝，没有一丝云彩，水天相交的地方，是一块像墨一样的云，云下面很亮，就像一条银白色的长龙，从江里钻出来，扭曲着，飞到天上。要离在等着那条长龙向他扑来，他的嘴角稍微动了动，随即又恢复了那一贯木讷的神情。

庆忌就坐在他身后，正在欣赏本该属于他的江山美景，思绪飘浮。要离的心情很平静，他看着庆忌，慢慢地挪动脚步一步步向他靠近，他知道这是一个千载难逢的机会，如果这次再不下手，恐怕以后都没有机会了。

庆忌这时不会想到自己的身边有一个危险的人物，他抬手向要离招手道："要离，过来，要是有你探路、有伍子胥做内应的话，打败阖闾应该不费吹灰之力。到时候你也报了血海深仇！"

"公子所言极是。"要离一边奉承着，一边加快脚步向庆忌靠近，他紧紧地握着手中的矛，待他离庆忌越来越近时候，他似乎听到了庆忌的呼吸声。他感觉到自己的血液在沸腾，以前他所付出的一切，就是要等这一刻！

这时，大江上忽然刮起了一阵大风，要离转身立到上风部位，顺着风向的威势，用力将手中的矛直刺入庆忌的胸膛，透过心窝，穿出背外。

庆忌体魁力大，倒提起要离，两人连矛一起溺入江水。庆忌抓住要离如鹰抓小鸡，将其头沉溺在水中，然后又提起来，问道："难道你不怕死？"要离摇摇头道："大丈夫做大事，生死早已置之度外！"

庆忌不语，他再次把要离沉溺在水中，然后又提起来问道："是谁给你这个胆子来行刺本公子？"

要离甩了甩头发上的水珠道："大丈夫的胆儿就只有他自己的，没有人能给得了他。"

庆忌听罢，把要离置于自己膝上，狂笑着道："天下有像你这样的勇士，竟敢刺杀我！"庆忌的嘴角突然苦笑了一番，他又一次把要离沉溺在水中，然后提起来道："你不怕死无葬身之地？"

要离一听，闭上了眼睛，然后幽幽地道："不管怎样的生活，最终都一样是死，我要离在这之前只是一个默默无闻的平凡之辈，但在这一次刺杀你之后，将与你一起名留史册！"

庆忌一听，突然放声哈哈大笑，他把要离放了下来，这时士兵过来正欲用矛戟直刺要离，庆忌笑着摇摇手道："放了他吧，他是天下的勇士。不要在一日以内，杀掉天下的两位勇士。"于是推开要离，拔出长矛，伤口血流如注。

庆忌这时对要离道："你回吴国去吧！你已经成功了。"说罢，他合上了双眼。

要离十分惊讶，他不知道庆忌是如此刚毅之人。顿时，他觉得自己十分渺小。他更惊讶的是庆忌的手下居然真的尊重庆忌遗命，准备放他回吴。

他坐在船上，看着浑浊的江水，一动不动。众甲士问他："公子既已释放你，你为什么还不走？"

他道："虽然公子有遗命释放我，我却不能偷生于人世。

众甲士相顾茫然，十分不解。

要离道："我有三大罪名，不能苟活于人世间。第一，为了求事于吴王而杀我妻儿，不仁；第二，为了新君主而杀了故君的公子，不义；第三，为了完成使命而不惜残身灭家，不智。犯了这不仁、不义、不智三大罪名，我还有脸面苟活于世吗？"说罢，用剑自刎身死。

众甲士收拾要离和庆忌的尸体，顺江流来到吴国，投奔吴王。

吴王听闻要离已经杀了庆忌，十分欣喜。又听说要离自杀身亡，慨叹万分。他对伍子胥道："夫子，我吴国真是多刚烈之士啊！你布置下去，厚葬要离和他的妻儿。"

伍子胥按照吴王的吩咐将要离葬在了阊门城下，并和专诸一样立祠祭祀。

就这样，吴王除掉了自己的心头大患。

而此刻的伍子胥心里却反复响彻着这样的字眼：报仇！报仇！他迎风立于城墙之上，须发飘动，俯瞰整个吴地，只觉气势雄浑。天边，残阳如血。他微笑着朝向楚国的方向，默默地对自己说道："我伍子胥杀回楚国指日可待了。"

孙武演阵，斩杀二姬

阖闾即位的第二年，国内政事已经理顺，自己的统治也已巩固。一天，他与伍子胥商议国事，以一种体谅的口吻说道："伍客卿，我知你心中常有一件事放不下，就是杀回楚国，替父兄报仇。当初你与专诸助我起事，我曾允诺，一旦夺得王位，一定兴兵伐楚，替你出这口憋在心里多年的气。今我吴国诸事已定，内外无虞，正可外向以拓展，故而我决定出兵与你报仇。只是，楚国虽说正值君弱臣昧之时，毕竟是诸侯中的头号强国，疆土广大，幅员辽阔，兵多将广，实力雄厚，军力实在我吴国之上。故此役非慎重对待不可。兴师远征，别的尚可，最难的是这主将人选。我观诸臣，皆难付其任，唯子胥你堪称文武双全，或可代寡人一行？"

伍子胥也早想劝吴王替自己兴兵报仇，只是政权刚刚到手，他知道吴王一时无暇顾及此事，故不便开口。且他相信阖闾必不会违背当初与自己和专诸三人立的誓，因此一直耐心等着。现在既然阖闾诸事已定，并主动提起伐楚之事，自己心里自是十分感激。但他也知道，用兵征伐，乃国之大事，历来君王诸侯，对此皆慎之又慎。楚国曾有问鼎周室和多次吞并周边小国的历史，一代霸主齐桓公和晋文公，当初都不能把它怎么样。吴国今要灭楚，绝非纸上谈兵那么容易。他也知道自己的底：做一员战将身先士卒，破敌陷阵，当属不难；出谋划策，运筹帷幄，自己也时有奇计。但是，两国交兵，要取得必胜之势，百分之百握有胜券，则难以夸此海口。毕竟战争之事，机变无穷，稍有疏虞，后果不堪。倘借吴国之兵为报己仇，一旦不胜，则血流成河，自己便成了千古罪人。因此伍子胥向吴王推荐孙武，当此大任。

于是，伍子胥率领华元、姬波等人，接孙武进宫。吴王阖闾降阶迎接。阖闾设大宴，招待孙武和伍子胥。宴后，阖闾问孙武道："寡人读先生的'兵法内经'一十三篇，真是通天彻地，亘古未有之奇书！但寡人有不解之结，要求先生赐教。"

孙武道："臣请大王提示。"

阖闾道："孤军出境，陷于重围，六合都险，难逃，怎么办？"

孙武道："明以深壁高垒，示敌以固守。暗把牛马尽杀，饱餐兵士，烧毁剩余粮草。命令兵士分两路拼死突围，先出者击敌之后，助后出者出。兵法云'困而不谋者穷，穷而不战者亡'，就是这个意思。"

阖闾狡黠一笑，又问："如困敌者是寡人，又用什么办法攻击？"

孙武笑道："敌受困在重围，周围峻壁险谷，难以逾越，实是穷寇。大王宜潜兵不攻，不要激怒敌人拼命，虚给敌军逃跑之生路，丧其斗志。以后，大王再断敌军粮道，迫其突围。先在敌军突围之处设伏，张网以待，可胜。"

阖闾又问道："如果敌军踞险固守，粮草充足，守险不战，怎么办？"

孙武道："其一，分兵坚守要隘，不让敌出。其二，严防敌军间谍刺探我方军情，使敌军消息闭塞，久之必定恐慌。其三，命令间谍刺探敌军守备情况，以供谋攻。其四，用小利诱敌出击，极力歼灭。凡两兵交战，千奇万变，难以预谋。良将者，当临战随机而谋，才能打胜。"

阖闾听了频频点头，再问道："先生兵书说，'途由所不由，军有所不击，城有所不攻，地有所不争，君命有所不受'。寡人不太明白，请先生细说。"

孙武道："孤军出境，浅不到目的，深不利接应，或有被围之灾，如此道路可以不走。两军对阵，虽然拼死可能打胜，但伤亡惨重，良将者可以不战，退兵另想胜敌的办法。这就是，军有所不击。被困之城，攻打费力，占领无益，不攻不占也无害，这属于不攻之城。荒野草泽，不是陈兵的地方，可以不和敌军争夺。兵出境，为将者以战事为重，凡是君命不利于作战，将军可以不受。"

阖闾听了孙武一番兵论，心悦诚服。回到后宫，阖闾对公子夫概道："寡人听孙武论兵，如拨九重迷雾。寡人得孙武、子胥二人，霸业不愁！"

夫概道："臣听孙武纵道谈兵，有些怀疑。臣认为，临阵对敌，戟戈相拼，不是坐以论道，以口舌决胜负。孙武要无实才，嘴上谈兵，难任大将。王兄如果不考试他才能，臣怕满朝文武，难以信服。"

阖闾觉得夫概说的有理，有心试一试孙武的才能，却想不出好办法。阖闾有两位爱姬，一个名叫好姬，一个名叫邹姬。这二人见阖闾愁眉不展，沉默寡语，就媚笑作态，上前劝解。

好姬道："大王日理朝政，把心思都交给了大臣和国家。大王的白天，交给了国家和臣民。大王的夜晚，应当交给臣妾了。"

好姬边说，边搂住阖闾的脖颈。邹姬见了心生妒忌，一屁股坐在阖闾的膝上，偎入吴王怀中道："妾愿做大王的日，大王日日不离妾！"

阖闾又揽过好姬，让二人坐在双膝之上，说道："你二人能给寡人解忧，寡人做你二人之日。"

好姬道："妾就是给大王解忧的。妾身有一物，名曰'无忧'，妾请大王猜？"

邹姬对好姬的骚情很是嫌恶，手抚阖闾的胡须道："妾给大王分忧，大王今夜能驾幸妾宫吗？"

阖闾道："谁先解寡人之忧，寡人幸谁。"

好姬说道："妾先解。大王为孙武论兵之事忧虑，对吧？大王不想让孙武当将军，怎么不杀他？"

邹姬道："大王是不相信孙武才能，对吧？大王怎么不试试他？妾有主意。"

阖闾听了邹姬的话，心头一喜，连忙亲了邹姬一口，说道："爱姬有高见，说给寡人。"邹姬道："妾听鲁国使臣说，鲁国有位狂妄的年轻人，姓孔名丘，他说'唯小人与女子难养也'。既然孙武会用兵，大王怎么不令宫中女子为伍，由孙武训练成军，试他真才实学。"

阖闾大喜，夸赞邹姬高智，当夜命她侍寝。第二天，阖闾对孙武道："寡人昨天听先生高论，又读先生兵法，千古奇妙，但不知施行怎么样？"

孙武道："臣之'兵法'，不但可以用卒伍，就是妇人女子，听我军令，也可以驱之行用。"

阖闾听了正中下怀，击掌道："好，好啊！天下未听有女子操戈习战。寡人命令宫女三百，让先生操练，怎么样？"

孙武道：大王如果认为臣迂腐，臣就遵命用宫女操练。如果军令不行，臣甘当欺君之罪。"

阖闾听到孙武从命，即召宫女三百人，令孙武操演。孙武见宫女到齐，奏吴王道："臣要用大王宠姬二人，任为左右队长，听从号令。"

阖闾命内官叫来邹姬、好姬，对孙武道："这二人是寡人的爱姬邹姬、好姬，可以任队长吗？"

孙武道："可以。不过，军旅之事，先严号令，次行赏罚，虽是演阵，不能当儿戏。臣请立一人当执法官，二人当军吏，执行传令。再用二人执袍鼓。再用兵士数人，执斧做刀戟，列在阵旁，以壮军威。"

阖闾道："先生所需，可以在军中挑选。"

孙武就在吴王卫兵中选一个人当执法官，二人当传令官，二人司鼓，兵士三十人执械戒严。又命令宫女排成左右二队，邹姬率左队，好姬率右队，各穿军装，右手持剑，左手拿盾牌。孙武穿戴盔甲，腰悬宝剑，站在队前，宣布道："今天练阵，一不许队伍混乱，二不许说话喧哗，三不许违反军令。"

孙武宣布完毕，亲自用绳墨画好场地，把队伍布成阵式。又命令传令官把两面黄旗授给邹姬、好姬，命令二人执旗，为各队的领头队长。命令众宫女跟随队长身后，五人为一伍，十人为一总，各要步伐相继，随鼓声进退有序，左右回旋，寸步不乱。

传令官宣布完毕，孙武命令道："听鼓声一通，两队齐起。听鼓声二通，左队右旋。右队左旋；听鼓声三通，各挺剑为战争之势。听鸣锣，然后左右队各归原地。"

孙武令罢，目令司鼓。鼓吏击鼓，禀道："鸣鼓一通。"众宫女或起或坐，莺语燕声，嬉笑不止。

孙武斥道："约束不明，申令不行，是将军过错。传令官，重申军令！"传令官面对宫女宣道："听鼓一通，两队齐起。听鼓二通，左队右旋，右队左旋。听鼓三通，各挺剑为战斗之势。听鸣锣，两队各归原地！"

孙武厉声道："众人听清，凡是不从军令者，按军法，斩首！"

鼓吏击鼓。宫女们听鼓起立，却东倒西歪，嬉笑如故。孙武又重申军令，指起双袖，接过鼓吏袍裈，亲自击鼓。

左右队长邹姬、妤姬各看台上阖闾，秋波送媚。阖闾在高台之上，遥对二姬以目传情。宫女们见二姬妖媚之态，都大笑不止。孙武见状大怒，两眼喷火，发上冲冠，厉声喝道："法官，在吗？"

执法官伏地下跪道："下官在此，候将军命令。"

孙武道："约束不明，申令不行，将军过错。既然约束再三，而兵士还不从命令，是兵士过错！兵士不听命令，依军法，怎么办？"

执法官道："当斩！"

孙武道："兵士不能都杀，罪在队长。请按军法，将左右队长，斩首示众！"执法官道："遵命！"扭头命令兵士，把邹姬、妤姬二人捆缚，押到队前。执法官抽出宝剑，准备行刑。

邹姬、妤姬吓得娇容失色，大声呼唤道："大王救命！大王救命！"

阖闾高坐台上，原认为孙武演阵是虚拟形势，看到要斩二姬，惊出一身冷汗，慌忙对身后伯嚭道："卿，速传寡人命令，请孙武赦二姬不死。"

伯嚭疾下高台，走到孙武近前，说道："大王请将军赦二姬不死。"见孙武充耳不听，又低声道，"大王，已经知道将军用兵才能了。这二姬，侍奉大王巾栉，是大王的宠姬。大王如果失此二姬，夜不能寝，食不甘味。伯嚭请将军遵从大王命令，赦此二姬。"

孙武道："军中无戏言。孙武已受大王命令为将军，将在军，虽有君命可以不受。大夫想想，将军如果徇君命而释有罪，怎能服众？怎能治军？又怎能战胜敌人？"伯嚭哑然失色，转身去回禀吴王。孙武喝令执法官道："速斩左右队长！"执法官斩了邹姬、妤姬，提头颁示众道："有违军令者，就像这左右队长，斩！"众宫女见状，个个震惊，人人肃然。

孙武在队中择二人，任为左右队长。再令鼓吏击鼓。宫女听鼓声都起动，二鼓旋行转侧，三鼓二队合战，听锣声收队归阵。左右进退，回旋往来，都顺着绳墨，毫发不差。自始到终，井然有序，肃穆无声。

孙武命执法官道："命令你奏报大王，兵已整肃，请大王观看。"

执法官来到台上，跪奏阖闾道："将军整伍已就，虽使赴汤蹈火，也不可退避。将军请大王观察，唯王所命。"

阖闾因为邹姬、妤姬被斩，心中不快，但又不便发作，强忍怒气道："传寡人话，将军劳苦，可以回宫馆歇息了。寡人也没有心思观阵了。"

伍子胥一旁谏道："臣听说，军纪是治军要术。军无纪好比大厦无梁柱。孙武受大王命令治军，申军纪斩二姬，是为大王治不败之军。大王虽失爱姬，却有不败之军，近可守土保国，远可击敌，谋霸中原，是失私情而成大业。臣请大王明察。"

阖闾听了伍子胥的话，顿时面红耳赤。他率领公子夫概、姬山、姬波、夫差、大夫华元、伯嚭和文武众臣，在伍子胥侧行导引下走下高台，来到校场，观看孙武训兵演阵。

看完演兵，阖闾对孙武道："寡人看了先生治军，钦佩之至。先生无愧当世良将。"孙武躬身道："孙武斩杀大王爱姬，罪大了。孙武请大王治罪。"

阖闾苦笑道："先生受寡人命令治军，将在军君命有所有受，你没有罪。寡人累次率兵征伐，也懂治军之道。令行禁止，赏罚分明，是兵家要法。将军治军，用众以威，责令以严，三兵如一，才能克敌。"

阖闾设酒宴款待孙武，命伍子胥、公子夫概作陪，自己推脱有病，回内宫歇息。伍子胥知道吴王因失二姬，有心不用孙武，宴完就去内宫探望。阖闾仰卧床上，面容哀戚，见伍子胥到，说道："子胥不要多礼。请坐寡人近旁。"

伍子胥搬过锦墩，在吴王床边侧身坐下，轻声问道："大王，身体怎样？"

阖闾叹道："寡人无病，心里不痛快。"

伍子胥劝道："大王得到孙武，可与天下人为敌，大王还怕没有美姬吗？"见阖闾低眉不语，又道，"大王要征伐楚国，要称霸天下，没有孙武这样的将军，谁能涉江渡淮，千里远征？美色易得，良将难求，大王如果为了二姬而失去一个良将，好比惜莠草而弃嘉禾！"

阖闾猛然省悟，朝伍子胥拱手道："寡人不听子胥话，险误大事了。"

阖闾厚葬邹姬、好姬在姑苏郊外横山，立神祠祭祀。择卜吉日，拜孙武为上将军，号称军师，命令孙武准备战车，调集士兵，准备伐楚。

兴师伐楚，报仇雪恨

第四章

　　伍子胥为报父兄之仇而率吴国军队攻破了楚国国都郢，然此时楚平王已薨，楚平王之子楚昭王也已逃离楚国。伍子胥便令人掘开楚平王坟墓，并怒鞭楚平王尸体三百下以报仇雪恨。

孙武出征，首战告捷

　　吴王拜孙武为将的事，迅速传遍吴国朝野，并传至诸侯列国，特别是近邻的楚国和越国。

　　传说孙武当年的演兵场，后人称之为教场山；阖闾厚葬两名宠姬的苹冢称为二妃墓，祭祀她们的地方称爱姬祠，亦称二姬庙；阖闾拜将的台称将墩，后人讹为蒋墩。这些都在今苏州吴中区胥口镇境内，地名更是沿用至今。

　　此后，阖闾经常同行人伍员、将军孙武、大夫伯靠等在一起研究国家的军政大事。当向孙武问起兴兵伐楚的计划时，孙武总是按"五事""七计"，将吴国和楚国进行对比。"五事"是指决定战争胜负的五项基本条件，即"道"（道义）、"天"（天时）、"地"（地利）、"将"（将帅）、"法"（法制）。"七计"即"主孰有道，将孰有能，天地孰得，法令孰行，兵众孰强，士卒孰练，赏罚孰明？"结果发现目前吴国还不具备胜利伐楚的把握，必须努力创造条件，发展优势。

　　过了些时候，有一位吴国的间谍回来报告道："前吴王僚的两个弟弟，掩余逃奔到了徐国、烛庸去了钟吾国。"徐国和钟吾国是两个弹丸小国，都为楚国的附庸，它们常常听从楚国指使，骚扰吴国。

伍子胥闻报后提出："为了稳定吴国内部，一定要拘杀两位公子，剪除楚国羽翼，消灭两个小国。"

孙武也补充道："徐国和钟吾国，国家虽小，但战略位置却很重要，这是进出楚国必须拔除的两颗钉子。"

阖闾道："两位爱卿所言极是。然现在师出无名，就派两名使者分别前往两国索要公子吧。至于出兵征剿方面，也请孙将军先做好准备。"

伍子胥领旨，于当年夏天遣人分别到两国去索要公子。两国国君不甘心交出两公子回吴送死，见了吴国使臣，来了个阳奉阴违。一方面让使臣馆舍歇息，另一方面告知两位公子连夜逃走。

掩余、烛庸在逃难途中相遇，不禁涕泗滂沱。他们想想吴国不能回，小国不收留，于是决定只有逃往楚国。

楚昭王见两位公子前来投奔，十分高兴，旋令监马尹大公迎接，并把他们安顿在养城（今河南沈丘东南，一说今安徽太和西）。接着，将养城以东的城父和胡两处土地，扩为采地赐给他们。又命人重修养城，筑城挖壕，加强防卫，保证他们的安全。企图利用此两人为害吴国。

吴王阖闾十分清楚楚国此举的用意，所以阖闾以孙武为将，下定决心要攻克养城。

阖闾三年年末，孙武出兵过长江入淮河，以迅雷不及掩耳之势，包围钟吾国的都城，活捉了其国君，钟吾国灭亡了。接着孙武用舟师水攻，引用雍山的水，灌淹徐国。徐国国君章禹出逃楚国，都城空虚，守城官兵投降吴国，徐国也灭亡了。

到此，孙武已经完成了消灭两个小国的使命，本可以班师回都复命。但是，孙武没有，他向阖闾提出了"肆楚疲楚，攻克养城"的战略方针，率领胜利之师，向西急行军，在行军途中度过了新春佳节。

随后孙武将吴军分编成三支劲旅，先以第一军兵力佯攻城父，在佯攻不克后，吴军便兵锋一转，南下渡过淮水，直驱五百余里，攻打潜（今安徽霍山北）、六（今安徽六安北）二地，当楚军的增兵即将到达时，吴军便撤退待命，不与楚军正面冲突。楚军见吴军撤走，便将部队驻扎在南冈（今安徽潜山）。孙武这时调动他的第二军人马沿淮水而上，疾行军数百里直扑楚之战略要地弦邑（今河南光山）。当楚军即将赶到弦邑时，孙武便命部队撤退待命。由于吴军的两支部队成功地调动了敌军，使楚军疲惫不堪，士气低落。这时，孙武才命令吴军的第三军实施了攻克养城的战斗。吴军一举攻下养城，擒杀了掩余、烛庸，胜利地结束了这场战斗。

孙武指挥吴军初战告捷后，阖闾便想乘胜进入楚地，攻打郢都。但伍子胥认为这样做不妥，便向吴王进言道："楚军乃天下劲旅，非徐国和钟吾国所能比。我军已连灭两国，人困马乏，军资消耗甚大，不如暂且收兵，蓄精养锐，再待良机。"

阖闾听从了伍子胥的劝告，放弃了立即攻打楚国进占郢都的想法。

薄情违誓，胜玉被欺

大军凯旋，阖闾亲率朝中百官出姑苏阊门外迎接。阖闾有一个小女儿名叫胜玉，芳龄十八，和夫差、姬波、姬山是异母兄妹。这胜玉娇宠任性，也乘坐辇车，出城观看吴军回师。吴王阖闾一手携孙武，一手携伍子胥，同乘大辂回宫，大排盛宴，和百官同贺大捷。胜玉却没有回宫。胜玉见父王回宫，就带了贴身宫女，去了阊门外的专诸祠。胜玉性烈，十分钦佩侠士义举，尤其崇拜专诸。

胜玉在宫女的搀扶下走进专诸祠，看见许多善男慈女在专诸像前焚香跪拜，就让宫女去买些香来祭拜。胜玉焚了香，插入香炉，却见着一双又白又大的手也在插香。她偷眼察看，竟是一个俊俏的青年男子。这男子身穿葛袍，脚穿麻鞋，腰悬长剑，身长八尺，面如冠玉。胜玉朝专诸像下跪，那男子也在她身边倒身跪拜。胜玉起初听见那男子头颅触地之声十分悦意，后来闻到阵阵汗酸臭味，就有嫌恶。胜玉琢磨，这俊美男子怎么有汗酸味？肯定是远途而来，没有洗浴？胜玉再闻着那男子的汗臭，不再嫌恶，竟然感觉到男人的特殊气息。

胜玉拜完，从地上爬起身来。宫女掏出一方绣帕递给胜玉擦手。胜玉擦了脏手，正要把绣帕扔掉，看见那男子正要用袍衫擦手，就把绣帕递给那男子。男子吃一惊，慌忙躬身施礼，一边接了绣帕，一边说道："多谢。"

胜玉听见这男子口音是楚国人，顿时变了脸，斥问道："你是楚国人？"

那男子道："你刚才跪拜的专诸，还有刚刚凯旋的伍子胥，不也是楚国人吗？"

那男子说完，朝胜玉深施一礼，飘然而去。胜玉看那男子被风吹拂的袍衫，和摇晃在肋下的长剑，一时竟然失神，不知所措。

胜玉回到王宫，庖厨奉吴王之命，送炙鱼给胜玉。胜玉喜欢吃炙鱼，今天却如同嚼蜡，满脑子都是那个腰悬长剑的楚国男子。

那个楚国美貌男子不是旁人，正是鸡父一役被伍子胥打败的宓溇的儿子宓蔚。宓蔚自从父亲宓溇自尽，发誓要杀伍子胥雪耻。他千里跑来吴国，就是来刺杀伍子胥的。宓蔚得知伍子胥和孙武灭钟吾、徐二国，凯旋归来，就在阊门外人群中伺机下手。只见吴兵戒备森严。吴王阖闾率吴臣数百人出阊门迎接。围观百姓被兵士驱赶到道路两旁，不能近前。

宓嚚远见伍子胥从战车下来，被吴王挽进大辂。伍子胥身高近丈，又肩阔背，虽然年过半百，勇武不减当年。宓嚚自愧不是敌手，感叹自己无专诸之力，又无要离之勇。

吴兵进城，看热闹的人散了。宓嚚没有地方去，随意溜达，走到专诸祠来。宓嚚一向崇敬专诸、要离，就入祠祭拜，不想巧遇胜玉。宓嚚憎恨吴国人，却对胜玉产生爱慕。这也许是胜玉那一方绣帕，使他这个漂泊异国的浪人，寻觅到亲情的欢乐。

宓嚚心情愉悦，就在店铺买了一块卤肉、几块软饼、一坛黄酒，回到城墙根下的神祠里。这座草顶土墙的祠庙，是附近居民祭祀城神的旧祠，早已废弃。宓嚚进来，躺在墙角草铺上的老叫花子骨碌爬起，拈着胡须上的草屑叫道："宓嚚少爷，你这时辰才回？我老叫花子饿了。"

宓嚚笑道："仇大伯，你今天怎么不去王宫乞讨？吴王盛排酒宴，犒劳孙武、伍子胥大捷归来，残酒剩肉想必不少。"

那老叫花子正是仇狗儿，笑道："吴王的酒肉是人血做成的，我仇狗儿怎能享用？少废话，老夫已经闻到卤肉黄酒的香味了。肚子里馋虫叫了！"

宓嚚把荷叶包裹的卤肉、软饼打开，又把酒斟了两碗。仇狗儿也不客气，抓了一张饼夹了肉，大嚼大喝。宓嚚吃了一张饼夹肉，喝了两碗黄酒，不想吃了。他满脑子全是胜玉的倩影。他想那女子华服高贵，气质娴雅，容颜娇丽，绝不是平常女子，就掏出那一方绣帕欣赏。

绣帕上绣着一枝梅花，也不知用什么香料熏沐，散发出浓烈的花香。仇狗儿响亮地打了个喷嚏，问道："你这绣帕，从哪里得来？这是王宫的东西。"

方正贤良
伍子胥

宓蔚大惊，问道："老伯，你怎么知道？"

仇狗儿道："你先说说，它是什么人给你的？"

宓蔚也不隐瞒，就把在专诸祠进香，胜玉给他绣帕细说一遍。

仇狗儿笑道："想不到，你这个穷小子，还有艳遇。那女子，不是平凡女子！"

宓蔚问道："老伯，你怎么能这么说？"

仇狗儿说道："老夫看在今天你孝敬我酒肉，不卖关子，对你说实话。"又喝了一碗酒，示意宓蔚将碗斟满，又说道，"这绣帕，是用千年梅树蓓蕾熏沐，才有此奇香。老夫听说，吴王梅里故宫，曾有老梅一株。伍子胥替吴王筑造新都姑苏，吴王阖闾命人把那千年梅树移来姑苏王宫。所以，老夫断言，你这绣帕，是王宫佳人的东西。那位给你绣帕的小姐，肯定是吴王宫里的。"

宓蔚听了仇狗儿的话，陷入沉思，想起胜玉容颜举止，恰如梦中见过的仙女，却不知她叫什么，是吴王宫中的什么人。他想到自己千里漂泊，为父雪耻，面对强敌伍子胥，自己性命难保，现在有了艳遇，着实可笑。宓蔚长叹一声，捧了酒坛，一气长饮。

仇狗儿慌忙劝阻道："哎，哎，哎！留点酒，给我！"伸手夺过酒坛，紧抱怀中道，"你有佳人绣帕，夜有好梦。这酒，归我！"

宓蔚泣道："老伯，你羞辱宓蔚！"

仇狗儿道："少爷，你供我酒肉，我仇狗儿不是狼心狗肺，干嘛羞辱你？"

宓蔚叹道："圣人说，杀父之仇，不共戴天。我千里来到吴国，是找伍子胥报仇的，怎能被红颜迷惑。"

仇狗儿仰天大笑道："不对！放屁！你老子在鸡父一仗，败给了伍子胥。他没脸去见楚王，自寻短见。伍子胥没有杀你老子，你和他有屁仇？

你要替你老子雪耻，跟伍子胥对阵交兵，干一仗，算你有种。你要做不轨事，被天下人耻笑！"

宓尉哀声道："我父已死，我不承父爵，手无兵权，怎能和伍子胥对阵交兵？不是我要行不轨，我要学专诸、要离。"

仇狗儿大怒，吼道："放屁，放毒臭屁！一派胡言！专诸、伍子胥是我仇狗儿好友。你宓尉给我酒肉，也算得半个朋友。我仇狗儿一碗水端平，向理不向人。专诸刺吴王僚，是义举。要离刺庆忌，也是义举。吴王僚是暴君。庆忌谋逆反吴，是魔鬼。伍子胥是当世英雄。你杀英雄是卑鄙小人，怎能和专诸、要离并论。再说，你能不能打过伍子胥，还不好说。"

宓尉听了大哭，跪伏在地道："宓尉难雪父耻，只有死路一条了！"

仇狗儿道："罢，罢，罢！谁让我嘴馋贪吃你酒肉。吃人嘴短，拿人手短，我替你出个主意。你赶紧回郢都，求楚王让你承继父职，让你领兵伐吴，和伍子胥一见高低。就是打不胜，也抚慰了你父亲的亡魂，不被天下人耻笑。"

宓尉听了仇狗儿的话，如霜打一般，低头叹道："你这是什么馊主意？楚王怎能让我承继父职？绝不可能！"

仇狗儿骂道："你的脑子，不是人脑子，是猪脑子。我听说楚昭王年少喜武，喜好宝剑。当年越国人欧冶子和他师弟干将替楚王铸有三剑，名叫'龙渊''泰阿''工布'。楚平王死后，三剑下落不明。昭王悬重赏找剑，找不到。我听说，欧冶子还替越王铸五剑，名曰'湛卢''巨阙''胜邪''鱼肠''纯钧'。后来越王允常把'湛卢''巨阙''鱼肠'三剑献给吴王诸樊。阖闾把'鱼肠'给专诸刺杀吴王僚，然后把'鱼肠'埋了。阖闾又让干将铸剑，铸了'莫邪'。据我推测，现在吴王宫中，还有'湛卢''巨阙''莫邪'三剑。这三把宝剑，你得到一把，献给楚昭王，还愁得不到官职吗？"

宓嚭沉思半天，才悠悠叹道："你计虽好，只可惜我难进吴王内宫，怎能盗到宝剑？"

仇狗儿讥笑道："我说你是猪脑子，一点不冤你！你既有绣帕，还愁不进王宫？我听说，明天伍子胥水军进驻盘城，吴王阖闾率百官都去观看。那个给你绣帕的女子，应当是吴王宫里的人，她既然去阊门观兵，岂有不去盘城观舰？你明天雇条船，泊在盘城桥头，说不准又遇到那女子。你央求她带你进宫，伺机偷盗宝剑，大事准成。"

宓嚭又问："我怎样央求她带我进宫？又怎样去偷盗宝剑？"

仇狗儿不再理睬宓嚭，倒身在草铺上睡去，一会儿就鼾声如雷。宓嚭手抚香帕，却无睡意，寻思明天怎能见着胜玉，又如何进宫盗剑。

第二天，宓嚭雇了一只乌篷小船，让船娘顺着河溪经过王宫附近，往盘城悠荡着划去。宓嚭对能不能遇见胜玉并无把握。他端坐船头，有意无意地观看两岸的石墙瓦屋，仰视头顶的拱桥虹藤以及往返在石桥上的红男绿女，企盼人群中出现胜玉。乌篷船穿过桥洞，宓嚭才省悟，胜玉是宫中之人，出宫必乘耕车或是游舫，绝不会挤在人群之中的。宓嚭叹息一阵，留心河道上往来船只。

乌篷船靠近盘城，宓嚭有些失望了，让船娘把小船泊在岸边，站在船头朝岸上呆望。这时从后面摇过一只乌篷船，和宓嚭的船擦舷要过，却从那船上传来一女子的惊呼声。宓嚭听声吃一惊，扭着头看见船舱里有一个男子，探头正朝他微笑。

宓嚭看出那男子是女扮的男装，正是给他绣帕的那个女子，怎能放她错过，便叫道："贤弟稍候，愚兄这边有礼！"

宓嚭在船头朝胜玉抱拳施礼，一不小心掉进河里。胜玉和宫女巧娥惊得娇叫。宓嚭爬上胜玉的小船。胜玉命令船娘在僻静处泊了，请宓嚭进仓。扮作男装的宫女巧蛾，看见宓尉落汤鸡一般，冻得悚悚地抖，一旁窃笑。胜玉瞪了一眼巧蛾，对船娘道："前边桥头有家客栈，赶紧过去泊住！"又朝宓尉道，"先去馆栈换了衣裳，过一个时辰，我们再回来。"

宓尉很是感激，躬身作揖。小船泊了岸，胜玉和巧蛾送宓尉进了客栈。胜玉替宓尉交了宿金，又让巧蛾去成衣铺买了棉袍布衫和短褐内衣，让宓尉换了湿衣。胜玉又让店伙计上了一桌酒席，请宓尉相见。

宓尉换了干爽崭新的衣裳，人也倍觉精神。胜玉见宓尉面如白玉，眉分八彩，一个风流倜傥的美男子，心中暗生爱慕。宓尉揖礼道："小人宓尉，拜见姑娘。"

胜玉脸一红，赶紧让巧蛾关紧了房门，指着桌上热气腾腾酒肴道："我为少爷置了酒肴，压惊驱寒。请少爷入席，边饮边说。"

宓尉道："宓尉前几天得到姑娘绣帕，今天买舟随流，要寻找姑娘。我想这姑苏太大，怕是今生再难和姑娘相见了。正迟怔间，便见姑娘船到。宓尉和姑娘素不相识，得姑娘相助，羞死人了。"

胜玉见宓尉知礼知情，心里喜悦，举杯道："相逢是缘。来，来，来，饮罢三杯再说！"巧蛾站在一旁持壶侍酒。胜玉和宓尉喝过三杯，指点菜肴道："少爷多吃菜。这都是些山肴野蔌，不知合不合少爷口味？"

宓尉又饮了几杯，他想到还不知道胜玉的姓名和身份，慌忙离席，躬身施礼道："请姑娘赐告名姓？"

胜玉听宓尉问及她的姓氏，觉得无须隐瞒，便道："妾是吴王之女胜玉。"

宓尉听到胜玉是吴王女儿，吓得面无人色，慌忙离席下跪道："小人失礼，请姑娘责罪。"

胜玉笑道："少爷请起，请起。我与少爷相逢相识，是前世之缘。朋友相交，何罪之有？"

胜玉邀宓嵋归座，亲自捧壶替宓嵋斟酒，问道："少爷从楚国来吴国，是投亲还是访友？"

宓嵋叹道："宓嵋父母双亡，是个无牵无挂随处漂泊的浪子。昨天我去专诸祠，因为仰慕专诸、要离，前往祭拜，想不到巧遇姑娘。几天来，宓嵋把姑娘的香帕带在身上，夜不安寝，要痴要癫。我想今生今世见不到姑娘了，想不到今天见到了，这是宓嵋福分。"

胜玉被宓嵋说得动情，二人又举杯欢饮。酒到半酣，胜玉才问道："少爷今后去哪里？"

宓嵋叹道："唉，我也不知道去哪里？"

胜玉又问："少爷难道不想成亲生子，承祀宗族香火？"

宓嵋叹道："宓嵋是落魄之人，怎敢奢想。"

胜玉趁酒后胆壮，问道："如果我留少爷，少爷能听我安排吗？"

宓嵋正想利用胜玉，好进宫盗剑，见到胜玉痴情自己，正中下怀，离席揖礼道："姑娘看顾宓嵋，怎敢不听从安排？"

二人同船回到王宫。当夜胜玉留宓嵋睡在闺阁，二人同盖锦被，癫狂万状，云雨反复。直到天亮，二人疲惫，裸身相抱，情意绵绵。胜玉道："我已经委身少爷了。少爷你先住在城里客栈，等我禀请父王恩准，嫁给少爷。"

宓嵋对一夜艳遇心惊肉跳，无所适从，只得不住地点头虚以应付。胜玉见宓嵋只点头不说话，就又说道："少爷要敢丢弃我，我追到天涯海角，杀你雪恨。我的话，不是玩笑，你谨记！"

临别，胜玉给宓嵋百两黄金，又让宫奴巧蛾取过金牌，递给宓嵋道："少爷想我，拿这金牌随时进宫，无人阻挡。"

宓嵋得到金牌，当夜进宫盗走吴王府库里的"湛卢"宝剑，逃出姑苏，直奔楚国而去。胜玉一连几天不见宓嵋进宫，让巧蛾去城里客栈寻找，得知宓蔚早已离去。王宫府库丢失"湛卢"宝剑，吴王阖闾下令追查，毫无结果。胜玉却大病一场，后悔自己轻浮，受了宓蔚的欺骗。胜玉揣测盗剑之人，必定是宓蔚，因为宓蔚持有进宫的金牌。胜玉发誓，一定要亲杀宓蔚，以洗雪失身之辱。

宓蔚得"湛卢"宝剑，直奔楚都郢城，求见楚昭王熊轸献剑。熊轸听说宓蔚献宝剑，即命内官传见。宓蔚跪奉宝剑道："臣宓蔚，听说大王喜好宝剑，冒死夜入吴王内宫，盗得此剑。今宝剑在此，请大王观赏。"

熊轸命内宫传过剑来，拔剑出鞘，顿时寒光四溢，冷气侵肤。熊轸又惊又喜，问道："此剑叫什么名字？"

宓蔚道："臣听说，越国人欧冶子，为越王铸五剑，名为'湛卢''巨阙''胜邪''鱼肠''纯钩'。越王赠'湛卢''鱼肠'给吴王诸樊。后来阖闾用'鱼肠'付专诸杀吴王僚，认为不祥，于是封埋函葬。臣所得此剑，是'湛卢'。"

楚昭王熊轸持"湛卢"爱不释手，半天才对宓蔚道："你为寡人冒死得获此剑，寡人不知怎样赏赐你。你有所求，寡人答允。"

宓蔚下跪道："臣是潜城司马宓濊之子宓蔚。臣先父在鸡父一役，败给伍子胥，愧而自死。臣寝食不安，誓和伍子胥一较胜负，以雪父耻。臣请大王爵臣父职，率军和吴兵厮杀在疆场。"

楚昭王赞道："卿是血性之士。卿之求是孝义之举，寡人能不准吗？"诏命宓蔚子爵父职，仍旧担任潜城司马，统兵镇守楚国边境。

吴王阖闾失去"湛卢"，命令间谍四处探寻，得知被宓濊之子宓蔚盗献楚王。不久，阖闾又得知宓蔚是从胜玉处得取金牌，进宫盗剑。阖闾大怒，就把庖厨呈上的炙鱼，挟去鱼头，命夫差道："你妹妹喜欢吃鱼，把寡人的残鱼，赐给她。"

夫差把无头残鱼送到胜玉宫中。胜玉见了无头鱼，泣道："父王知我性烈，这是羞辱我，要我自杀。我有誓言，宓蔚负我，我必亲自杀他而后死。这鱼，我吃。”

阖闾听说胜玉不肯死，迁怒宓蔚，命令武士潜入楚国，刺杀宓蔚。宓蔚担任潜城司马，府中卫兵如云，武士不得近身，回来禀报吴王。阖闾怒气难消，急召孙武、伍子胥，问道：“寡人要兴兵伐楚，二卿认为行不行？”

伍子胥道：“春耕刚完，眼看就要夏收秋种，这时用兵，对国民无利。大王要伐楚，等秋后用兵适宜。”

孙武道：“大王要伐楚，可以请越国出一师，吴国出一师，这样不伤百姓。”阖闾依照孙武建议，派遣使臣联越伐楚。越王允常亲近楚国，借故不肯发兵。阖闾大怒，亲率大军二万伐越，大败越军，屠杀越人数万，抢掠大批粮食、马匹凯旋。阖闾在王宫盛排酒宴，群臣贺捷。酒宴散后，孙武和伍子胥走出宫门。孙武见左右无人，问伍子胥道：“子胥认为，大王这一仗，打得怎么样？”

伍子胥摇头，叹道：“大王这一仗，杀人太多，吴国和越国仇恨太深，从此不可和解了。”

孙武也叹道：“以我的预见，数年之后，应当是越国强大，吴国灭亡！”

二人施礼告别，各自上车回府。

宓濞手下的副将符岵，十分鄙视前司马宓濞之子宓蔚。自从宓蔚到潜城掌兵，符岵就告病不出，在府内整日饮酒不问军务。宓蔚知道符岵小觑自己，因他是先父部将，自己又要倚仗于他，只得忍气吞声，送礼问疾。

符岵见宓蔚到，一手举杯，一手支撑于地，却爬不起来，嘟哝道：“司马来了，司马和末将共饮。”

宓蔚见符岵烂醉之态，想起自己亡故的父亲，不由得心生怜悯，叹道：“符将军，为什么要这样？”

符岵问道："我不这样，谁人这样？"见宓蔚无话，又道，"你逍遥在外，如神仙一般快乐。你为什么贪你先父爵职，又来做这潜城司马？你知道，这潜城，是什么城吗？"

宓蔚怒从中来，喝问道："你说，这潜城，是什么城！"

符岵仰头大笑，又尽饮一杯，拭去胡须上的酒水，说道："潜城傍近吴国边境，屡为吴侵，不久前又被伍子胥攻破。潜城，祸城啊。少爷今为祸城司马，灾祸不远了。"宓蔚怒火难遏，击案吼道："我今为潜城司马，就要和伍子胥一较高下，以雪我先父鸡父兵败之耻。你这酒鬼，只知有祸，不知有福！"

符岵似乎酒醒，端杯叹道："你有父之勇，而无父之智，这是灾祸之源。我欣你之勇，只担心伍子胥小觑你。你又有什么能耐？"

宓蔚大笑道："我今天是一城司马，还怕他伍子胥不来受死！"

宓蔚不再任用符岵，任他装病饮酒，自行整肃军伍，囤积粮草，准备和吴兵交战。副将符岵还是劝阻道："少爷，能不能听老夫一句话？"

宓蔚不快，怒道："我是司马，不是少爷。军中无私，有话请讲。"

符岵叹息一声，说道："这几年，吴楚两国屡有交战，楚国败多胜少。吴国自从阖闾登位，国力强盛，又有伍子胥、孙武为辅，诸侯不敌。大王命司马镇守潜城，司马担保边鄙无事即有功劳。末将听说司马要举兵犯吴，这是引火烧身。末将为司马担忧。"

宓蔚道："圣人说，杀父之仇，不共戴天！我父死在伍子胥之手，我当寻伍子胥复仇。父仇不报，枉为人子，怎能站在天地间？"

符岵叹道："司马错了。前司马宓溅将军，不是伍子胥所杀，是他愧于鸡父战败，无脸面见大王，自刎而死。你寻伍子胥复仇，是无义之举。"

宓蔚恼羞成怒，喝斥道："我的事，不用你指责。你回府饮酒，军中之事，不用你过问！"

符岵踉跄几步，出得司马府，仰天叹道："宓罽不知天高地厚，潜城不保了！"回到府中，打发家眷，搬回故里，对夫人说道，"潜城难保了。我如果不死，应当回故里做一个农人。"

楚国边境小城潜城，和吴国边境小镇军仆相距十里。小镇原先只有百十户人家，有河环绕，春汛街人出行不便。当年伍子胥领兵入楚，迎楚夫人经过此镇，亲率兵士在河上筑桥，又疏通河道，使兵船自楚入吴，顺流无阻。鸡父大捷，吴军缴获的大批物品，都经过此镇入吴。此后，楚、吴商贾也取此水陆之道，小镇日趋繁华，人口骤增。镇人为感怀伍子胥筑桥通河，把此镇命名为"军仆镇"。军仆镇成了吴、楚两国的边贸城镇，不少楚民也在镇郊楚境一边建屋居住，成了三里长街。由此军仆镇成了两国之镇，河西镇属楚国，河东镇属吴国，太平年月，桥上无兵戒守，边民往来自由。宓罽担任潜城司马的这年秋天，军仆镇吴、楚两国的边民，发生一起械斗，引发了一场吴、楚两国的战争。这场战争，也正是宓罽期盼已久的。

宓罽获悉楚、吴边民械斗，楚民死伤人多。宓罽就率兵士两千人，血洗军仆镇，杀死吴民数百，抢夺财货无数。宓盛派兵镇守，把军仆东镇收归楚国。消息传到姑苏，吴王阖闾大怒，连夜召伍子胥、孙武、伯嚭进宫议事。

阖闾道："寡人听说楚国潜城司马，出兵侵扰我吴境，戮民数百，夺寡人疆土。卿等有什么办法克敌？"

伍子胥道："臣听说潜城司马宓罽，是宓溅儿子。宓溅鸡父战败，自刎而死。宓罽要寻臣复仇，盗大王'湛卢'剑，献给楚昭王，封爵潜城司马。宓罽侵犯吴境，矛头是指向臣。臣愿领一军入楚，和宓罽一较高下，请大王准许。"

阖闾问孙武、伯嚭道："二卿认为行不行？"

伯嚭道："大王不如动用全部军队，一举伐楚，以绝后患。"

孙武道："楚国地广兵众，现有精兵二十万。大王出兵伐楚，久战难胜，而且国内空虚，南有越国觊觎，有危险！大王不如命令子胥率一师入楚，小胜就回。"

吴王阖闾允准伍子胥请求，命令他统兵一万，入楚攻伐潜城。胜玉听说伍子胥领兵入楚，连夜到伍子胥府中造访。宾主礼过，胜玉道："妾听将军入楚，有一事相求。将军答允，妾才能说。"

伍子胥笑道："老夫和你父王，是君臣关系，又是朋友交情。你有什么事，老夫没有不答允的。"

胜玉泣道："妾和楚将潜城司马宓孴，有一段孽缘。宓孴负妾，盗剑而逃，陷妾于不孝不义，苟且偷生。妾曾和他立誓，他如果背叛妾，妾当亲自杀他。妾求将军不要杀宓孴，生擒给妾，成全妾的誓言。"

胜玉泣不成声，倒身下拜。伍子胥虚扶胜玉起身，说道："老夫从你所愿，不杀宓孴。如果抓到他，押来姑苏，交给你处置。"

伍子胥率水陆之师一万，火速渡过江淮，直抵边境。宓孴听说伍子胥率兵前来，就把驻守军仆镇二千兵士撤回潜城，闭门不出。伍子胥也不急于攻城，让大军距潜城之东五里安营扎寨。伍子胥长子伍俍过继给专诸，更名专毅，吴王阖闾让他辅佐公子姬波。伍子胥后来娶甘嬟为妾，生了一个儿子名叫伍封，年五岁，当时也在军中。伍封问伍子胥道："父亲，你今夜用兵吗？"

伍子胥问道："你怎么知道，我要用兵？"

伍封道："父亲安营在城下，呈兵在敌前，是诱敌劫营啊。"

伍子胥大笑，问伍封道："你怎么知道我的意图？"

伍封道："儿听孙武伯伯说，屯兵立营，让敌人难知地形。父亲今天屯兵在楚军眼皮子底下，是故意做诱饵。"

伍子胥命令兵士饱餐，天晚营内灭灯熄火。伍子胥又密令吴兵分兵两路，蹑足潜踪，移伏大营两边的山丘林下，看见大营火光，就合击冲杀。

宓尉听说伍子胥屯兵城外，登城观看，看见吴兵连营数里，夹在两山之间。营内兵士往来行走，历历在目。宓尉笑道："伍子胥城下屯兵，是小看我宓尉了！"

当夜宓尉择精兵两千，饱餐战饭，随他出城劫营。副将符岵劝阻道："伍子胥是当世名将，呈兵在城下，是诱你出城。"

宓尉将信将疑，重登城头观看吴军大营。但见营中熄灯灭火，兵士都睡了，仅有值夜兵丁在营中往返走动。宓尉大喜，提戈上了战车，率兵冲出城门。刚近吴兵大营，突然营门大开，营内火光大发。两旁山丘林中，各冲出数千吴兵，将楚兵团团围住厮杀。

宓尉左冲右突，才趁乱逃出重围，绕到潜城北门。符岵在城楼上看见宓尉败回，命兵士开了城门，放他进城。宓尉所率两千人马，全部覆没。

第二天，伍子胥命令吴军另辟营寨。一处扎在潜河之滨，扼断潜城楚军粮道。另一处后退五里，驻扎在山下，卡住楚军退路。

宓尉见粮道被吴军堵死，伍子胥兵临城下，围而不战，城内粮草眼看不济。宓蔚命令间谍装扮山民樵夫，出城打探吴军消息。间谍禀报，吴军粮草都用舟舰由水道运到军仆镇，又用车辆装载，每天都有百十辆辎重粮车，趁夜经山道运到吴军大营。

宓尉听报大喜，取了潜邑地图查看。见吴军粮道在两山夹峙的沟谷，十数里都是荒山密林，正是劫粮之地。宓尉又择精兵三千，要趁黑潜出城外，伺机劫夺吴军粮草。符岵来劝，宓尉怒道："前几天劫营，都是因为你言语不吉，坏我大事。今夜我劫夺吴军粮草，请你不要胡言乱语，扰我军心！"

宓鄩不听符岵忠告，率兵出城。符岵扼腕叹道："伍子胥是文武冠世，他能不知道克敌之道，狠毒不过劫粮？宓鄩自作聪明，潜城今夜不保了！"命令兵士搬过石墩，端坐城头道，"我观今夜，伍子胥是怎样攻进城门的。"

宓鄩率领三千人马，从山道绕到吴军运粮所经山谷。远远见着吴军数百辆辎重拥挤在狭窄山谷之中。兵士手举火把，挥鞭策马驱车，人喊马嘶之声震荡不绝。宓鄩在战车上挥戈大喝一声，率领楚军冲下山谷。吴军押运粮草的兵丁，都是老弱病残，看见楚兵杀来，全都抛弃车马粮草，攀崖逃跑。楚兵毫不费力夺得吴军辎重，转头要运出山谷，回师潜城。

突然山崖火光大起，喊杀声震天撼地，无数吴兵手举火把，持戈从两边山崖冲杀下来。楚军被堵在山谷中间，进退不得，被吴军杀得尸横遍野，血流成溪。宓鄩情知中了伍子胥的埋伏，率领数十名卫士左冲右突，好容易冲到谷口，抬头一看，大吃一惊。宓鄩只见火光中映照一人，站在战车之上，白袍银须，手持大戟，正是吴将伍子胥。宓鄩鞭马回辕，往山林逃窜。

伍子胥见宓鄩逃跑，大笑道："宓鄩小儿。你早晚寻找伍某复仇，今天相见，为什么不战而走？"边说边张弓搭箭，一箭射中宓鄩右臂。宓鄩栽下车来，吴兵拥上去捆了个结结实实，提到伍子胥车前。

伍子胥看了宓鄩一眼，说道："你父亲宓濮，兵败自刎，不是我所杀，伍某和你有什么仇？我今天不杀你，有人和你算账。"命令兵士把宓鄩用槛车囚了，押回大营。

伍子胥命令吴兵剥下楚兵的衣衫穿上，押解辎重，趁月色昏暗，来到潜城南门城下。又让一人声貌近似宓鄩的，朝城上叫喊道："我是司马宓鄩。我劫粮回来，速速开城！"

城上半天不见动静。伍子胥又让兵士呼叫。只见城头暴出一阵大笑，笑声未落，亮起一片灯球火把。城上士兵持戟戈傍阵肃立，中间一个浓须黑面大汉正是符岵。符岵穿戴盔甲，一手按压剑柄，一手扶堞，朝城下叫道："请伍子胥将军，出来答话。"

伍子胥在城下听得明白，驱车上前，顿戟问道："我是伍员伍子胥！你是什么人？"

符岵拱手道："某，潜城副将，符岵。"

伍子胥喝道："符岵，宓蔚已被老夫擒获，你尚不开城受缚，还要让我攻城吗？"符岵又一阵大笑，叹道："伍将军，符岵自知难敌伍将军，潜城早晚得破。符岵今有一事相求，不知伍将军能不能答应？"

伍子胥道："你说，伍某准许。"

符岵道："伍将军是楚国旧臣，世食楚禄。将军仇恨楚国，是楚国先君和佞臣。楚国士民和将军无仇。符岵所求，是请将军刀下留情，不杀潜城百姓。将军准许吗？"

伍子胥抱拳答道："谢将军良言。楚国百姓是子胥父老乡亲，子胥怎能加害！"符岵在城上抱拳道："符岵代潜城百姓，谢谢将军了！"说完，抽出宝剑，命令守城楚兵大开城门，又朝城下伍子胥道，"伍将军，符岵和将军来世相见了！"符岵横剑自刎。

伍子胥神色黯然，回头对吴兵厉声命令道："众兵将听令！凡是进城侵扰士民百姓的，戮杀降者的，立斩！"

伍子胥率领吴军开进潜城，秋毫无犯。伍子胥钦佩符岵英烈，用棺椁收殓，葬在城南山丘。伍子胥命令兵士休整几天，把潜城交由楚鄙邑宰，领兵押解宓蔚回师吴都。到了姑苏，伍子胥立即命令士兵，把宓蔚用槛车送往后宫，让公子夫差交由胜玉处置。

胜玉自从宓蔚骗取金牌，盗剑逃跑，心存弃世之念。胜玉不死，是不忘和宓蔚的誓言。胜玉听说宓蔚已经押到，从床上强起，命令巧蛾侍她更衣梳妆。又命令宫中男仆，让宓嚭沐浴更衣。晚上，置一桌酒席，邀宓嚭饮酒。

宓嚭带到，并不行跪礼，只拱手说道："宓嚭知罪，请公主责罚，万死不辞！"胜玉冷冷道："你为父亲报仇，没有罪。妾略备山肴野蔌，请君垫饥，然后饮酒。"胜玉看着宓嚭狼吞虎咽，时而哀怜，时而愤恨。

胜玉见宓嚭吃饱，长叹一声，命令巧蛾道："拿我酒来！"

巧蛾拿来一坛醴酒。胜玉又对巧蛾道："再拿一个酒杯来。"

巧蛾道："已有两个杯子，为什么要三个酒杯？"

胜玉斥道："叫你拿，你就拿来，哪来的多话？"

巧蛾不敢违命，又拿来一只金杯，墩在胜玉面前。胜玉把三只金杯一字儿排开，依次斟满。然后将酒坛放到宓嚭面前，笑道："妾饮这三杯。这坛中酒，请少爷自饮。"

宓嚭双手捧坛要喝，胜玉道："慢！我有话，边说边喝。我喝完，你再喝不迟。"胜玉喝干一杯，说道："这杯酒，为我和少爷在专诸祠相遇。"

胜玉又喝干一杯，说道，"这杯酒，为我和少爷在宫中盟誓。"

胜玉手举第三杯酒，瞪着宓嚭，问道："少爷，你还记得，我和你的誓约吗？"见宓嚭面已变色，颤抖不已，嗫嚅无声，就笑道，"俗话说，一日夫妻百日恩，你为什么如此薄情？"

胜玉泪如雨下，双手举杯，仰头喝尽。

胜玉见宓嚭低头不语，拭泪叹道："我不惜以王女之身委于你，你却骗我，盗剑而去。你是无情无义的小人。我和你肌肤相亲，相拥盟誓，你要弃我，我必杀你，不是玩笑。你忘了吗？"

宓嚭听了大惊，连连点头，顿足搥胸，涕泗滂沱。

胜玉似醉似病，脸有痛苦之状，紧咬玉齿，半天才启唇哀道："我不忍杀你，又不忍背誓。这坛中之酒，是鸩羽浸泡。我已经先喝了。要是怕死，你逃生去吧。"

宓蝟听了胜玉饮了鸩毒，劝自己逃生，就双膝跪伏道："公主何必自死？宓蝟罪大，来世也难赎了。"说完，把一坛毒酒喝个干净。

胜玉见宓蝟喝干鸩酒，惨叫一声"夫君"，扑奔过去，抱紧宓蝟大哭。宓蝟一边替胜玉擦泪，一边轻唤"胜玉"。不一会儿，二人相拥而倒，昏厥不省人事。

吴王阖闾正在和伍子胥议事，听到胜玉和宓蝟饮鸩自杀，急忙奔到后宫。伍子胥见二人体肤温热，对夫差道："快，杀一只羊，用羊血灌他俩。"

夫差亲自杀羊，拿热羊血灌胜玉、宓蝟二人。过了一会儿，只见宓蝟鼻息徐徐，胜玉体肤如冰。胜玉先喝毒酒，毒深难救，已经死了。

阖闾悲伤，在阊门郊外为胜玉筑墓，掘土成湖，当地老百姓叫"女坟湖"。阖闾顾及胜玉痴情宓蝟，不杀宓蝟，命令卫士把他赶出王宫。宓蝟找到胜玉墓前，头撞墓碑，颅裂而死。

柏举之战，五战五捷

阖闾三年（公元前512年），吴王向伍子胥询问对待楚国的战略。

伍子胥答道："楚执政众而乖，莫适任患。若为三师以肄焉，一师至，彼必皆出。彼出则归，彼归则出，楚必道敝。亟肄以罢之，多方以误之。既罢而以三军继之，必大克之。"大意是说，楚国掌权的人多，意见不一致，没有真正敢于负责主动承担责任的人。如果将吴军分为三支队伍，轮番地袭击楚军，楚军将领为了争夺战功，都将奔来救应，当他们来了，我们就主动撤退，避其锋锐；当他们回去了，我军再出来袭击，楚军自然要再奔来救应；如此这般，必将牵制楚军，使之忙于奔走而疲惫不堪，上下之间相互怨恨，军心因此涣散。敌军不知我们的意图，摸不清我们的军力，由此产生种种误解，这时我们集中三军兵力，给予狠狠打击，必将取得大胜。

吴王阖闾听闻了伍子胥的战略论述，觉得很有道理，于是完全采纳，信任地放手让伍子胥、孙武付诸实施。

从公元前515年开始，吴国就连年向楚国发动进攻，不使楚国有安宁之日。三师以肆，轮番袭楚，扰得楚军倾巢而出，疲于奔命，终于将强大的楚军拖垮，奠定了破楚入郢大捷的基石。

伍子胥这种游击战术思想，也是认真总结了前人战争的实践经验。吴王寿梦二年，也就是公元前584年，吴军采取了申公巫臣的谋略，开始伐楚、伐巢、伐徐，进占州来，迫使楚军主将子重、子反一年中七次往返救援，奔波于道，疲惫不堪。致使原来归属于楚国的一些蛮夷小国，悉归于吴。吴国开始强大起来，与中原的几个大诸侯国家，密切了沟通和联系。

阖闾四年（公元前511年），吴王采纳伍子胥关于分兵扰楚的战略思想，命孙武率领的吴军主动进攻楚邑潜（今安徽霍山北）、六（今安徽六安北）。楚军没有准备，防守力量弱。楚昭王听到吴军围攻潜、六的军情报告，立即召集文臣武将们商议派哪位主将挂帅领兵救援。

哪里知道伍子胥、孙武使用了离间计，早已派出间谍，在楚国朝野散布言论道："如果楚王派出子期为将军的话，我们就把他活捉杀死；如果楚王派出囊瓦为将军的话，我们就撤退离开楚国。"大臣们不知是计，竟充当了传声筒，将这些话传报给楚王。

楚昭王信以为真，决定任命囊瓦为救援潜、六的统帅，率领数万救援将士浩浩荡荡直奔楚、吴边境的潜、六两邑而来。

当楚国援军尚在途中的时候，伍子胥、孙武加强吴军进攻力量，攻占了这两个边境重邑，得到了许多钱财物资和奴隶，除留下少数兵卒迎击援军以外，主力部队主动撤离了。

楚军援军经过长途跋涉，将士疲累困乏，结果扑了个空。他们怨恨主将无能，指挥失当，自然也就失去了战斗力。楚将囊瓦也是满腔愤怒，本想同吴军主力决一死战，立个大功回去领赏，结果吴军主动撤离，楚军扑了个空，部下又无心战斗，就只得灰溜溜地退兵回郢都去了。

吴军便这样用伍子胥、孙武之谋，轻而易举地占领了潜、六两邑。随后，吴军主力围攻夷邑（今安徽亳州）、弦邑（今河南息县南）时，同样在楚军援军到达之前，攻克其地，缴获一大批战利品后主动撤退。

伍子胥提出的"三师以肆"战略指导思想，在他和吴王、孙武的灵活运用下，吴楚边境上的一些楚军守卫相对薄弱的边邑，一个个被吴军攻占了。吴国既达到了"疲楚误楚"的战略目的，又抢占了土地、钱粮和奴隶等战略物资，还扩大了吴国的版图。吴国的国力不断提高，向着"西破强楚"的战略目标又前进了一步。

阖闾七年（公元前508年）夏，桐国背叛了楚国。桐国的北面，原来有个小国舒鸠，很早以前就被楚国吞并了，因此舒鸠人十分怀恨楚国。

伍子胥、孙武利用桐国背叛楚国之机，派出间谍前往舒鸠，唆使他们散布谣言道："如果你们想办法诳骗楚军来攻打我国，我军便佯装惧怕楚军，假意代楚伐桐，使楚国对我不存戒心，这样就可以寻机消灭它。"

舒鸠人为了报复楚国，便听从了吴国的误楚之计。他们编造了一套假情报，去欺蒙楚国。楚国君臣利令智昏，果然听信了舒鸠人的谎言，在这年秋天派楚令尹囊瓦率舟师伐吴。

楚国先发制人。吴国处于被动应战状态，伍子胥、孙武领兵迎敌，两人谋划一番后，决定将计就计，采用明攻和暗袭相结合的战术，一方面大张旗鼓地调集水兵战船前往豫章（今安徽合肥西，湖北广水东），以迎击楚师；另一方面又暗集军队于巢地（今安徽巢湖东北）。楚将囊瓦得报吴军战船摆满桐国以南的江面，便误以为吴军胆怯，想用伐桐来讨好自己，于是把大军驻扎在豫章地区，静观事态的变化。这样，楚军从秋天一直驻扎到冬天，时间一长，士气便日益低落，防备自然也开始松懈。

伍子胥、孙武抓准时机，率吴军突然包围了楚军，打得楚军猝不及防，落荒而逃。随后，又出其不意地攻克了巢邑，还俘虏了在巢邑驻守的楚公子芈繁。

这次对楚作战的胜利，又燃起了阖闾进攻郢都的欲望，他故意激怒孙武和伍子胥道："寡人想乘胜攻入郢都，灭掉楚国。如若不能，你们两位还有什么功劳可言？"

但伍子胥、孙武两人仍然认为现在攻郢灭楚的时机还不成熟，举行如此重大的军事行动，绝不可轻忽，以免劳而无功，反为人所制。两人劝阖闾隐忍待机，阖闾只好作罢，命班师回国。

这一仗，伍子胥、孙武以诱敌、骄敌之计大获全胜，帮助阖闾打通了入楚的通道，为吴国日后破楚战略计划的顺利实施创造了条件。

阖闾九年（公元前506年），吴军收复平陵城和固城（今江苏高淳境内），肃清了入侵今宁镇地区的楚军。把吴楚战线又进一步推向楚国境内。

伍子胥还把今江苏高淳境内的东坝和下坝之间的岗阜凿通，挖掘胥溪，打通太湖向西经固城入长江的水路航运，让吴国的水师、漕运、军运由太湖直通长江，完成了对楚总攻前的战略准备。

阖闾九年（公元前506年）的一天，吴王一个人在御桌上批阅文武大臣们送来的奏章，当看到伍子胥、孙武送来的在吴楚边境扰楚疲楚取得新进展的战报时，他不禁喜形于色。然而转念他又想到自己登基为王已经九年，虽然在对楚作战上频频胜利，却仍然只是小打小闹，至今还没有攻打郢都，心想不知这一天还要等多久。

于是阖闾召来行人伍子胥、将军孙武，君臣共商破楚大事。阖闾道："两位爱卿，寡人数次意欲伐入郢都，你们都道不可，今对楚战，我军又胜，总可出兵了吧？"

伍子胥对答道："大王，臣和楚国有不共戴天之仇，恨不能将楚平王食肉寝皮，方解我恨。今平王虽然已死，臣恨却未消，臣是须臾不敢忘记郢都啊！但是环顾天下，楚国依然强大。这几年来，我们在吴楚边境多次对楚国侵扰，是取得了胜利，然而这些都是小胜，我们并没有打垮楚军的把握，所以大王切不可轻敌。我们所患的楚将囊瓦听说很不得民心，但诸侯尚没有恨他。此人索贿贪得无厌，不久一定会激起大家的仇恨，囊瓦一旦失势，我们就有机可乘了。"

孙武同意道："伍行人所言甚是啊，这几年吴楚交战，我们虽然占领了不少的地方，但这对于强大的楚国来说，仅仅是被拔了几根毫毛，完全没有触及筋骨，伤其根本呀！"

阖闾闻言，不无忧虑道："那依两位所见，何时才算时机成熟呢？"

孙武喝了几口茶，润润喉咙，不紧不慢道："大王，回顾我们吴军这几年破楚的进军路线，基本上是在楚国东部吴楚边境淮水流域活动，我们出兵，楚王就派兵救援，因此要想从这里打开缺口深入楚国腹地，按照我们现有的力量，那是非常困难的，甚至是不可能的。所以……"

伍子胥一直在旁静听，闻此，他接话道："所以就要依靠我军的水师啊！"孙武点了点头，又补充道："不错。可是楚国的水师，也是相当强大的。我们孤军溯江西上，楚军水师以逸待劳，顽强反击，我们同样要腹背受敌啊。视今日之长江沿岸，基本上都是楚国本土或其附属国的领土，因此这也是非常困难的。"

伍子胥建议道："设想我们的军队在国内向北进军，到了淮水，向西行，进入蔡国。然后我军充分利用水军优势，折到了大别山下，而后会合唐国军队，继续西进，直达汉水上游，如匕首直插楚都郢城，出其不意，攻其不备，如此大计可成。"

蔡国是春秋时期的一个古国。开国君主是周武王的弟弟，建都上蔡（今河南上蔡西南），后又辗转迁至下蔡（今安徽凤台）。地处河南东南部与安徽交界的淮水上游。

唐国故址在今湖北随州西北的唐县镇，春秋时期的唐国在今河南西南与湖北西北的交界处。唐河是其国内的主要河流，此河发源于今河南西南方城牛伏山的南侧，向南流入湖北省境内与白河汇合称唐白河，是汉水上游的一个支流。

唐、蔡两国虽是小国，但位居楚国的北部侧背，战略地位相当重要。所以孙武听闻伍子胥所言，不禁赞同地笑道："唐、蔡两国，受楚侮已久，他们都怨恨楚国囊瓦贪利劫财，大王伐楚，若能联合他们，则是上策啊！"

阖闾道："唐、蔡虽然说是两个小国，却常在楚、晋、齐等大国的争夺中举棋不定。虽说同我吴国没有发生过什么利害冲突，可是，两国的君主能允许我们军队通过吗？假道伐虢之事不远，他们不会不虑的。"

众人一时间想不到更好的计策，只得散去。最后，阖闾叮嘱孙武好生于江口演习水军，令伍子胥终日探听楚国情报。

有道是想睡觉有人送枕头，就在大家商议如何争取唐、蔡两国为吴提供方便的时候，唐、蔡两国派来了遣使，表示愿与吴国通好。

伍子胥听说唐、蔡两国前来通好，高兴道："这真是天助我吴国啊！"当即设宴好生款待了两国来使。

来使回国后，细述了伍子胥的好客仗义。于是蔡侯当即决定以其次子公子乾为人质，送至吴国，请吴国出兵伐楚。

伍子胥领着他们见了阖闾，并道："大王，唐、蔡受此大辱，他们愿为攻楚先驱，追随大王。我们如今出兵，时机正好。扶救蔡国我们可以显名，攻破楚国我们可以获得厚利，这是一举两得的事情，此机不可失啊！"

阖闾听了喜形于色，但又忧虑道："可是寡人听说'春振旅，秋治兵，冬夏不兴师'啊。"

伍子胥奏道："大王只知其一不知其二啊，如果'兵争有利'，一年四季都可以兴兵举事，不必受季节的限制。"

阖闾听了这话，就接受了蔡侯送来的人质，答应出兵，并派公孙姓回去禀报。

正欲调兵，又有人前来报道："军师孙武有事求见。"阖闾遂将其召入，问其来意。

孙武道："大王，楚所以难攻，是因为它的附属国众多，不容易直接到达其境。前番晋侯一呼，尚有十八国响应，而且其中陈、许、顿、胡等国都一向是楚的附属国，现在它们能弃楚从晋，可见人心怨楚啊！臣听说唐、蔡前来通好，此时出兵楚国必然势单力薄了啊。"

阖闾大悦道："适才伍爱卿也有此奏，看来此次伐楚称霸正是时候了。"于是就和唐、蔡两国签订了联合伐楚的盟约。唐、蔡两国的军队按周礼规定各有一万人左右。三国联合后，伐楚的兵力又有了明显的增加。

尽管如此，在兵力上吴国还是不及楚国。楚国能集结抵御的兵卒，估计可有二十万人左右，而吴国无论如何举兵人数不会超过十万。这时，孙武就向阖闾建议挑选三万年轻力壮且经过他长期训练战术熟练、吃得了苦、格斗拼杀本领过硬的兵士。他认为如此就能以一当十，三万兵士便能抵得上三十万，加上唐、蔡两国各一万人，就足够对付楚军。至于粮草、兵员补给，靠国内千里馈粮的办法，困难很大，所以他又建议因粮于敌，善待俘虏，借助敌国的力量为吴所用。这些建议，都得到了阖闾和伍子胥的赞同。

阖闾九年（公元前506年）冬，吴王命被离、专毅辅助太子波留守，拜孙武为大将，伍子胥、伯嚭为副将，亲弟公子夫概为先锋，公子山专督粮饷，起吴兵三万，号称十万，浩浩荡荡，从阖闾大都象征吹阊阖西风、与楚国的方位相同的阊门出发，兴师伐楚。

文武百官、黎民百姓聚集在阊门内外的街市坊巷，夹道为远征楚国的兵士送行。大军从阊门南濠经胥江，穿太湖，入邪江，达芜湖，过长江北上，穿越巢湖，至州来，入淮水向西而行来到蔡国。冬天淮水流域的气温比较低，而这些在太湖流域长的吴军士气却很高涨。囊瓦见吴兵势大，于是只得放弃围攻蔡国，回到郢都告急。

由于这几年伍子胥的"三军以肆"战略，吴军在楚国东部边邑频繁地扰楚、疲楚，时而进攻夺取一两个边邑要地，待楚军大部队前来救援时，又避开主力部队的锋芒，主动撤退。楚军疲于奔命，吃了不少大亏。所以此次囊瓦回报，昭王并没有放在眼里，以为吴军不过是故伎重演，骚扰一下边境而已。

就在这时，吴军溯淮水浩荡西进，直抵淮汭（今安徽凤台，一说今河南潢川西北）。伍子胥、孙武向阖闾进言："淮水航道渐窄，逆水行舟速度慢，我们得抢时间，不能让楚军觉察。楚军有了准备，我们要破楚就难了。"阖闾遂准孙武之奏，全军舍舟登岸，由力士五百人、善跑者三千人组成特种部队，为前导劲卒，沿淮水继续向西挺进，其余吴军战船全部留

方正贤良
伍子胥

在淮水的空曲之处。在蔡、唐大军配合导引下，三军兵不血刃，迅速地通过楚国北部大隧、直辕、冥阪（今河南信阳南）三关险隘，挺进到汉水东岸，先发制人，取得"出其不意，攻其不备"的效果，争取了战略上的主动。楚国郢都岌岌可危。

楚昭王获悉吴军主力突然出现在汉水以东，完全出乎意料，慌了手脚，便急忙召诸臣问计。

公子申道："囊瓦非大将之才，大王宜速令左司马沈尹戍领兵前往，万不可使吴军渡过汉水。他们远道而来，没有后援，必然不能长久。"

昭王依其所言，紧急调集二十万兵力，令沈尹戍率兵，同令尹囊瓦协力坚守。

沈尹戍来到汉阳，被囊瓦迎入大寨。沈尹戍问道："令尹，吴兵从何而来，为何如此之速？"

囊瓦道："他们弃舟于淮汭，是从陆路自豫章到此的。"沈尹戍听后连笑数声道："我听人道孙武用兵如神，今天看来，不过如此嘛！"

囊瓦不解地问："沈将军何出此言啊？"

沈尹戍道："吴人惯于水战，今天舍舟而从陆路进攻，万一失利，连退路都没有了。我分兵五千于你，你沿汉水列营，将船只尽数停在南岸，再用轻舟日夜往来于江中，使吴军不能掠舟而渡。我率一军抄出淮汭，烧了他们的船，再将汉东隘道用木石垒断，然后你引兵渡过汉水，攻其大寨，我从后面袭来。如此吴军要水路没水路，要陆路没陆路，首尾受敌，军心涣散，吴国君臣就束手可擒了。"

囊瓦大喜道："司马高见，那就按您说的办吧。"

于是沈尹戍留大将武城黑统军五千，相助囊瓦，自引一万人向新息（今河南息县南）进发。

而自从吴军在汉江以北安营扎寨，与楚国囊瓦之军隔江相持以来，孙武表面上依旧是胸有成竹的样子，心里却并不平静，他每时每刻都在注意捕捉机会，推进战争态势的发展。他的谋略是诱敌渡江来战，可是派出几艘战船去向南岸叫骂，除对方放了几通箭矢之外，楚军完全没有动弹的意思。他知道，决不能改变计划，贸然渡江作战，那样，楚军扼守汉水天堑，吴军舟师登陆攻打，楚军以逸待劳，吴军将损失巨大不说，也很难取胜。他也知道楚军要回避吴军的锐气，决不会立即渡江，决战须俟时日。

两国军队遂以汉水为界，对峙待战。

再说沈尹戍去后，武城黑想要献媚于囊瓦，遂进言道："吴军舍舟从陆，且又人生地不熟，令尹何不攻之，而把功劳白白让给沈司马呢？"

囊瓦是个喜欢贪功夺利的人，听了此话，自然不免心中动摇，一番思忖后，他便决定先下手为强，不按照沈尹戍迂回包抄吴军的既定战术，自作主张统率楚军主力，强渡汉水进击吴军。

伍子胥、孙武见囊瓦中计，便让吴军佯装畏却厌战的模样，边战边退，诱使楚军骄气滋生，步步进逼。楚军不知是计，尾随着吴军事先设定的蛇曲形迂回退却路线，一直到了小别山。这时，囊瓦令史皇出兵挑战，孙武派先锋夫概出兵迎敌。

夫概选了勇士三百人，用坚硬的木头作为大棒，一遇楚兵，就没头没脑地乱打过去。楚兵哪见过这样的架势，措手不及，被吴兵乱打一阵，史皇也大败而逃。吴军就将兵屯于大别山。

囊瓦见首战不利，就要将史皇治罪。史皇道："今吴军大寨扎在大别山之下，不如今夜出其不意，前往劫营，如再不胜，属下甘愿数罪并罚。"

囊瓦求胜心切，就挑选了精兵万人，让他们依计而行。

谁知孙武用兵如神，听说夫概初战得胜，料定对方会有所行动，于是令夫概、专毅各引本部伏于大别山之左右，但听哨角为号，就各自杀出；让唐、蔡两君分两路接应；又让公子山保护吴王，移屯于汉阴山，以避免冲突；大寨虚设旌旗，留老弱残兵数百人把守。

伍子胥知道了，就找到孙武，主动要求引兵五千，抄出小别山，反劫囊瓦之寨，孙武正有此意，就爽快地答应了。

没过多久，囊瓦果然引着精兵，秘密从山后抄出，前来劫营。他见大寨中寂然无声，不见吴王，担心有埋伏，慌忙杀出，可是已经晚了，只听得哨角齐鸣，专毅、夫概两军左右突出夹攻，囊瓦且战且逃，兵士折了三分之一。囊瓦刚刚走脱，又闻炮声大震，右有蔡侯，左有唐侯，两相杀来。唐侯大叫："还我肃霜马，免你一死！"蔡侯又叫："还我裘佩，饶你一命！"囊瓦又羞又恼，又慌又怕，正在危急关头，武城黑引兵前来，大杀一阵，终于救出了囊瓦。囊瓦约行数里，又听得本营已被伍子胥所劫，史皇大败，不知下落，顿时心胆俱裂，引着败兵，连夜奔驰，一直逃到柏举（今湖北麻城北，一说湖北汉川北），方才驻足。

楚军将士精力疲惫，到达柏举地区方知上当，但已经来不及了，他们进退维谷，士气低落。这就是吴国柏举之战的第一场胜利。

楚昭王在郢都听说囊瓦战败，急派大将莲射前来支援。囊瓦见了莲射，建议道："我因轻兵劫寨，所以反被吴国所劫。要是两阵兵力相当，我们定不会失败的。今日将军初到，正好乘此锐气，和吴国决一死战。"

莲射摇手道："不可不可。想当日您若从沈司马之言，何至如此呢？今日之计，只有深沟高垒，不与吴战，等待司马兵到，然后合击。"

囊瓦不从，他自恃爵高位尊，不敬莲射；莲射又欺囊瓦无能，羞为其部下。两人各怀心思，不肯共同商议；各自立营，虽名义上是互为犄角，实际相去有十余里。

吴国先锋夫概探知楚将不和，遂向阖闾提出乘胜追击。哪知阖闾不许。夫概憋了一肚子气，第二天一早，就擅自率领本部兵五千，直奔囊瓦之营。孙武听说后，怕其有失，急忙调伍子胥引兵接应。

再说夫概打入囊瓦大寨，囊瓦全无准备，营中大乱。武城黑舍命抵挡，慌乱中囊瓦来不及乘车，跑出寨后，左胛却被射中一箭，幸亏史皇率本部兵赶到，与武城黑合力拼死将其救出。囊瓦丢盔卸甲，狼狈不堪，乘车逃走。他不敢回郢都，奔郑国逃难去了。正在这时伍子胥也率兵而来，一阵厮杀，弄得楚兵溃不成军，投降的投降，逃命的逃命，互相踩踏而死者不计其数。伍子胥调兵有方，截获粮草辎重无数。吴国取得了柏举之战的第二场胜利。

莲射之子莲延，听闻前营有失，报知其父，想要提兵前往救援，莲射不许，并号令军中："乱动者斩！"囊瓦的残军就皆归了莲射。莲射将他们合成一军，决定带领他们连同自己的手下一起避吴锋锐，先退至郢都，再作计较。他令大军拔寨，莲延先行，自己断后。

夫概探得莲射移营，尾随其后，一直到了清发水（今湖北溃水）。吴兵见楚兵打算收集船只渡江，便欲上前痛击，被夫概制止。夫概道："困兽犹斗，何况是人呢？若是逼得太急，他们一定会死力相拼，倒不如暂且不动，等到他们半渡之后再来袭击。到时已经渡河的人得免，没有渡河的人争相要渡河逃命，还有谁肯死斗啊？"遂退二十里安营。

这时中路的孙武等大军都已赶到，大家听说夫概所言，都觉得有道理。阖闾更是得意地对伍子胥道："寡人有这样的弟弟在，何患郢都不入呀？"

伍子胥叹息道："臣听说相人大师被离曾给夫概相过，说他毫毛倒生，必有背国叛主之事。何况上次他没有经得孙先生同意，就擅作主张，进兵楚营。虽然他很英勇，但是大王不可对他委以重任啊。"阖闾听了却不以为然。

再说莲射听说吴兵来追，急忙打算列阵拒敌。谁知又闻得吴军退兵，以为吴军胆怯，暗自欣喜，于是下令楚兵饱食后，一齐渡江。结果人刚刚渡到十分之三，夫概已率兵到达，楚军争渡，阵脚大乱。莲射禁止不住，只得乘车疾走。军士未渡者，都随着主将乱窜，吴军从后掩杀，孙武又命唐、蔡两君各引本国军将，夺取渡江船只，沿江一路接应。楚军大败，死伤之人竟堵塞了清发水，河水被染红了数十里。吴国取得了柏举之战的第三场胜利。

从清发水战场溃退下来的楚军残部，跟随莲射继续向西南郢都方向溃退，奔至雍澨（今湖北京山西南），将卒饥困不堪，不能奔走。莲射认为追兵已远，就暂且停留，让士卒埋锅造饭。哪知棋差一着，饭才熟，吴兵又到，楚国兵将来不及下咽，就弃食而逃。留下现成的熟饭，反被吴兵饱餐一顿。吴兵吃饱，力气更足了，他们尽力追逐，楚兵吓得魂飞魄散，哪还有抵抗之力。莲射车也被绊倒，人被夫概一戟刺死。其子莲延亦被吴兵围住，亏得左司马沈尹戍行至新息，听得囊瓦兵败的消息，遂从原路返回相救，正好赶到雍澨，这才将其救出。这时阖闾军已到，两下扎营相持。

沈尹戍见大势已去，遂对其家臣吴句卑道："囊瓦贪功，令我计没能施展，这真是天意啊！今只有决一死战。如果侥幸得胜，吴军不再危及郢都，就是楚国之福；万一战败，我的首级就托给你了，千万不能落在吴人手里啊！"又让莲延保存实力，回去报信，莲延垂泪而别。

第二天，两下列阵交锋。沈尹戍虽然用尽全身解数，奈何孙武引大军杀来，蔡侯、唐侯、伯嚭等人也率兵相助，强弓劲弩在前，短兵在后，杀得楚军七零八落。更兼伍子胥命兵士使劲擂鼓助威，自己引兵按其阵法攻入楚军，神出鬼没，不少楚兵连伍子胥的兵都没看见，就被击倒。

沈尹戍死命杀出重围，却被伍子胥一箭射中，僵卧车中，更不能战，于是令吴句卑斩下其首级，回去见楚王。吴句卑起初不忍，沈尹戍尽力大喝一声，吴句卑不得已，只好从命，然后脱下衣服将他的头包好，又草草掘土掩盖了沈尹戍尸身，奔回郢都去了。吴兵长驱而进，愈战愈勇，锐不可当。楚军闻听沈尹戍阵亡，余部也纷纷瓦解。吴国就此取得了柏举之战的第四场胜利。

至此楚军二十万大军全线崩溃，已无回天之力了。楚都郢城已暴露在吴军的锋芒之下。

阖闾聚集诸将，询问入郢之期。

伍子胥进言道："楚军虽屡败，但郢都尚有三城相助，不容易攻破。东有鲁淮江守军一万阻吴军抢渡，南有湘江，西有川江，都是腹地，险阻难攻；只有北面三十里的地方尚有两城，正面是麦城，西北是纪南城，各有守军五千，比较容易从此进军攻克郢都。臣建议分军为三：一军攻麦城，一军攻纪南城，大王则率大军直捣郢都，以迅雷不及掩耳之势，让楚军顾此失彼，如果二城能破，郢都就受不住了。"

孙武拍手道："子胥之计甚妙！"遂禀过阖闾，让伍子胥同子山引兵一万，请蔡侯以本国之师相助，去攻麦城；孙武同夫概引兵一万，请唐侯以本国之师相助，去攻纪南城；阖闾等引大军去攻郢都。

且说伍子胥东行数日，有探子来报："麦城有大将斗巢引兵把守。"

伍子胥于是命屯住军马，换上了微服，让两位小卒跟随，走出营外，察看地形。他们三人来到一个村中，见村人牵驴磨麦，以梿击驴，驴走磨转，麦屑纷纷而下。伍子胥闭目冥思，计上心来，喜道："我有破麦城之策了！"

当下回营，伍子胥暗传号令："每位军士，配布袋一个；内皆盛土；又要草一束，明日五更前务必办齐！"

至第二天五更，伍子胥又传一令："每车要带乱石若干，如无者斩！"

等到天明，他将军士分为两队：蔡侯率一队往麦城之东，公子乾率一队往麦城之西，吩咐各将所带石土、草束筑成小城，以当营垒。伍子胥亲自指导，督率军士出力，营垒没多久就建好了。只见蔡侯的东城狭长，像驴形，名曰"驴城"；公子乾的西城正圆，像磨形，名曰"磨城"。

蔡侯不解其意。伍子胥笑曰："东驴西磨，何患'麦'城不下呢？"

斗巢在麦城闻知吴兵东西筑城，急忙引兵来扰，谁知两城已立，增然如坚垒一般。斗巢先到了东城，城上旌旗布满，铎声不绝。斗巢大怒，便欲攻城。这时辕门开启，一员少年将军引兵出战。

斗巢问其姓名，少年答道："我乃蔡侯次子姬乾。"

斗巢道："你非我对手，让伍子胥来见我。"

公子乾得意道："伍子胥已去取麦城了！"

斗巢大怒，挺着长戟，向公子乾杀来，公子乾奋戈相迎，两下交锋，二十余个回合。这时忽有哨马飞报："吴兵攻打麦城，望将军速回！"

斗巢恐巢穴有失，急忙鸣金收兵，可这时军伍已乱，公子乾乘势掩杀一阵，楚军落荒而逃。

斗巢回到麦城，正遇伍子胥指挥军马围城，便挺戟来战伍子胥。伍子胥抖擞精神，持戟相迎。略战数个回合，伍子胥喊道："你已累了，不如先回去，明日再来比个高下。"

斗巢求之不得，于是两下各自收兵。城上守兵看见自家人马，就开门接应入城去了。到了半夜，忽听城上喊道："吴兵已进入城中啦！"

原来吴军中多有楚国降卒，伍子胥故意放斗巢入城，却让降卒数人，一样装束，杂在楚兵队里混入，潜伏在隐蔽处，夜半在城上放下长锁链，吊上吴军。等到城中察觉，城上吴军已有百余人了，他们齐声呐喊，城外大军更是积极响应。守城军士猝不及防，彼此乱窜。斗巢喊也喊不住，只得乘轳车出走。

伍子胥也不追赶，就这样轻轻松松得了麦城，并遣人到吴王处报捷。后有人作诗赞道：

西磨东驴下麦城，偶因触目得功成。

子胥智勇真无敌，立见荆蛮右臂倾！

再说孙武分工攻占纪南城。他发现纪南城地势低下，北有漳江，西有赤湖，当即决定引漳江水，灌入纪南城中，守城军民以为江水高涨，纷纷逃向郢都。孙武率舟师顺流而下占领了纪南城后，直达郢都城下。

楚国大臣子期、子西慌忙在郢都城内外布置兵力，准备孤注一掷，决一死战。无奈民心动荡，军心消沉。君臣黎民早已丧尽斗志。这时郢都城内已是风声鹤唳，人心惶惶，楚昭王不顾主战大臣子西、子期的反对，也不顾全城军民的生死存亡，悄悄携带胞妹、侍臣等人凄凄惨惨，惶惶如丧家之犬逃出郢都西门。昭王西逃的消息传到军前，楚军立即涣散，子期率部分精兵去追赶和保护昭王，子西无奈，也只好率残兵西逃。

十一月二十九日，阖闾、伍子胥、孙武等指挥吴军占领了郢都，获得了柏举之战的第五场胜利。

就这样，吴军从长江下游太湖东岸的吴都出发，行程六百多公里，以三万精兵敌楚二十万兵士，长驱直入，势如破竹，在柏举五战五捷，直捣江汉流域的楚都郢城。柏举之战是春秋末期一次规模宏大、影响深远的大战，被著名史学家范文澜在《中国通史简编》中称为"东周时期第一个大战争"。作为谋臣和将军的伍子胥，无论在战略决策和战术指挥方面，都起着重要的作用。

掘墓发棺，鞭尸三百

　　吴国大败楚军占领郢都之后，吴王登上楚王宝座，下令举行庆功活动，并表彰了在这次西破强楚战争中有卓越贡献的吴军将士。伍子胥、孙武立为头功，吴王许诺回到吴都之后，分别赐予采地：伍子胥封于申地，所以后人称伍子胥为申胥；孙武封于富春（今浙江富阳）。伯嚭、夫概、公子山也都在立大功者之列。

　　阖闾坐在楚昭王的宝座上，笑问伯嚭道："寡人自吴入郢，是客人。卿是楚国人，今天应当为主。寡人不知道主人今夜让客人寝在哪里？"

　　伯嚭媚道："臣已有安排，不知大王允许不允许？"

　　阖闾道："寡人刚才说了，寡人和卿今天以主客相待。俗话说，客随主便。不知道伯将军今宵安排寡人和众卿宿在哪里？"

　　伯嚭道："臣早有安排了。今晚臣请大王和诸位大夫各居其所。"

　　阖闾问道："寡人不知道，什么是各居其所？"

　　伯嚭道："君王居在君室，大夫居在大夫家，将军居在将军家。从大王到百官，都是以班处宫？"

　　阖闾大喜，就命令吴臣按官职居住在楚国逃亡的百官府宅，自己居住在楚昭王内宫。公子姬山已经酒醉，笑问伯嚭道：伯将军安排我等君臣，君住在君室，大夫住在大夫室。如果室内有楚大夫妻妾，怎么居住？"

伯嚭淫笑道："楚国已经被我等攻占了，为什么不能占有他们的妻妾？"

众臣听了都浪笑不止，就各自出宫，寻找逃亡的楚臣府宅，拥其妻妾而寝。阖闾寝在楚王内宫，嬖臣寻来楚王嫔妃数人侍寝。阖闾酒后不力，发怒。嬖臣告诉伯嚭。伯嚭在楚宫内府寻得春酒一坛，劝阖闾饮用。阖闾看见坛中有龟、蛤蚊数尾，恶心，骇怕而拒饮。

阖闾怒道："这是什么酒？里面有诸多疹怪之物。你要害寡人吗？"

伯嚭吓得双膝一软，行礼道："臣怎敢害大王？此酒是楚王宫中春酒。酒中龟、蛤蛇是世间壮阳强性之胜物。"

阖闾虚扶伯嚭道："卿请起。卿说给寡人，龟、蛤蚊怎能壮阳强性？"

伯嚭道："龟是长寿之物，可活千百年不老。雄龟阳具较人、兽、虫物为最长，可达其体长度四股其一。龟性也长，雄雌性后，可续交两个时辰不分离。蛤蚧性长，相交可以连体几天而不分。雄者名蛤，皮粗口大，身小尾短。雌者名蚧，皮细口尖，身大尾小。此物补肾肺，益精助阳。"

阖闾再问："这龟、蛤蚊春酒，是什么人配制？"

伯嚭道："臣听说，昔年楚平王日御嫔妃十数人，血竭气衰，难以行房。后得沈尹戍寻得神医扁鹊之徒东皋公，配制此酒。平王饮后方愈，日御十女而不疲。"

阖闾相信了，饮一杯顿感全身火热难耐，然后就寝楚王锦床。阖闾听说孟嬴美貌绝世，命令嬖臣传楚夫人孟嬴侍寝。孟嬴正在内宫沐浴。她已经知道儿子楚昭王熊轸逃出了郢都，生死未卜。更知道吴王阖闾正寝在楚王内宫，而且就要传她去侍寝。她身为秦王的妹妹、楚平王的妻子、楚昭王的母亲，怎能让吴王奸污。她预感到末日的来临，要把自己洗浴洁净，去地下陪伴已薨的夫君。

宫女白豆正俯身挑拨油盏中的灯草，听到孟嬴呼唤"白豆"，慌忙蹑足碎步，奔到浴室门外，躬身应道："夫人，白豆恭候夫人吩咐。"

浴室里死寂，半天才传出孟嬴的一声叹息。白豆听到夫人自语道："大王已薨九年了。日月如轮，光阴真快啊！"

白豆在门外应道："是的，夫人。大王大行在敬王四年，到今天正好九年。"

孟嬴在浴室里悲泣道："九啊，九啊？吉吗？祸吗？"

白豆道："夫人。九是极数，应当是吉数。"

孟嬴在室内怒道："吴人犯楚，攻占郢都。吴王这时正在奸淫楚王嫔妃，何吉之有？贱奴，自笞！"

白豆吓得跪伏在地，伸出双掌左右抽打自己的面颊。白豆边打边哀求道："白豆有罪，白豆该死。"

孟嬴长叹一声道："甭打了，你把雀膏、雀珠取来。"

白豆行礼道："谢夫人。"爬起身来，去妆台上取来两只玉瓶，跪在门外递给了孟嬴。孟嬴从一只玉瓶中倾出几粒白色的鸟粪，用水在掌心里化开来，仔细地在肌肤上轻盈地搓揉，欣赏着光洁和柔嫩。孟嬴边搓揉边道："二十年前，神医扁鹊的高徒东皋公，到秦都雍城。我王兄在王宫赐筵给东皋公，问他世间可有不老之术。东皋公道，'不谙生死者不老'。我王兄说，傻子当然不老。东皋公又道，世间无不老之术，有不老之容。王兄问何为不老之容。东皋公道，用黄鸟之粪洗浴，其肌肤不老。用黄鸟之睾配蜂蜜制丸服食，其性不老。那时我王兄当作酒话笑谈，说给我兄妹。我嫁给楚王，就用东皋公之术护肤养性，效果胜极。大王每次出猎，总是不忘为我亲捡鸟粪，亲射黄鸟。回宫取雄鸟之睾，命医师焙干研末，以熟蜜制丸。大王还亲自取名，一叫'雀珠'，一叫'雀膏'。你听说过吗？"

白豆俯首道："奴婢知道。奴婢曾听夫人说过。"

孟嬴悲哀地叹息道："你，不知道！"又道，"我应该是太子熊建的妃子。大王贪我美貌，占儿媳为夫人。我企盼容颜不衰，企盼平王早薨，太子熊建继位，我成为太子的妃子。不曾想，太子为郑国人所杀，平王又弃我而去。如今，我命中的两个男人，都候我在地下了。我又怎么能够去陪一个征占楚国的外邦之君睡觉？"

白豆听了吓得抖索成一团，连连行礼道："奴婢不知，奴婢不知说些什么，能使夫人开心。"

孟嬴打开另一只玉瓶，两只玉指拈住一粒蜜丸，投进殷红的口中，抿了抿道："你啥也甭说，该来扶我出去了。"

孟嬴出浴，袭一领轻纱在温室梳妆，白豆过来服侍。化完妆后，孟嬴顾盼镜中身影，哀叹连声。这时室外有人敲窗户，孟嬴愠怒。白豆斥道："什么人大胆，夜半敢击夫人窗户？"

窗外吴王阖闾道："寡人听说夫人美貌绝世，特来相见，以消渴思。"

孟嬴大怒，从壁上抽出宝剑，以剑磕窗道："阖闾听着，你身为国君，是人中之王，民之表率。明君当循王礼，坐不共席，食不同器。今天你夺人疆土，占人国都，又淫人妻女，置王礼于不顾，传恶名于天下，怎能为君？怎能为万民之王？阖闾，我孟嬴为你羞愧。我今天伏剑而死，也决不受你淫辱！"

阖闾在窗外听斥大惭，躬身面窗道："阖闾一向敬慕夫人美德，只想一睹芳容，怎敢心存不轨之念？阖闾惊扰夫人了，请夫人宽宥。请夫人歇息。"

孟嬴听见吴王脚步声渐渐远去，才长叹一声，筋骨酥软，弃剑跌坐在地。

就在阖闾越发骄奢淫逸、官兵继续抢夺掳掠之际，无奈的孙武想到了好友伍子胥，此刻，恐怕只有伍子胥能说动阖闾了。但是此刻，伍子胥又在哪儿呢？

孙武找遍楚国都城，都没有看到伍子胥，他失望极了，便想着离开朝廷，回到穹窿山继续著书立作。

几天后在吴王设的大宴上，孙武见到了伍子胥。当时众人都在尽情享用美酒佳肴，伍子胥突然放声痛哭。阖闾不解，问他："伍爱卿伐楚的愿望已经实现了，为何不和寡人一起享受这胜利的喜悦，反倒哀声恸哭呢？"

伍子胥含泪答道："大王，昏君已死，佞臣亦亡，昭王出逃，我父兄的仇等于没报啊！臣又怎么笑得出来？"

阖闾叹息一声，又问道："那爱卿意欲如何？"

伍子胥愤然道："臣恳求大王准许我挖开昏君的坟墓，拖出尸体鞭打，以泄臣父兄冤死之恨！"

阖闾因为曾经许诺伍子胥替他复仇，也深知伍子胥对自己的重要性，所以爽快地答应了他的要求。

再说当日囊瓦因轻信费无忌谗言间接害死了忠臣伯郤宛，也就是伯嚭的父亲，被楚国上下埋怨。他懊悔不已，遂下令民众活捉了费无忌，并将他斩首示众，以泄心头之恨。这样，到今日破楚，伍子胥的两大仇人都已命归黄泉。但这丝毫不能浇灭伍子胥对他们的仇恨，随着岁月的流逝，这仇恨反而越来越深。想到父兄惨死在这两人手上，伍子胥就恨得咬牙切齿。他忍辱负重，在异国他乡等待了十几个年头，为的就是今日一雪家耻。得到吴王的准许之后，伍子胥根据探子所报的消息，领自己统率的六千士兵，来到了东门外室丙庄的寥台湖。只见那里平原衰草，湖水茫茫，根本没有墓之踪影。

伍子胥捶胸顿足，对着青天大呼道："天啊，你难道不长眼睛，看不到我伍家的冤仇么？"激愤之下的伍子胥渐失理智，抓来当日筑棺的工匠，一一拷问，并命令手下在湖周围乱掘一气，结果仍然一无所得。

正值伍子胥绝望之际，一位老者颤巍巍地走到他面前，作揖道："将军可是在找先王的墓穴啊？"

伍子胥愤然答道："楚平王不顾人伦，弃子娶媳，听信小人谗言，枉杀忠良，我伍家就是灭于其手。他生时我不能亲手杀他，如今他死了，我要把他的尸首千刀万剐，以祭我父兄在天之灵！"说罢盯着老者，撼动其肩膀，厉声道："你是不是知道昏君的墓在哪儿？快说，你给我快点说出来！"

老者面有惧意，颤抖着道："将军息怒。我是当日为先王筑棺的石匠，先王知道自己生前遭人嫉恨，怕死后被人找到墓地泄愤，所以嘱咐后人将他葬在湖底。将军如果一定要找他的墓室，那就必须等湖水干涸，方能看见。"说完，站到高处指给伍子胥看墓的大致方位。

伍子胥立刻命令手下潜入湖底察看虚实，查探的士兵果然发现了石棺。伍子胥欣喜若狂，让手下兵士各扛一小沙袋潜游至墓边，以阻断流水。待石棺显出，他又令手下凿开石棺，却发现里面却只有衣冠和精铁数百斤而已。

伍子胥抓住老者衣领，怒斥道："你居然欺骗本将军。快说！昏君的真棺在哪儿？"

老者双腿一软，跪倒在地道："将军饶命，刚才的棺再往下挖就是先王的真棺了。"

伍子胥便下令士兵再挖。果然，往下不深处又有一棺，打开来，内有一尸首。伍子胥站在湖边上大声地喊："把昏君的腐尸拖上来，快给我拖上来！"

待到他验明确为平王，伍子胥便开始愤怒地鞭挞尸体，然后又左脚踩着平王的肚子，右手挖出平王的眼睛，还不住痛斥责骂道："你这个昏君，你活着时枉有眼珠，忠佞不分，听信谗言，杀害我父兄。今天，我要为他们报仇！"他又边说边痛哭道："父亲大人啊，今天不肖子伍员终于为你报仇雪恨了。还有我尊敬的兄长，你在九泉之下可以瞑目了。"

与此同时，伯嚭因为楚平王使得他家破人亡，待到伍子胥离开之后，他也狠狠地鞭打了楚王的尸体，以泄私愤。

包胥复楚，收复失地

郢都被侵占后，伍子胥曾经的知交申包胥也逃出了楚国，避难于郊野山林中。当他听到伍子胥在郢都挖墓鞭尸的骇人行为后，痛心疾首。他暗中派人告诉伍子胥："你的报仇行为太过分了。我曾经听人说过'人即使能一时凶暴胜天，但终究会有报应的'。你过去是平王的臣子，现在却为吴国卖命，这已经是不忠了。现在你又掘尸鞭打先王，更是天理人道都不容。物极必反，快些收手吧，不然我定会兑现复楚的誓言。"

伍子胥对来人道："回去替我谢谢申包胥，告诉他我已近暮年，复仇的时间不多了，这就好比太阳已经下山而路途还很遥远一样。我的每一个毛孔里都渗透着对楚王的仇恨，所以只能这样不顾情理了。"

来人回去后向申包胥传达了伍子胥的意思，申包胥知道这样劝伍子胥是行不通的，伍子胥决意如此，而阖闾又如此残暴，这样下去楚国的百姓将备受丧国丧家之痛。于是他没有再浪费时间静候伍子胥的回音，十几年前的誓言犹如带电的马鞭，催促他昼夜兼程赶到咸阳，向秦哀公求请救援，以实现自己对伍子胥说过的话："你能亡楚，我必复楚。"

衣衫褴褛、疲惫不堪的申包胥艰苦跋涉，来到了秦都雍城。这天傍晚，申包胥来到秦宫求见秦哀公。门官奏报秦哀公道："楚国大夫申包胥，求见主公。"

秦哀公道："请楚臣在宫馆歇息，明天再见。"

门官又奏道："楚臣日夜行走，途中月余，足趾都破裂了。这人发结如毡，衣衫褴褛，形容憔悴。因为吴国人就要灭掉楚国了，他是求主公救助而来。主公如果不见他，他不会去宫馆歇息的。"

秦哀公略一思索，说道："好了，你传申包胥来见寡人。"

申包胥进入王宫，见秦哀公远远地伏地行礼，说道："外臣申包胥，叩拜秦君。"秦哀公看见申包胥形如乞丐，心生怜悯，说道："使臣，请近前和寡人说话。"申包胥道："外臣，途中亡命奔波，久不洗浴，体肤已经臭了。外臣不敢近前，以异味侵污贤君。"

秦哀公皱了皱眉头，似乎闻到了发自申包胥身上的臭味，挥手命嬖臣道："赐座。"

嬖臣搬过一只锦墩，放在申包胥近旁。申包胥谢了赐座，才起身侧坐在锦墩上，说道："吴王阖闾，野心勃勃，意欲侵吞中原各国，称霸于世。目前阖闾率吴国兵马进攻楚国，已经攻占了郢都。寡君颠沛流离，露宿荒山僻野。寡君命小臣向贤君告急，乞求贤君顾念甥舅之情，起兵解厄，驱吴扶楚。"

秦哀公道："秦国地处中原西陲，兵微将寡，自保尚且力不允足。如果出兵救楚伐吴，兵士远离家园，千里出征，恐怕难以打胜。怎么办？"

申包胥见秦哀公主意不定，离座行礼道："吴国如今已经是一头野猪，一条蟒蛇，贪得无厌了。楚国和秦国国界相连。楚受吴灭而秦不救，吴若灭楚，吴国将是秦国之邻，吴国就要祸患秦国了。贤君要固秦，不如先存楚。贤君有楚为邻，能不优于吴国吗？贤君如果趁此吴未灭楚，出兵驱吴，使贤君外甥昭王复位，楚国君臣百姓，将感激贤君威德，世世代代，事奉贤君。"

秦哀公打了个哈欠，说道："秦国出兵攻吴，是国家大事情。大夫道途劳苦，先回馆驿歇息。出兵救楚之事，容寡人和众臣商议。"

申包胥见秦哀公推诿，头颅触地，血流满面，悲泣道："外臣从楚到秦，千里奔波，不敢懈怠，是忧寡君落荒莽野，居无定所。今贤君未允出兵，外臣肝肠寸断，怎能安身在馆舍？"

嬖臣躬身趋到秦哀公近前，低语道："主公，戎姬沐浴已毕，正在寝宫恭候主公驾幸。"

秦哀公沉湎酒色。近日北戎王送来一个戎女，风骚异常。哀公听说戎姬候娱，就烦躁地对申包胥说道："举兵千里征伐，是天大的事情，寡人怎能不思而决。你先在馆驿等候。"说完拂袖而去。

申包胥见秦哀公不答允发兵，悲愤欲绝，踉跄走出王宫，头触宫墙，号哭不已。门官前来劝道："使臣先回馆驿，沐浴更衣，吃饭安息。发兵救楚之事，秦君自有定夺。"

申包胥泣道："楚王落魄荒郊，臣子怎能安寝？秦君不发兵救我楚国，我唯死而已，何思饮食？"

门官见劝告无果，叹息而去，命令守门士兵道："你等给楚使饮食，不可短缺。"士兵把面饼浆水墩在宫墙边上，对倒卧墙根悲啼的申包胥道："请大人饮浆吃饭。"士兵见申包胥哭而不言，摇头而去。

第二天，士兵又送来饮食。士兵见昨天的饮食未动，又劝道："使臣大人，你只顾啼哭不止，不吃不喝，能活多久？天下事大，大不过性命。请使臣吃饭吧。"申包胥道："君忧，臣耻。君辱，臣死。如今寡君危厄，我怎么能自图活命？"士兵摇头叹息，把前一天的面饼、浆水提走。

申包胥不吃不喝，倚卧宫墙号哭七天七夜，泪水流尽，从眼角迤下的是两条干涸的血痕。他已经声嘶力竭，哭不出声气，只是一时半刻地爆发出一声悲叫。这叫声凄惨恸绝，听者撕心裂胆。

秦哀公正在寝宫拥抱着戎姬，一边饮酒，一边欣赏倡优裸舞。突然从宫外传来一声撕心裂肺的惨嚎，惊得戎姬掩耳娇叫。秦哀公怒问嬖臣道："什么人，在宫外号哭？"

嬖臣慌忙跪禀："回禀主公，宫外号哭之人，是楚使申包胥。"秦哀公道："他不在馆驿歇息，为什么在寡人宫外吵扰？"嬖臣道："主公没有答允发兵救楚，申包胥不吃不喝，已经在宫墙外号哭七天七夜了。他现在已经气息奄奄，目眦泪血已涸，恐怕命不长久了。"

秦哀公听了大惊，挥退倡优，把怀中戎姬推到一旁，起身问嬖臣道："果真这样？"嬖臣道："臣不敢欺蒙主公。"

秦哀公拈须叹道："楚国有这样的忠臣，阖闾又怎能灭楚？快快，请申包胥见寡人。"见嬖臣领命而去，又命道，"命人抬他进宫，用寡人的舆车。"

申包胥被士兵用舆车抬进王宫。申包胥已经气力竭尽，匍匐行礼，张口无声，只有双眼悲哀地盯住秦哀公。

秦哀公见申包胥的惨状，大为感动，泪水潸然，瞅住申包胥颂道："怎曰无衣？与子同袍。王于兴师，修我戈矛，与子同仇。"

申包胥听了秦哀公所歌，脸上露出了笑容，就瞌目昏死过去。

秦哀公大叫："快，快！命令医师，救活他！"

秦宫医师随嬖臣来到。医师诊视了申包胥，跪奏道："禀主公，楚使无恙，只是饥疲昏厥，饲以浆食可活。"

秦哀公道："抬去宫馆，好生养息。"

士兵随医师把申包胥抬出宫去。秦哀公命令嬖臣道："传寡人之命，召公子蒲、公子虎进宫。"

嬖臣领命而去。不一刻，秦公子嬴蒲、嬴虎入见秦哀公。秦哀公命令道："寡人命令你二人为将军，率领兵车五百乘，跟随楚使申包胥，去救楚国。"

嬴蒲、嬴虎跪道："臣，遵命。"

阖闾十年（公元前505年）夏，秦公子子蒲、子虎奉哀公旨命，率战车五百乘，将士三万余人，在楚国大夫申包胥的引领下浩浩荡荡，直入楚境，与楚军会师结成秦楚联军，反击吴军。

此时的吴军已丧失了去年冬天破楚入郢时那种英勇善战的斗志，不堪一击。在这场诸侯争霸中，吴国败绩累累，各军将领士气低落。尤其是吴王的弟弟夫概在沂地（今河南正阳）、军祥（今湖北随州西南）、公壻（今湖北襄樊东）等地区被秦、楚联军连连击败以后，颇为怨恨阖闾的无能。他觉得再在楚国待下去简直是一种耻辱。是年九月，他便率领自己军队偷偷地返回吴国自立为王了。

其时，阖闾闻知夫概潜回吴国自立，又有越王骚扰犯境，秦楚联军反击，吴军胜少败多，终于在荒淫之中醒悟过来。他最关心的是王位是否动摇，于是立即召伍子胥、孙武相见，诚恳委托他俩按兵法"见可则进，知难而退"权宜行事，以保存吴军实力，安全退兵。自己则带领精兵强卒昼夜兼程赶回吴都，击败了夫概，保住了王位。

留楚的吴军在伍子胥、孙武的率领下，与秦楚联军斡旋，且战且退，保存实力，撤兵回国。

一路上，伍子胥感慨道："楚国虽然打败了我们的余部，但没有给我们造成什么大的损害。"孙武点头称是。

如此，不到半年申包胥就收复了楚国失地，将吴军统统赶出楚国。申包胥把楚昭王接回郢都，待恢复了正常秩序，老百姓都投入重建家园的劳作后，他就隐居到不为人知的乡野去了。楚昭王为了封赏申包胥，派出大量人员寻找，贴出一叠又一叠的告示，却再也没有听到他的消息。伍子胥也这样因为伐楚之事，失去了一个知己。

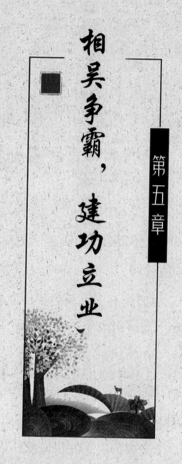

相吴争霸，建功立业

第五章

伍子胥辅佐吴王挥三万铁骑西击强楚，北威齐晋，南服越人，称霸中原成为诸侯盟主，创出了一番轰轰烈烈的业绩，流播为千古美谈。

治理兵库，扩兵强军

阖闾同伍子胥研究国事时常常谈到顺应天时在治理国家中的重要作用。

有一次，阖闾问伍子胥："什么叫作天之时啊？"

伍子胥答道："九野为兵，九州为粮，四时五行，以更相攻。天地为方圜，水火为阴阳，日月为刑德，立为四时，分为五行，顺者王，逆者亡，此天之时也。"

简单来说，伍子胥主张"九野为兵，九州为粮"的强兵富国思想包括两方面：一是九野为兵，治理兵库，制备各种优良的兵器装备，武装全民，使吴国尽快地强大起来。二是九州为粮，发展农业，扩大农耕土地，鼓励粮棉生产，充实仓廪，使吴国尽快地富裕起来，为吴国的争霸，提供可靠的后勤保障。"九野为兵，九州为粮"是一种比较形象的说法。《吕氏春秋·有始》中说"天有九野，地有九州"。天的九野指天的中央及八方，泛指天上。地的九州指地面九个行政区域，但具体说法不一。

先来说说九野为兵。

根据周礼规定，周朝各诸侯国普遍实行"兵农合一"，即在实行井田制度的基础上，军事体制和社会行政体制相结合。据《周礼·地官·大司徒》所述："五家为比，使之相保，比有长；五比为闾，使之相忧，闾有胥；四闾为族，使之相葬，族有师；五族为党，使之相救，党有正；五党为州，使之相赒，州有长；五州为乡，使之相宾，乡有大夫。"实际上就是以比、闾、族、党、州、乡组成了六级社会行政管理体制。《周礼·地官·大司徒》又载"五人为伍，五伍为两，四两为卒，五卒为旅，五旅为师，五师为军。"实际上就是以伍、两、卒、旅、师、军组成了六级军事管理体制。民和兵两种管理体制相互对应，相互统一，构成了周朝"兵农合一"的制度。

周礼还规定："王六军，诸侯大国三军，次国二军，小国一军。"到了春秋时，在激烈的兼并和争霸战争下出现了"社稷无常奉，君臣无常位"的怪状，以至司马迁在《史记》中感叹春秋两百四十二年间"弑君三十六，亡国五十二，诸侯奔走不得保其社稷者不可胜数。"但从另一个方面也反映出，这时几乎所有的诸侯国家，都在致力于扩兵强军。伍子胥实行"九野为兵"的方针，其实就是简化军事管理，由上面提到的六级编制改为军、旅、卒、伍四级编制，使军队动员人数超过三个军，总体上达到"带军十万"的水平。与此同时，还努力促成吴军分步军、水军和禁卫军的多兵种结构。

步兵在古代战争中起着主力军的作用，也是最古老的兵种，后来配备了战车，有驾御、甲士、徒兵、步卒等分工。吴国地处太湖流域的水网地带，国人擅长舟楫。吴寿梦时，吴国同晋国的联系加强，楚国亡臣申公巫臣逃到晋国，向晋建议联吴攻楚。寿梦二年，也就是公元前584年，晋国派申公巫臣率战车三十辆来到吴国，"与其射御，教吴乘车，教之战阵"。而寿梦之前吴国还不会车战，只会水战，吴国其地没有车道，其他国家来吴作战之前需要察看可不可以通车。但自从申公巫臣来吴国之后，吴军军力骤增，配备战车的步兵也随之组建起来；而且还在严格训练操练的基础上，挑选"多力者""利趾者"组成作战时的前导队伍。战车本身的制作水平亦越来越高，这些战车上还配备了云梯、大橹、辕辐等攻守城邑的专用机械。

吴国建立的水军，也叫舟师，在春秋时期诸侯国家中是比较早的，也是比较有战斗力的。吴人早就"断发文身"进行渔猎作业，练就一身泅水驾船的本领。

现在我们从丹徒大港烟墩山出土的铜车马器和武进淹城出土的舟船，就证明吴地很早就有车船制造业。至春秋后期，吴国的车船制造业为了适应争霸战争需要而迅速发展，在吴王僚时期就能制造像赊握那样的大型战船和名叫"艅"的小型快速战船，达到了所谓的"作车以行陆，作舟以行水"。

阖闾登基后，更是采纳了伍子胥的建议，在太湖周边的岛屿港湾设立了许多造船的船坞，这些船坞又叫舟室，用以制造和存放各种舟船。《越绝书》中就提到了阖闾所置的船宫极溪城。除此之外，苏州胥口的舟山和东山杨湾、西山东村、五龙桥、蠡墅、光福铜坑等地当时都建有造船的基地。

伍子胥还精心设计制造了大翼、中翼、小翼、戈船、楼船、桥船等具有各种战术功能的各类战船，其中大的可容纳将士百余名，小的也可容纳将士三四十名。特别值得一提的是楼船，楼船分上下两层。下层里面士卒用桨划行，上层里面士卒操兵器攻击敌人，这些船上还配备了专用的水战器具"钩拒"。另外，伍子胥命人制造了平头方底的海船，船头设板架，以减少海上航行阻力，使用四角帆利用风力航行。设计中还运用了侧弦弯曲、横梁宽大的角楼式原则，以此加宽甲板，增加船的吨位，使船具有坚固的结构，适应各种水情。这样的技术当时就是在世界范围内，也是处于领先水平的。

作战时，船首挂有吴军君将的麾旗，备有供指挥作战之用的金锣、皮鼓、旌旗；船上有全副武装的甲兵肃立，水下有泅水的战士保护，防止自己的船体被破坏，有时他们还破坏敌船；为防止指挥君将坐船遭敌围攻，特设疑船混淆敌军注意力，疑船在数量上也有明确的规定，一般是君主配七艘，主将配三艘。吴国的水军在同楚、越、齐等国的多次战争中，发挥了重要的作用。

除了常见的步军和前面提到的水军之外，吴国还设立了禁卫军。禁卫军和一般师旅的组成人员是不同的：一般师旅的组成人员是郊野的农民子弟，平时分散在村社为农，战时临时集中为兵，兵农合一；禁卫军的成员来自于"国子"，即他们是君王家族、卿大夫们的子弟。这是一支常设军队，平时守卫王宫和都城，战时护卫在统帅君将的左右，是出征师旅的主力军。据《周礼·夏官·虎贲氏》记载，周天子的禁卫军叫"虎贲"，各诸侯的禁卫军叫"旅贲"，但各国有自己的习惯称呼，如晋国称"公族"、楚国称"乘广"、吴越称"君子"。吴国的"君子"主要是君王的子弟，和齐、鲁、晋、楚不同，吴国的卿大夫专权军事的情况相对比较薄弱。一直到春秋晚期，国都以外的一些重邑才开始建立地方性的军队。

九野为兵中的"兵"有两个概念：一是指军队的士兵，二是指军队配备的兵器。伍子胥提出九野为兵的战略思想，除扩大兵源，全民皆兵，建立一支"十万之师"外，还包括发展军事手工业，为吴军提供精良的武器装备，充实兵库。兵库是吴国收藏兵器的专门场所，包括制造工场、储存府库，且都设有专职官员负责管理储藏、调拨、收缴等业务。平时是制造储存，战时发给从农户征集来的士卒。战争结束后，士卒将兵器交给兵库后回家。由于伍子胥、孙武等的提倡，阖闾的强国争霸的追求，吴国上下形成了尚武的社会风气。兵器制造业发展迅猛，能工巧匠研制和生产出各种优良的兵器装备。

除了干将剑、莫邪剑外，著名的吴剑还有巨阙、湛卢、胜邪（又名盘郢）、鱼肠、属镂、掉阖、步光、扁诸等，都是十分锋利美观。山西原平峙峪出土的吴王光剑，湖北襄阳楚墓、河南辉县魏墓出土的吴王夫差剑，许多直到今天仍然明洁似新，熠熠生辉，锋刃锐利，铭文纹饰巧夺天工，给人以美感。

与吴剑齐名的还有吴戈和吴钩。戈是一种用以钩割或啄刺敌人的长柄武器，在征战中使用量极大。在伍子胥的努力下，吴国生产的吴戈发展出了短吴戈、长吴戈等许多品种。屈原《楚辞·九歌》中就提到了，操吴戈兮被犀甲"，可见当时吴地制戈之有名。

吴钩，又称平头戟，是一种外形似剑而弯曲的兵器。传说还有会飞的吴钩，通称金钩。阖闾为鼓励国内加速制造兵器，在全国范围内以百金征求金钩。

有位长者献上了两把钩，阖闾询问他："自制来献钩的人很多，你的钩有何奇特之处？"

长者道："实不相瞒，我是杀掉两个儿子，用其鲜血涂抹，使钩具有精灵宝气。"

这时，他献的吴钩早已同别人献的混在一起了。阖闾急问："如何知道你那两把钩有灵气呢？"

长者不慌不忙地呼他两个孩儿的名字，结果从许多钩中飞起两把贴到长者胸前。

阖闾信以为真，重赏了这位献钩人。这个传说也反映了吴国百姓制造兵器热潮的一个侧面。

此外，弓弩箭镞等射击类兵器，能够在较远的距离上杀伤敌人，是戈矛戟等长兵器无法比及的。为此，阖闾在都城西南横山（今苏州吴中区七子山一带）建射台两处，经常举行射礼活动，而这里也成为吴军将士轮流习练射御的场所。射礼是阖闾检阅将士射御水平的阅兵活动，活动有大射、燕射、宾射、乡射等四种，以一百人为一小队，三百人为一中队，设射官负责组织训练和提供训练器材。

除了进攻，防御也很重要。当时的防御主要以盔甲盾橹为主。盔又叫胄，用以保护将士的头部。甲又叫铠甲，用以保护将士的身躯。盾又叫干，俗称盾牌，用犀牛皮或竹木制成，用来掩护身躯，防止敌人刀枪剑戟矢石等的伤害。橹是大的盾。在冷兵器作战的年代里，这类防御装备能有效减少伤亡，保持战斗力。

总之，春秋末期各大国之间争霸所需要的各种兵器装备，吴国都一一具备了，有的还处在当时的先进水平。阖闾时制定的"治兵库"的目标，也得到了较好的落实。吴国在阖闾的号令下，有伍子胥九野为兵的理论指导，加之其精心谋划、严密组织，动员了全国的人力物力，才出现了吴国军事力量的蓬勃发展，进而更推进了吴地经济的繁荣。

发展农业，国富民丰

孙武同吴王论兵时，曾具体谈到"驰车千驷，革车千乘，带甲十万，千里馈粮；则内外之费，宾客之用。胶漆之材，车甲之奉，日费千金，然后十万之师举矣……凡兴师十万，出征千里，百姓之费，公家之奉，日费千金，内外骚动，怠于道路，不得操事者七十万家"。可见一个国家的军队能够坚持征战并取得最终的胜利，必须有强大的国力作为坚强的后盾，必须有严密细致的后勤机构和人员，全面保障军队的供给，而且能源源不断地补充给养和消耗。

伍子胥向阖闾提出的九州为粮、充实仓廪的战略思想，正是迎合了阖闾强国争霸的战略目标。

吴国地处东海之滨长江下游的太湖流域，长年雨量充沛，气候湿润，河道纵横，土壤肥沃，非常适宜于农业的发展，特别是稻麦的生长。1972年原吴县唯亭草鞋山遗址中出土了大量碳化稻粒，并发现了种植稻谷的水田遗址，这些考古成果表明在六千多年以前吴地就已有种植稻谷的农耕活动。而且当时淮河下游还有个名叫善稻（今江苏旺胎）的地方，那里生产的稻米质量好，产量高，在吴国享有盛名。

九州为粮，大力发展农业，最根本的就是大力开垦土地，扩大可耕地的面积。

阖闾自己和王亲贵族都积极参加开垦农田的活动。在吴都西郊，有吴王亲自组织指导开垦的农田，称"吴王田"。吴都蛇门外有一片土地是吴世子组织开垦的，称"世子田"。

为了更好地利用土地，吴国除了平田外，还利用起了畛田、塘田、浦田等。所谓畛田是在荒坡上烧荒开垦出来的土地，因为畛田往往是旱田，所以多种植麦、高粱等旱作植物。在吴国都城北面有名为大畛的吴王田，还有吴王女儿的畛田。所谓塘田、浦田，则是在平原的低湿地方，开凿地坡，筑堤造田，形成周边高、中间低的稻田。一般横向的土地称"塘"，纵向的土地称"浦"。

九州为粮，大力发展农业，与采用先进的农耕技术有密切关系。从考古出土的吴国铜犁、铜牌来看，春秋晚期的吴国已经使用了牛耕；出土的大量铜质农具如镰、锄、耨等，设计制作水平在当时是比较先进的。春秋晚期还出现了铁制农具。

在伍子胥九州为粮的理论指导下，阖闾大力鼓励农业的发展，加之吴地农民已经注意选用良种，沤泡粪肥，去除杂草等田间管理，农作物的产量迅速提高，出现了"禾稼登熟"的可喜局面。吴国稻米质量好，产量高，国家仓廪储存丰富起来。在当时苏州胥门南三里的储城，有吴储粮的大仓。有一年，吴国借给越国的粮食一次就达万石（每石约一百二十市斤），帮助越国军民度过了当年的饥荒。许多吴国贵族人家死了人，也把粮食当作殉葬物品，例如江苏金坛鳖墩一号墓出土的粮食就达五六百斤，镇江谏壁王家山出土粮食达到了千余斤。甚至当时流传说吴国十年没有收成，而民有三年之食，这显然有些夸大其词，但也能表明吴国库存的粮食充足。

粮食储备的丰富，带来了饲养业和饮食业的兴旺。据《吴地记》《吴郡志》《吴县志》《横塘镇志》等书记载，阖闾时有专门饲养家畜、家禽的地方。例如今江苏无锡后宅的大桥角，当时叫作麋城，是阖闾养麋鹿的地方；苏州娄门外的鸡陂墟，是阖闾蓄鸡的地方；今苏州横塘石湖村、新丰村、越溪以西以及唯亭镇附近，是阖闾养鱼的地方；今苏州西郊吴山岭的脚下、胥门西南三里等处，是阖闾酿酒的场所；除此之外还有鹿陂、猪巷、豆园、鸭城等。

吴国的丝绸织造业有着悠久的历史，在距今六千多年的唯亭草鞋山遗址中，1972年出土了三块纬起花的纹沙罗纹织物。吴诸樊四年（公元前557年）史载晋国叔向聘吴，"吴人饰舟以送之。左百人，右百人，有绣衣而豹裘者，有锦衣而狐裘者"。可见，在那次盛大的欢送人群中，已有较多的锦绣丝织物品。馀祭四年（公元前544年），季札出使中原的鲁、齐、郑、卫、晋等诸侯国家，随身带去的礼品就是吴地生产的白经赤纬丝织缟带。伍子胥提出九州为粮，努力使吴国粮食富足的同时，吴国的纺织业也得到了长足的发展。当时苏州城内阊门、胥门至开元寺一带是手工丝绸织造业集中的地方，称为织里，今天苏州城内的吉利桥就是当时织里桥的音讹。

九州为粮，吴国经济的全面发展，也促进了航运的发达和商业的繁荣。吴国地势西高东低，水源主要来自西部上游的荆溪、苕溪，纳浙苏皖三省交界处山系和浙西天目山系之水，经太湖（又称五湖）后分三条江泻入东海，因此吴地自古以来就有"三江五湖之利"，即通过太湖流域众多的湖泊和水道，灌溉农田，发展水运。

阖闾九年（公元前506年），伍子胥在今江苏高淳东坝开凿了一条人工运河，后人名为邱江。邱江是阖闾都城从护城河经胥江到胥口穿越太湖，然后从科江通大江的水道，它沟通了吴国同楚国等中原国家的水路航运，这不仅满足了商业物资的需要，也为吴国争霸战争时的后勤保障提供了方便。至今这条黄金水道依然是长江水运的重要辅助航道。

伍子胥九野为兵、九州为粮的战略思想已经过了两千五百多年的实践，到今天仍有积极的现实意义。首先，他认识到以兵为代表的军事和以粮为代表的经济对国家的强大的重要作用；其次，他提出了解决兵源、粮源的积极有效的办法；第三，他认识到人民是解决兵源、粮源的主导力量。当然囿于历史条件和当时的科学发展水平，伍子胥仍然摆脱不了阴阳五行学说解释兵学和政治社会现象的束缚，即便如此，他的许多认识仍然是十分可贵的。

北威齐晋，南服越人

吴楚柏举之战，五战入郢的胜利，使吴王西破强楚的期望成为现实。吴军的取胜，首先是伍子胥辅助阖闾修明政治、发展生产、充实军备、"九野为兵，九州为粮"的结果。第二也是善于"伐交"，争取晋国的支援和唐、蔡两国的协助的产物。其三，也是最为重要的一点，是得益于伍子胥和孙武作战指导上的高明。特别是伍子胥长达六年的"疲楚"战略，使楚军疲于奔命，并且松懈戒备，加上"以迂为直"，乘隙蹈虚，选择了有利的进攻方向，实施远距离的战略袭击，让楚军在十分被动的情况下仓促应战，从而先发制人，击败楚军的主力，最后适时进行战略追击，不给楚军以重整旗鼓、进行反击的任何机会，一举战胜多年的强敌楚国，给长期称雄的楚国以空前的创伤。进而使吴国声威大振，为吴国进一步争霸中原奠定了坚实的基础。

尽管由于后院起火、秦国出兵救援等原因而被迫退师，然而吴国的争霸实力得到了确认。在当时诸侯国家里，吴国的地位扶摇直上，阖闾、伍子胥、孙武的英名传遍诸侯列国。对于伍子胥入郢以后，为报父兄家仇而掘平王墓鞭笞其尸骨，后人或以为其孝义，或以为其不道，褒贬不一。

阖闾十年（公元前505年），聚居在东海岛屿上的东夷部落，乘吴军退师、立足未稳的有利战机，集结骚扰吴国东部，危及吴都。伍子胥、孙武奉阖闾旨意，立即从吴都西部调兵东征，用数倍于敌的兵力，以众击寡。夷人闻得伍子胥大兵前来，不敢应战，收军入海。伍子胥命吴军入海追击，夷人据沙岛相守一月，最后没有办法，只好献上宝物乞降。今苏州工业园区唯亭镇的镇名，即源于此，唯亭就是吴方言夷停的讹音。此外，东征时将军曾在都城内休憩就餐，临时停顿，至今苏州市古城区内尚保留着与此有关的憩桥巷、临顿路等地名。

　　西破强楚以后，阖闾经常找伍子胥、孙武、伯嚭等谋划，商议吴国的下一个争战目标是南面的越国还是北面的齐、晋。阖闾主张北伐齐、晋，因为齐、晋是曾经称霸一时的大国，战胜它们势必能有丰厚的回报。伍子胥则认为当时晋国还是吴国的盟友，吴国能够打败楚国，晋国是给予帮助和支持的，如果立即翻脸，倒戈相迎，这在当时诸侯国中会被认为是可耻和不义的行为，将受到指责；而且齐、晋不过是吴国的疥疮癣疾，暂时不可能与吴国争夺江淮流域的利益。相反南越长期与楚联盟，在吴楚争霸的关键时刻，它配合楚国，侵扰吴国边境。越国久有制吴亡吴之志，实是心腹大患。为此必须先南下打垮越国，而后北上征伐齐、晋。

　　孙武从战略全局考虑，也支持"释齐而攻越"的方针，主张南下。

　　阖闾斟酌后决定先陈兵齐境示威，视下一步的进展而行。这时有探子报告："齐、楚两国通好，并且交换了聘使。"

　　阖闾认为这是北方的忧患信号，欲伐齐国。

　　伍子胥知道后立即劝阻道："两国通好是诸侯国之间的正常交往，未必就是有害于吴，不能冒昧兴兵。今太子元妃已殁，可遣使求婚于齐王女儿，如若不从，再伐齐不迟。"

　　阖闾遂决定准其所奏，先试探一下，当下派使者带了聘礼，去齐国为吴太子终累求婚。

这时的齐国，国君齐景公年老力衰。在卿大夫势力争斗中，田氏家族日益强大，威胁着齐国政权。晏婴死后，朝廷没有良臣，征战没有良将。齐景公慑于吴国的威力，惧怕吴国真的像攻打楚国那样攻打齐国，流着眼泪无可奈何地将女儿作为人质，远嫁到吴国去给吴太子为妻。

再说此时鲁国的政权旁落到士大夫手中，不久又受到"三桓"的控制，统治阶级内部倾轧，政局很不稳定，鲁国已无力与新兴的吴国抗衡。

晋国内部亦是明争暗斗，韩、赵、魏、范、中行、智等六卿间混战不停。晋定公为协调解决六卿之斗，搞得焦头烂额，疲惫不堪。晋国也无力顾及新兴吴国的争霸行为。

至于一些诸侯小国更是如此。蔡国奉吴为宗主国，嫁大孟姬以敬阖闾。陈国怀公不肯听命反楚，后被阖闾召到吴国扣留，最终死在吴国。

《吕氏春秋·仲秋记·简选》载："吴阖闾选多力者五百人，利趾者三千人，以为前陈，与荆战，五战五胜，遂有郢。东征至于庳庐，西伐至于巴蜀，北迫齐晋，令行中国。"言吴国西破强楚，北威齐晋之崛起，可谓言简意赅。

从阖闾十二年到十九年，即公元前503年到公元前496年的数年时间内，吴王听取了伍子胥、孙武的意见，在北威齐、晋的同时，积极进行南服越人的准备。针对南越水师比较强的特点，阖闾命伍子胥在太湖水面加强了水师训练，努力改进驾舟作战、夜战、火攻等技术，熟练泅水、潜水本领，提高水战中射御本领，改善战船装备，增加物资储备，综合提高吴军争霸战争的进攻和防御能力。

急流勇退，孙武归隐

吴王阖闾曾经赐给伍子胥重金，在姑苏城里建府。伍子胥就在城西傍近阊门处建造了府宅，命名街巷叫"专诸弄"。然而主妇甘嬷却不习惯住在府宅，舍不得离开阳山田庄，经常去田庄住上十天半月。甘嬷每次去阳山，伍封都跟随母亲同去。伍封喜欢和田庄奴仆的儿子玩耍，不问尊卑，不知摆谱。

一家人吃完饭，甘嬷要去阳山田庄，伍封道："娘，我也去田庄。"甘嬷道："儿子甭去。儿子听娘话，跟你爹去看你孙武伯伯。"

伍封道："爹和孙武伯伯谈国事，我不能干扰。我随娘去田庄。"

伍子胥受吴王阖闾的托付，打算今天去大将军府中，劝说孙武放弃归田的念头。伍子胥打算带着伍封同去。孙武喜爱专毅和伍封。伍子胥试图用友情来打动孙武。这时见伍封吵闹着要去田庄，便烦躁地挥手道："甭吵了！跟你娘去田庄住几天。让奴仆们多带点肉食蔬菜，明天我也去。"

甘嬷道："带啥蔬菜肉食？你们去楚国打仗八九个月才回来，不知道现如今吴国的景象了。市面上卖的猪肉、羊肉、牛肉，都是灌了水的，不是好肉。现今吴国人唯利是图，不知道礼义廉耻了。我们山庄佃奴养的猪、羊、鸡、鹅真个是鲜美！"又道，"你快有一年没去阳山了。你和长卿没有要紧的事，不如去阳山田庄。在那里，你们有啥话说不来？当年公子姬光……"

伍子胥打断甘嫫的话，说道："吴王。"

甘嫫脸一红，说道："当年吴王也常去田庄。还有，还有专诸、要离、被离。"甘嫫说不下去了，已是泣不成声了。

伍封拉住甘嫫，叫道："娘，娘呀！"

伍子胥抚摸着甘嫫的肩头，柔声道："我听你的，这就请长卿去田庄，去尝尝你和家奴们养的鸡、鹅。"又扭身对皇甫胥道，"皇甫胥！"

皇甫胥躬身应道："在！"

伍子胥道："你去大将军府，请孙武将军去阳山田庄。我在那里恭候他。"

皇甫胥道："遵命。"

伍封见皇甫胥要走，拉住伍子胥央求道："爹，我也要去请孙武伯伯。"

伍子胥笑道："你去可以，但一定要把你孙武伯伯请到田庄。"

伍封躬身道："儿伍封，遵命。"

甘嫫瞅住伍封跟随皇甫胥远去，对伍子胥道："夫君，你看封儿，是不是有点儿像他哥哥？"

伍子胥叹道："不是有点儿，而是十分相像专毅。我失去了一个好儿子，吴国失去了一个好将军。我，对不住专诸啊！"

甘嫫劝慰道："专家和伍家的香火，将来就由封儿一人承祀了。夫君不要忧虑了。"弘湦过来施礼，问道："将军、主妇，车马已备，是否登车去阳山田庄？"伍子胥道："我们这就登车。"

伍子胥拉了甘嫫，登上轩车。弘湦驾车驰上石板街道，出城往阳山而去。

皇甫胥把车马停在大将军府门前，门官过来躬身施礼道："少爷和皇甫先生，请在门房稍息。奴才进去通报大将军。"

皇甫胥问道："将军此刻，在干啥？"

门官道："将军正在书房写信。"

伍封道："我奉父命，前来向孙武伯伯问安，并无军国要事，不须通禀。"

门官讷讷道："是，是。少爷请自便。"

伍封拉了皇甫胥，直入大将军府，蹑足进了孙武的书房。二人凝神观看孙武写信，等他煞笔，伍封才鼓掌叫道："好，好，孙伯伯字，真好。"又道，"孙伯伯，我听说你要辞去大夫和大将军官职，以后见着你的时候不多了。孙伯伯，你替我写个腰牌。往后我要是想念你，就看腰牌。"

孙武抚摸着伍封的头，动情地应允道："好，好孩子。伯伯这就给你写。"

孙武取过一片桃木牍，濡笔沉思片刻，叹了一口气，写道：书多无富贵，无志小神仙。

伍封一边拍手叫好，一边问："伯伯，怎么说书多贫穷，无志反而成了神仙了？"孙武叹道："那些善于钻营取巧、蝇营狗苟、贪权谋利之辈，往往是不读书，无报国之志。而读书人，其性耿真，胸有大志，却往往命途多厄。比如你爹，被离伯伯、专诸伯伯，还有你哥哥专毅，他们读书如丘，胸藏大志，可到头来连性命都顾不着，怎说富贵呢？"

伍封道："我不愿做无知的富贵，更不愿做无志的神仙。伯伯，我喜欢你写的这两句话。"把木牍交给皇甫胥道，"你把它刻成阴文，我要永远系在腰带上。"皇甫胥道："是，少爷。我一定照将军的笔迹刻好，管保不走样儿。"孙武问伍封道："封儿。令尊、令慈，还好吗？"

伍封道："我爹、我娘，已经去阳山田庄了，准备蔬肴美酒等候伯伯前去共饮。"孙武笑问道："是吗？"

皇甫胥躬身道："我家主子命小人携少爷，前来迎请将军。小人请大将军屈驾前往阳山。"

孙武拍拍皇甫胥肩头道："我已奏请吴王辞官，今后不要叫我将军。"

皇甫胥道："小人不敢。"

伍封道："这有什么不敢？就跟我一样，叫孙武伯伯是了。"拉着孙武出了书房，说道，"孙伯伯，咱们登程吧。再不去，爹娘就心焦了。"

孙武携伍封登车。皇甫胥驾车，晌午抵达阳山田庄。伍子胥站在村外迎候，和孙武礼毕，携手进屋。甘嬷率领奴仆已经置席，朝孙武施礼道："妾置席毕，请长卿兄和夫君共饮。"

孙武还礼道："长卿，谢嫂主妇。"

甘嬷率领奴仆退出。伍子胥邀孙武入席。二人举杯邀饮。数杯尽，伍子胥道："长卿，你真要归田？"

孙武叹道："我孙武得遇你子胥兄，是苍天赐福于我孙武了。子胥兄荐我给吴王，使我能和子胥兄率兵征楚，历经潜、六、淮泊、豫章、柏举数役，使我的兵论得以践验，这是我孙武终身大福啊！子胥兄的兵法，也给我启发很大。你水淹潜城、火攻养邑、减灶痹敌等战术，是千古奇兵。我所著兵法概八十有三，今日思考，都要重书。做官入仕，不是我孙武的愿望。我应当归隐山野，著完兵法一书，流传后人。"又饮尽一杯，叹道，"我你率领六万之师入楚，转战于江淮，歼敌十数万之众。又率三万之众，破楚入郢，此功是旷古烁今。自古贤臣，应当功成身退，才能自保。这是天道。暑往则寒来，春还则秋至，盛极必衰，高功自毙，人神莫反。我预料吴王自恃强盛，雄霸江淮，四境无虞，必生骄乐。我这时不退归泉林，必有后患。今天我奉劝子胥兄，你也应当见好就收，功成身退，可保自全。"

伍子胥叹道:"我是楚国的叛臣,哪个国家愿意收留一个背国之人?我为今之计,只有留在吴国,才能立足。"说到这里,潸然泪下,许久又道,"吴王让我劝留长卿兄,看来我有违王命了。今天这酒,是我为长卿兄饯行了。"

孙武也动情落泪。二人又各饮一杯,孙武拭泪道:"子胥兄你坚志留在吴国,能听我孙武一句话吗?"

伍子胥道:"长卿请讲。"

孙武道:"我观伯嚭这个人,是个反背无义之徒,将来必会祸害吴国祸害你。你要想自保,应当杀伯嚭,以绝后患。"

伍子胥长叹一声,说道:"伯嚭和我同仇,而且又投奔于我,我如果杀他,必留不义之名于世。杀伯嚭,不是我的为人啊!"

孙武墩杯,怒斥道:"子胥,你是当世豪杰,为什么这样妇人之仁?"见伍子胥沉默无言,长叹一声,又道,"你既然不忍心杀他,也应当把他赶出吴国,才保以后无患。"

伍子胥长叹一声,说道:"长卿之情,子胥不忘。长卿的话,子胥也铭刻肺腑了。"孙武听伍子胥已经应允,再不言语。二人举杯邀饮,大醉方休。皇甫胥驾车把孙武送回大将军府。

甘媭侍候伍子胥歇息。伍子胥道:"取我官服。"

甘媭道:"你已经醉烂如泥,穿官服干什么?"

伍子胥道:"我要进宫觐见吴王,劝谏吴王,放长卿归田。"

甘媭道:"明天再进宫不迟。"

伍子胥道:"我怕迟则生变。"

甘媭命奴仆奉进鱼汤,给伍子胥醒酒。伍子胥穿了官服,由弘湜驾车,直奔姑苏王宫。吴王阖闾和公子姬波、姬山、伯嚭,都在内宫议事，见伍子胥踉跄而入，慌忙上前扶住道："卿为什么醉成这样，不在府中安歇？"

伍子胥道："老臣请大王松手，让老臣行礼。"

阖闾道："子胥免礼，免礼。"命嬖臣道，"给伍将军锦墩。"

伍子胥不依，坚持下跪。公子姬波、姬山过来，和阖闾一同拉起伍子胥，扶坐在锦墩上。阖闾命嬖臣取浆水给伍子胥醒酒。伍子胥喝完，说道："老臣进宫奏请大王，恩准孙武辞官归田。"

阖闾听了色变，惊诧问道："寡人托卿劝留孙武。卿为什么违寡人之命，反为孙武求情？"

伍子胥道："孙武母老子幼，身有残疾。臣听说圣人言，子不孝不为忠臣。大王如果允许孙武归田，让他上孝老母，下慈幼子，中保其身，是大德啊！"见阖闾不语，又道，"孙武其志已归，大王纵留其身，难留其心啊！"

阖闾表情舒缓，叹息道："孙武既然坚弃寡人，留他又有什么用呢？"对伍子胥道，"卿先回府歇息，容寡人斟酌。"又命嬖臣道，"用寡人大辂，送伍将军回府。"

阖闾见嬖臣搀扶伍子胥离去，问公子姬波、姬山、伯嚭道："孙武要走，子胥求放，你等以为如何？"

伯嚭躬身谏道："孙武谙兵法，是当世将中猛虎。大王如果放他归田，他必被他国所用。到那时，如果孙武举兵攻吴，大王反被虎伤了。大王千万不可纵虎归山。"

阖闾听伯嚭说的有理，俯身问道："以卿之计，寡人应当怎么办？"

伯嚭伏地行礼道："大王如果不想留他，不如杀他，以绝后忧。"

公子姬波、姬山听伯嚭劝谏父王杀孙武，慌忙双双跪奏道："父王不可！万万不可杀孙武。"

阖闾瞪看跪伏足下的三个人，大笑道："说到孙武，个个惊恐成这样。都起来，起来说话。"见三人谢恩起身，问姬波、姬山道，"你二人说说，为什么不能杀孙武？"

公子姬波道："儿臣以为，孙武是伍子胥好友，是伍子胥推荐给父王，父王拜为大夫之爵。伍子胥、孙武都有大功于父王，于吴国。父王如果杀孙武，一则孙武无罪，二则得罪伍子胥，三则遗笑于诸侯，遗笑于天下。"

阖闾沉思半天，又问姬山道："你还有什么话说？"

姬山道："父王前番破楚入郢，威震中原诸侯，都是伍子胥、孙武二人的功劳。父王如果无罪诛杀孙武，必然失去伍子胥。父王失去这二人，如同失去二臂，怎能举霸诸侯呢？"

阖闾剪背踱步，犹豫不决。

公子姬波道："父王还有什么忧虑？"

阖闾叹道："寡人忧虑，孙武如果被他国所用，有害于吴国啊！"

公子姬波道："父王多虑了。孙武是伍子胥挚友，只要父王重用伍子胥，父王何忧之有。"见阖闾无言，又道，"孙武即被他国所用，又怎能举兵攻吴，和伍子胥戟戈相见？伍子胥文胜于孙武，武则不逊于孙武。吴国只要有伍子胥，父王可以称霸天下。"

伯嚭见阖闾要被二位公子说动，急得冷汗直流，慌忙跪谏道："臣以为，孙武既然不愿仕于吴国，应当死在吴国，切不可让他投奔他国。大王当断不断，必有后患。"阖闾主张已定，责斥伯嚭道："孙武因为母老子幼，自身伤残，辞官归田，奉母养子。你怎么说他投奔他国？荒唐，荒唐至极。"又命嬖臣道，"明天在宫中盛排筵宴，为孙武饯行。传寡人诏令，百官都来送贺。"

第二天，阖闾率百官为孙武饯行，亲自为孙武斟酒。百官都和孙武举杯相敬。宴罢，孙武拜别吴王阖闾，由伍子胥陪同回府登程。刚到府门，但见五乘车马都满载金钱财货。公子姬波、姬山、夫差守候一旁，见孙武到，揖礼道："这几车财货，是父王赐给将军的。请将军笑纳，聊为安家之资。"

伍子胥见孙武不悦，有拒收之意，连忙笑道："这是大王的心意。长卿兄，你还不谢恩？"

孙武经伍子胥提醒，慌忙望阙行礼谢恩。姬波、姬山一边一个，俯身把孙武搀起。姬波道："将军以后无论置身哪里，请常思吴国。吴国是将军的家乡。"

孙武含泪道："我在吴国二十余年，吴国是我的第二故乡。我孙武永远不忘吴国。"姬山道："将军有这句话，我父王无忧了。"

当晚，伍子胥羁留在孙武府中，帮助打点行装。孙武把粗重家什分给家奴，又给金钱以安家置地。又命把吴王所赐财货，原车载运。府中简册，装满十车。所用衣物器具，只装了一车。收拾停当，孙武对伍子胥道："时已半夜，不妨启程出城。如果天亮出城，恐怕惊扰百姓，又烦百官送行。"

伍子胥道："这样走也好，只是冷清了。"

孙武笑道："有你为我送行，我满足了。"

车马出了府门，刚到大街，就看见沿街两旁亮起成千上万的蜡烛。老小妇孺手秉烛火，傍街而立，及近迤远，如无尽的长龙。孙武见此情景，双眼濡湿，在伍子胥搀扶下跳下卧车，朝送行百姓拱手致意。

几位长髯老者举杯敬孙武道："请将军尽饮此酒。""祝将军一路平安。""愿将军一生平安。"

孙武一边流泪，一边接杯仰饮。两旁百姓纷纷敬酒。伍子胥担心孙武饮醉，命从人在空车中置巨坛两只，拱手朝敬酒百姓道："请众位高邻见谅。孙武将军肉体凡胎，难以尽饮你等敬酒。为了不拂你等为将军饯行情义，所敬之酒，都以此坛载之，将军以后慢饮。"

众人都高声喝好。伍子胥便让从人逐一接过敬酒，倒进车上坛内。孙武、伍子胥率车队前行，不住朝两旁送行百姓揖礼。走到望齐门，伍子胥刚要命弘涅传令开城，只见城门已经大开。城洞两旁突然燃起牛油烛火，晃若白昼。吴王阖闾、公子姬波、姬山及百官，都伫立门旁。

孙武、伍子胥慌忙过去，和阖闾见礼。礼毕，阖闾敬孙武三杯。阖闾对伍子胥道："卿昔日荐长卿给寡人，今天代寡人送长卿，寡人也敬子胥三杯。子胥，你不可不饮。"

伍子胥道："臣，谢大王。"从侍臣盘中接过金杯，和阖闾尽饮三巡。

吴王阖闾率领公子姬波、姬山和百官，送出望齐门才和孙武作别，返城回宫去。孙武对伍子胥道："子胥，你也回去吧。自古送行，无尽无休。"

伍子胥说道："再走一程，再走一程。"

孙武低头，暗自用袍袖拭泪。

车队走到虎丘山下，天色已曙，远远见着数人站在道边。近前，孙武、伍子胥看见甘嬷率领伍封、皇甫胥和一帮家奴迎候在道中。甘嬷见伍子胥携孙武下车，命皇甫胥斟酒，亲自举杯敬孙武道："妾备薄酒，为长卿送行。愿长卿平安长寿。"

孙武躬身施礼，双手接杯，哽咽道："长卿谢谢嫂嫂送行。"孙武刚饮尽，伍封举杯跪献道："伍封为伯伯饯行，祝伯伯一路顺风，鹏程万里。"孙武一手接杯，一手拉起伍封。孙武喝完酒，解下佩剑，递给伍封说道："伯伯别无长物，只有此剑，你可留作想念。"

伍封跪而接剑，抱住孙武双足号啕。伍子胥过来挽起伍封道："封儿

方正贤良

伍子胥

甭哭了，快快让你孙武伯伯上路。"

伍子胥见孙武登车去远，还不肯离去，似乎有许多话未能诉说。他从车上解下马匹，骗腿骑驱追去，行不多远，就见孙武也驱车回转。二人在道中下车下马，相大恸。

伍子胥道："长卿此去，不论羁居何处，务必给子胥传个信来。"

孙武道："我和你相别，唯有放心不下的，就是你心慈性躁。你往后务必戒躁，我才放心。"

伍子胥哽咽道："子胥谨记，长卿放心。"

孙武又嘱告道："吴国水师，是你整肃的。你不仅擅于陵战，也擅长水战。你务必要把水战之术，写成兵书，流传后世。这是大德啊！"

伍子胥道："子胥遵嘱。"

孙武松开伍子胥，登车前行，不再回头。伍子胥登上岗丘，仰头北望，直到车队在天际尽逝，还不肯回返。甘嬷、伍封、皇甫胥也登上了山岗。甘嬷劝道："长卿去远了。夫君，咱们回城吧？"

伍子胥叹道："今天一别，不知哪年相见？"

甘嬷道："只要活着，总有相见之日。"

伍子胥道："好，好，恁隔千山万水，不隔一层黄土。只要活着，总能见面。"回头望了身边的伍封、皇甫胥道，"你孙武伯伯走远了。我们回城回府，不去阳山田庄了。"

夫差继位，子胥拜相

　　孙武走后，吴国朝政尽由伍子胥、伯嚭两人主持。

　　阖闾果如孙武所言中，因伐楚之胜，自以为天下无敌，遂生骄奢之心，大治宫室，立射台于安里，修华池于平昌，筑南城宫于长乐，又建姑苏之台，跑马射猎，寻欢作乐，纵情恣欲。

　　那伯嚭一味顺从吴王之意，帮他策划、张罗修建楼台馆阁之事，并收集各处奇珍异宝、美女歌伎以供阖闾玩乐。伍子胥屡谏不止，只得作罢。

　　太子姬波身体孱弱，婚后不久，即染上重病，不治而亡。阖闾伤心不已。阖闾第二个儿子、姬波之弟名夫差，虽不及哥哥聪颖老成，稳健持重，但身体强壮，又颇以宫中事为意。平时，他便注意结交伯嚭等大臣，以建立感情。太子波丧事之后，他与伯嚭暗中商议：

　　"兄长既殁，太子之位不可空缺。不然，陛下千年之后，谁来继吴王之业？"

　　伯嚭知道他有意想登太子之位，当然也想乘机帮他一把。但他知道自己在吴王心目中的位置远不及伍子胥。这等立太子之事，只有伍子胥开口，吴王方会听从。于是道："殿下知吴王唯伍子胥之言是听，何不请他代进一言？殿下能立为太子，下臣定当以事吴王之心事殿下。"

夫差按伯嚭所言，找个机会，专门登伍子胥之门，以拜访长辈之名，请托重新立太子一事。为了有备而来，夫差几天前就在宫中把想讲的话反反复复地揣摩温习，以便能说动伍子胥帮自己的忙，见了面，夫差道："吴国自太伯以至父王，已历二十余世，未有如今日之盛。父王曾言，论破楚之功，当推孙武为首，而我认为，这头功还应记在先生身上。若无当初先生辅佐吾父王登基，则吴国今日之事，不可测矣。"

伍子胥道："殿下此言差矣。吴王能继祖业，扬国威，乃奉天承运。伍某智浅才薄，何敢贪功？伍某得吴王错爱，访之于草野，尊之于庙堂，授之于国政，又得报父兄之仇，实此生之幸。敢不竭忠效力，以死相报？！"

夫差又道："先生曾劝父王立太子，实为我吴国虑及长远。太子为人仁而孝，忠而谨，我素敬其德行，可惜积养不够深厚，生性又愚鲁不敏，论才论品，未及太子一半。奈何天不佑贤，太子不寿而早殁，吾既失兄长，又失楷模，实痛心哉！"说到这儿，涕泪交流。

伍子胥见夫差言词谦恭有礼，论事深入得体，心中十分高兴，暗想，吴王两个儿子均天资不弱，又有德行，此实为吴国之福。那太子虽不幸先亡，有夫差在，又何愁王业无继？正想着，夫差果然把话题转到这上面来。夫差道："我年轻浅薄，历世未深，尝读列国《春秋》，见历史上时有为争夺王位一事，弄到王室相残的。我听人说，这里面立嗣不当或不及时，常是重要原因，不知先生是否这样看？"

伍子胥道："殿下所言，确有道理。吾劝吴王尽早立姬波为太子正是此意。惜太子向来体质虚弱，竟然早夭，实在是天意难违啊。"说罢，长叹不已。

夫差从伍子胥眼睛中观察出自己的言谈已在他心目中产生了良好印象，便抓住这个时机道："太子既亡，但国之大计不可废。先生若能向父王进言，把我立为太子，有朝一日，我将秉承王兄未遑之志，光大父王所创之业，展先生生平抱负，使我吴国，雄踞东南，扬威中原。我夫差固非敢与文王相比，但却知先生具子牙之才，吾愿以吾国托付先生，并分国土之一半，封为先生食邑之地！"

伍子胥道："荐立太子一事，事关社稷久远，当以公不以私。吾观殿下堪为良君，不日即向陛下建言。至于食邑之类，吾已受君恩，有俸禄养家，则已足矣，固为敢受尺土之封也。"

过了数日，伍子胥随吴王游姑苏之台。那姑苏之台，建于姑苏山上，玲珑精致，美轮美奂。登上此台，可纵览长江，远眺太湖。山水秀色，尽入眼底，云天之渺，亦令人胸襟为之一阔。吴王为太子治丧后，心情头一次这么愉快。他对子胥说："寡人不得先生，不知人才之奇；不破郢都，不知攻伐之乐；不登此台，不知江山之美。寡人思此三乐，今日竟然飘飘乎有凌云之感。"

子胥说："陛下受天命，承大统，威诸侯，成霸业，固一世之雄也。然帝王之业，仍千秋之事。今太子虽殁，陛下不可不复立太子，以为长久之计。吾以为陛下次子夫差，思远志深，可为大器，何不以夫差为太子？"

阖闾道："夫差不若其兄仁厚老成，虽有机谋，然易生祸乱，此吾所虑也。"

子胥又道："陛下尚健。若早立王储，教之以德，导之以政，树之以威，授之以权，砥砺其志而涵养其心，又何愁其不老成也？"

阖闾想想，也有道理。长子已死，此乃天意，不立次子，又立谁呢？于是下诏，立夫差为太子。

此时吴国，四境安靖，诸侯来贺，国势空前强大。吴王对邻，稍不遂心，便出兵攻打，弄得周边国家人人自危。吴国开始号称"东南霸主"。

转眼到了阖闾十九年夏季，静极思动，阖闾大王欲在暮年再建树一显赫武功。那么，这柄不服老的宝刀将挥向何方呢？越国传来的丧音，一下子让阖闾大王找到了用武之地。

上一年岁暮时节，越君允常病死，其子勾践继位。本来，父死子代，天经地义，吴国也不在意，可勾践那小子居然把越君改成越王，这还了得！阖闾大王火冒三丈，恨不得"灭此而朝食"越乃吴之世仇也！"阖闾义正词严地对群臣说："昔先王余祭为越国所杀，吾国破楚之际，越国又与楚国互相勾结，乘机偷袭我国，虽经栈李之败，其图吴之心不改，如今勾践小子继位，又妄自称王，代吴之心昭然若揭。"阖闾历数着越国的罪状："寡人欲乘彼新丧之际，亲率大军一举荡平越国，犁平会稽，永除后患！"阖闾终于下达了进攻令。

众臣皆唯唯诺诺，不敢多言，只有伍子胥以为不可，他说："越虽有袭吴之罪，然彼方有大丧，伐之不祥，恐冒天下之大不韪，何不少待时日，再兴问罪之师。"子胥何其迂阔"，阖闾不以为然道："兵，乃凶器，何求祥祉。寡人主意已定，众卿勿再犹豫，不平贼越，誓不班师！"

于是，阖闾下令留伍子胥辅佐太子夫差守国，令伯嚭、王孙骆、专毅等人为将，精选强兵三万，择吉日出蛇门而去。

越王勾践接到警报，立即任诸稽郢为大将，灵姑浮为先锋，畴无余、胥犴为左右翼，连夜率兵出会稽城，准备迎击吴师。

等到勾践率兵与吴师遭遇，吴军已开到越国的槜李城下。当下，两军展开激战，厮杀半日，不分胜负。

"槜李？不祥之地。"望着队伍齐整、戈甲耀眼的吴军，勾践想起了十四年前吴越之间的槜李大战。那一次，越国输得何其惨也，全军几乎覆没，越君允常也险些被擒。故地再战，难道我也要重蹈覆辙？不！我今天一定要在此大挫吴军，一雪先人之耻！勾践对帐下诸将说："吴兵虽强，岂不闻，'强兵必骄，骄兵必败'，然诸将不可轻敌，须以计破吴。

勾践告诫众人不许轻举妄动，听号令行事。接着，勾践命畴无余、胥犴率敢死队出阵，两人得令，各率五百敢死之士，左手持盾，右手挺戟，一声呐喊，直冲吴军阵营。谁知吴军阵脚坚如铁壁，未等越军靠近，吴军弓弩手万箭齐发，越国敢死队只好停下来举盾防护。如此冲了三次，吴军依旧是壁垒森严，全然不为越军撼动分毫。

勾践见敢死队不能奏效，心知遇上硬敌，只好挥旗召回敢死队。就在勾践无可奈何之际，大将诸稽郢附耳低语道："广可驱罪人而用之也。"勾践一听，心下大悟。当即鸣金收兵回营。

第二天，勾践秘密下达军令，将随军的死罪之徒集中起来，共得三百人，排成三行，立于吴军阵前。三百罪犯个个祖露上身，加刃于颈，随着勾践一声令下，三百罪人齐步趋向吴军前沿阵地。离开阵前数十步，众罪犯又一齐止住步子，行列中闪出一人，面向吴军致辞道："吾主越王，不自量力，得罪于上国，致辱下讨。臣等触犯军令，不敢逃死，谨自裁以代越王之罪！"说完了，发一声喊，全部刎颈而死。一时间，三百男儿，皆横尸阵前。吴军将士虽南征北讨，惯于厮杀，可从来没见过这样的一幕，个个目瞪口呆，不知所措，皆注目观之，议论纷纷。就在此时，忽然鼓角齐鸣，越军杀声大作，勾践把令旗一挥，畴无余、胥犴率敢死队杀出阵来，人人拥大盾，持短兵，呼啸而至。吴兵尚在诧异间，没提防越军突然发起攻击，一时阵脚动摇，全军慌乱。勾践又率大军进击，右有诸稽郢，左有灵姑浮，当下就把吴军冲开一道口子。王孙骆等吴将见势头不好，就拼命上前与越将拼杀。灵姑浮奋起长戈左冲右突，见人就杀，见马就砍，片刻间，便闯到吴军帅旗之下，正好与阖闾车骑相遇。随着一声呐喊，灵姑浮举戈就砍，阖闾见势头不好，忙把身体往后一闪，那戈正砍在他的右足上，顿时阖闾的五个脚趾被斩落，一只鞋子也掉在车下。灵姑浮本想再赶上前去，一刀结果吴王，但专毅已率人马赶来救驾。专毅拼死战斗，身负重伤，将阖闾救了出来。王孙骆见吴王受伤，不敢恋战，急忙收兵，驰救吴王。又被越兵掩杀一阵，吴军死伤过半。众将会齐，探视阖闾，一见大王伤势严重，即令班师回吴。

吴军行至离槜李七里之遥的陉地，阖闾仍血流不止，哀痛欲绝，伯嚭、王孙骆一见情况不妙，急令飞骑入都报讯，请太子夫差和相国来陉地料理探视。

入暮时分，太子夫差和伍子胥终于气喘吁吁地赶到大寨，阖闾已处于弥留状态，正说着胡话，任子胥和夫差见了无不泪流满面。

"大王！"伍子胥对着阖闾大喊道："臣来侍候您了。"

伍子胥的一声喊，把阖闾从昏迷中惊醒过来。

"子胥，"阖闾凄然地说："寡人不听伍子之言，而有今日之祸，吾悔之无及矣！然大丈夫死生亦有命矣，吾赖卿等相助。得以入继王统，振兴吴国，扬威天下，死有何憾！"阖闾喘息片刻，又接着说："所憾者乃不能亲见吴军攻入会稽城，不能与卿等共谋王霸之业哉！"阖闾紧拉住伍子胥的手哽咽道："你我相交，甚为相得，不图今日中道分手，先你而去，寡人殁后，你要尽心辅佐教诲夫差，事彼如事寡人！"

"大王放心，臣一定尽心辅佐新主，为你报仇！"伍子胥含泪回答。

"夫差你过来，"阖闾忍着撕心裂肺的疼痛，拉住夫差的手，用尽全身力气嘱咐道：毋忘勾践杀尔祖之仇。"

"永不敢忘！"夫差发誓道。

听到夫差的这句保证，阖闾才闭上了眼睛。然后又发出一声惊天动地的惨叫，含恨死去。

公元前495年，夫差正式登吴王位，对伍子胥、伯嚭等前朝重臣，非常尊敬，继续重用。他拜伍子胥为相国，还仿照齐国对于仲父、楚国对于子文的做法，呼其为子胥而不加姓；又拜伯嚭为太宰。而这时的伍子胥，陷入了深深的自省自责之中。他觉得没能阻止阖闾乘大丧出兵伐越是自己失职，他沉痛地埋葬先主，抚慰后主，而且还立下了"三年自咎，不亲妻子，饥不饱食，寒不重彩"的誓言。

兴兵伐越，占领会稽

这时候的夫差，踌躇满志，他谨记父王遗训，不忘向越国报仇雪恨。夫差还命人站在宫门口，每当他出入时，就喊："夫差，你忘了越国杀了你父亲吗？"自己则回答："不敢忘，三年之内一定报仇！"他和伍子胥等同心协力，竭尽全力地训练士兵，扩充兵员，特别是加强水师的力量；又制造了各种战船，积聚粮草，充实兵库，以提高战斗力；在灵岩山立了射棚以练习射击。伍子胥还大兴水利，于夫差元年，也就是公元前495年，由长沸接界向东开掘，连接了惠高、鼓港、处士、堰渎等河流的运河，后称之为"胥浦"（今上海境内）。此举使吴国东路可经此到东海，为吴国进一步减少了水灾，繁荣了经济。

吴国上下经过两年多的准备，实力又恢复起来。

同样年轻的越王勾践，在第二次樵李之战大胜吴国以后，便认为吴王阖闾阵亡，新吴王年轻幼稚，于是盲目地骄傲自满起来，整天不是游山玩水，就是歌舞升平，对吴国失去了警惕，松弛了戒备。对于文种、范蠡等重臣的进谏，他完全不听，依然照常享乐。当听说吴王夫差厉兵秣马，积极备战，打算三年居丧期满就兴兵伐越、报仇雪耻时，勾践终于坐不住了，完全不顾吴越力量的悬殊，执意决定先发制人，乘吴国战备尚未就绪之前，集中越军主力，突然袭击，摧毁吴国水师集训基地，给吴国以致命打击。

负责军事的大夫范蠡分析了两国的形势已经不同于前几年檇李之战，劝阻道："国家的生存发展，有保持盈满、安定倾危和节制事情三个方面。保持盈满应取法于天；安定倾危应取于人心；节制事情应取法于地，时不至不可强生，事不究不可强成。所谓圣人宜见机行事。天时未至，不能人为地发动；人事未起，不能急于开始。现在大王你国未富而急于见功，功业未盛就傲视一切，勤劳不够而自夸其功，天时不足而先动，人事未起而先始，这就是逆于天而不和于人啊。如果一意孤行，只会害国误己呀！"

勾践对于这些金玉良言根本听不进去。他不耐烦道："多说无益，寡人主意已定。"遂命负责占卜的官员取出国宝"大鹏之龟"进行战争之前的占卜，结果占得吉兆。于是他更加坚定了伐吴战争的信心和决心，立即调集水师，于夫差二年（公元前494年）春，从吴越边境的南太湖水面，向吴国境内的夫椒（今苏州吴中区西山岛）进军。

夫椒山是太湖七十二个岛屿中最大的一个岛，岛的周边山峦起伏，这里是太湖的腹地，是吴国水师集训的基地，又是吴国西南方向的战略前哨。

早有探子报告了越国将进犯吴国的消息。夫差闻听，急召伍子胥等重臣商量对策。

伍子胥道："勾践年轻气盛，缺乏谋略。此次攻吴，是想乘我三年大丧未毕之机，先发制人，破坏我前哨防御设施，打击我们的水师。既然来了，我们就来个将计就计，让他有来无回。"

伍子胥详细分析对比了吴越两国的军事力量，特别是水师的力量，他道："越军的兵力估计两万人左右，远道而来，处于客军地位，对我太湖水域等地形、军事部署情况，不完全了解，我军可诱敌深入，来个瓮中捉鳖，用近战、夜战，一部分一部分地消灭敌人。并立即调集十万兵力迎战，同时命令姑苏台兵士密切注意越军动向。"

当太湖水面上出现大量黑点时，姑苏台上的兵卒早已看见，便飞马报告夫差。

夫差会同伍子胥、伯嚭等聚在姑苏台上，将越军的入侵活动看得一清二楚。于是伍子胥果断决定先派一小部分水师迎战，边战边退，给敌人造成没有准备的错觉，诱敌深入夫椒山附近的湖面上。平日里这里是吴军水师训练的地方，兵士对地形十分熟悉。

果然不出伍子胥所料，越军误以为吴军真的没有准备，勾践趋利直进，愈战愈勇，渐渐进入了伍子胥设下的伏击圈。当勾践进退两难，知道中计时，已来不及撤退了。夫差、伍子胥、伯嚭等在姑苏台上看到越军已无后续船只，全部被围在太湖夫椒山附近的水面上，于是指挥吴军各种战船和数倍于敌的精兵强将，全部出动，兵分三路：一路在南太湖水路阻击越军后援船队，截断越军退路；一路白天佯攻小打，迎战入侵越军；还有一路白天偃旗息鼓，隐蔽休息，待到天黑时出动，围歼越军主力。到了晚上，吴军高举火把，手持吴钩，猛攻越军两翼，用火把、金鼓指挥战斗，神出鬼没，消灭了不少敌军的战船，特别是运载武器、补给粮食的战船。越军水师缺乏夜战训练，在夜幕笼罩下，对航道又不熟悉，不知哪里是浅滩，哪里是暗礁，军心惶惶，斗志全无。在吴军火把的照耀下，越兵一个个无心恋战，丢盔弃甲，哭爹喊娘，疲于奔命。被俘虏的官兵、战船、粮食、兵器等战利品越来越多，越军的战斗力很快瓦解。

伍子胥在夫椒水战中调兵得法，还改变了过去虐待战俘的暴力做法，严禁兵士打骂羞辱越兵；越兵愿意回去和家人团聚的，就承诺在战后放他们回去；愿意留在吴军效力的，就按他们的特长，杂而用之，分编到吴军官兵中去，与吴军共同生活，共同战斗。他还将缴获的战船、旌旗、盔甲和武器用来装备吴军，扩大水师的力量；甚至将缴获的战船、旌旗不改，换上吴军的士卒，伪装成越军的水师，在太湖水面游弋往来。越军看到误认为是自己人，纷纷靠拢过来，待到两船相近、短兵相接时，越军毫无战斗的心理准备，就当了吴军的俘虏。

经过几个昼夜的连续战斗，越国战船一批批被歼灭，越国的水师很快地崩溃瓦解。与此相反，吴国的水师却在战斗中越战越强，体现出了伍子胥过人的军事智慧。

越王勾践知道大势已去，只得鸣金收兵。怎奈在退兵时，他又遭到了伍子胥的伏击。伍子胥、伯嚭各乘大舰，顺风扬帆而下，吴军人人使用强弓劲弩，箭如飞蝗般向越军射来。越军迎风，不能抵敌，大败而走。越将灵姑浮也船翻溺水而死，越军边战边退，不断遭到攻击，伤亡进一步增加。

伍子胥坚持将剩勇追穷寇，指挥吴军步步追击，越过南太湖，穿过檇李、辟塞等重重防线，不让越军有苟延喘息的机会，一直把其逼到浙水萧山浦阳（今浙江浦阳江）附近，而这里距越都会稽只有五十里的路了。

勾践没有办法，决定在浙水与吴军决一死战。他不听从老将们的劝谏，起用了一个"人与为怨，家与为仇，贪婪好利，见识浅短，缺智少谋"的石买为将，指挥防御吴军的进攻。

石买来到浙水防御前线，独专军权，斩杀无辜，想用威力慑服将士，搞得"士卒恐惧，人不自聊"。可是石买全不知情，他仍然使用严刑高压来对付将士，以致越军军心溃散，军令不能通行，军队分崩离析。

相反吴军却士气高昂，夫差报仇心切，君臣将士万众一心，同仇敌怃。吴军追到浙水边，伍子胥看到越军军心涣散、军队混乱，具备了可以攻取的条件，便施用奇谋，命令吴军将士忽南忽北地进行攻扰，夜间举火击鼓，白天虚陈诈兵，以此迷惑越军，进一步蛊乱其军心。

有人向越王报告了这种情况，勾践没有办法，就杀了石买，并亲自向全体将士们谢罪。将士们喊叫起来，喊叫声径直传到吴军营中，夫差听了有些不安。

伍子胥胸有成竹，暗自心喜。他告诉夫差道："这是越军溃退的先兆。我听说，狐狸将被杀时，会咬唇吸齿。越军如此喊叫，勾践是败定了。请大王放心，越国亡国即在眼前。"

事实正如伍子胥所言，尽管杀了石买，但勾践回天无力，残兵败将溃不成军，面对城池也一一失守，他只得放弃了浙东平原地区，带着五千名甲士，进入会稽山中，到了固城，想凭着险峻的山势，负隅顽抗。

另一方面，公元前494年，夫差二年，勾践三年，夫差、伍子胥、伯嚭等指挥吴军将士，顺利地进入越国都城会稽。

伍子胥进入越都会稽城内，想起了十多年前陪同阖闾进入楚都郢城的情况，认真回忆了那次入城以后吴军所作所为带来的负面影响，于是他向夫差提出："大王，越都已破，勾践在逃，我军应及早抓住他，以绝后患。此外，宜善待越国百姓，以为长久之计。"

夫差同意了。

就这样，夫差进入越都会稽城后，没有在越王宫殿里举行盛大的庆功表彰活动；吴军在越都内没有发生烧、杀、奸、掠等扰民之举。因而没有激起越都的民变，为吴军顺利进兵固城提供了保障。

据说吴军包围了会稽山时，伍子胥还在会稽东十里的北城驻兵把守，以防越军向东突围。勾践及五千甲士被围困山中，此处虽然易守难攻，吴军也一时难于攻克，但时间长了，越军的粮食、饮水、兵器补充都很有困难。到了后来，越兵就只得靠吃山草、饮污水度日维生，很多兵卒活活饿死、病死。勾践的一个儿子也饿死了，由于条件所限，他就被葬在野草之中。

再说在追击围歼勾践的途中，遇到北风连日呼啸猛刮的怪天气，一时间人仰马翻，河里的大船被刮到岸边，小船都被吹翻了沉入水中。夫差更是把伍子胥叫到身边不安地问："我刚才睡觉时，梦见井满溢出来许多水，还梦见我与越王争夺扫帚，越王要用扫帚扫我——莫不是我军将要遭受不利啊？"

伍子胥安慰道："大王不必担忧，越军溃退了！我听说井水溢出是我们饮后尚有多余；越国在南属火，吴国居北属水，水能制火。大王还有什么可疑虑的呢？现在大风从北向南刮，这是助吴成功啊！从前武王伐纣，彗星出而周兴。武王问太公原因，太公答：'彗星相斗，倒之则胜。'我还听说灾异或吉或凶，万物之间总是存在着相互克制之道。请大王快快赶路，是越国快要灭亡，而我们吴国将要更加昌盛了啊！"

尽管伍子胥百般解释，但夫差的心里总是将信将疑，报仇雪恨的激情也因为刚刚的梦打了折扣。

范蠡用计，吴王退兵

正当夫差因为自己的怪梦而心神不宁时，勾践却如瓮中之鳖被困于会稽山中。几日来，越军与外界失去联系，水竭粮尽，士兵们叫苦不迭。勾践冥思苦想解脱之法，无奈脑中空空，面对如此山穷水尽之境，他只能静待吴军来擒。

勾践整日静坐忧思，他看着美丽富饶的越国，想到了勤劳的越国子民；越国的每一寸土地，每一片屋瓦都浸透着他们辛劳的汗水。千百年来的基业如今却要在他的手里毁于一旦。"难道寡人就这样终此一生？"他看着剩余的五千残兵，叫道，"不！只要还活着一天，寡人就要让越国存在一天！"于是他诏告天下："凡我越国卿臣子民，有能助我谋退吴军者，我愿拜为上卿。"

诏书一下，在一旁的文种站了出来，他对越王道："臣听闻商贾们说，夏季要准备冬季的皮袄，冬季则准备夏季的单衣；遇到天旱时要修船，碰上水涝则要修车。虽然这些东西看起来好像不合时宜，但等到需要的时候却能派大用场，这就叫远见。俗话道'人无远虑，必有近忧'。大王如果能未雨绸缪，事前招募人才，集思广益，就不至于陷入今日的窘境。"文种心直口快，并不顾及所谓的君臣礼仪，他要的是勾践痛定思痛，吸取教训。

勾践被困山中，走投无路，早已没了当初攻吴的锐气。文种的一席话非但没让他愠怒，反而令他有醍醐灌顶之感，他对自己过去没有听范蠡和文种的劝告，作出攻打吴国的草率决定感到深深的愧疚，同时，他也认识到文种是一个不可多得的人才，如果没有退敌的妙策，按文种的性格是不会这样直言进谏的。于是勾践紧紧地握住了文种的手，满怀诚恳地说道："越国有文大夫这样忧国忧民的忠义之士在，是不会灭亡的。请你原谅寡人之前的鲁莽，如果有什么挽救越国的良策，请不吝赐教。寡人定会洗耳恭听。"

文种见自己的大王这样低声下气，十分感动。他跪倒在地，感叹道：

"文种不敢当。大王，依微臣看，吴军能够所向披靡，主要是因为伍子胥、孙武善于管治，勤于操练，使得军队更加锐不可当。吾国要想在短期内以一对一硬拼取胜，可能性不大。臣以为只有从长计议，以智应敌。所谓'留得青山在，不怕没柴烧'，现在的首要任务是保住越国。大王您可以尝试一方面设兵相守，一方面派人用卑词去向夫差求和，并设法取得他的信任。只要能使吴国上下舒心，夫差同意撤兵，那么越国暂时就不会有灭顶之灾。而一旦议和成功，吴国称霸诸侯的野心就会膨胀，如果夫差执意与大国争霸，国力就会迅速耗损。到时吴国难以自救，越国就能以逸待劳、乘机反击，甚至扭转乾坤，那时的天意就将是越国灭掉吴国了。"

文种分析得头头是道，使得勾践本已绝望的心重新燃起了希望之光。为了慎重起见，他又叫人找来了他最为器重的大夫范蠡对保国一事做进一步的筹划。

范蠡到了之后，勾践不无悔意地说道："寡人之前没有听从范爱卿的劝告，执意出兵伐吴，以致沦落至此，实在是愧对先王和百姓。文大夫刚向寡人进谏了救越良策，寡人认为非常切合越国情况，不知范爱卿意下如何？"说完，勾践走到范蠡身边，轻声告知文种之策。

范蠡听了，表示赞许，他望了望远处的群山，自言自语道："文大夫果然是一位英才。"而后又对勾践道："大王，我曾经对您说过，国家的安危是由人决定的。"

勾践眉头微蹙，不解道："由人决定，此话怎讲？"

范蠡道："由人决定，由大王您决定。"

如此，勾践更加不解。

范蠡郑重地说道："臣的意思正如文大夫所言，先用卑下恭敬的言语、丰厚的礼品和靓丽的女子去向夫差求和，如果夫差对此毫不动心，那么只有委屈大王您去俯首称臣，给夫差当奴仆来打动他以保全越国了。"

勾践听了范蠡的话，起初觉得这是一种侮辱。但平静之后细想，如果为了一时的所谓骨气和吴国硬拼，只会激怒夫差，使越国亡得更快。这是有悖他初衷的，小不忍则乱大谋。于是勾践和两位臣子统一了意见，决定依计向吴国求和，说动他们退兵。

他派出大夫文种、诸稽郢一行十数人，扮作楚国商贾，赍黄金千镒、白璧二十双、美女八人，连夜进入会稽城，寻到伯嚭大营。

门前守营将官王孙熊拦住问道："你们是什么人，敢闯伯将军大营？"

文种躬身施礼道："我们是楚商，和伯将军是乡党故旧。这次途经会稽，听说将军在这里，特来拜见。"说到这里，把一镒黄金塞进王孙熊手中，说道，"烦劳将军，代为通禀。"

王孙熊见到黄金喜笑颜开，躬身笑道："小人不知道先生是将军的故人，小有得罪了。请几位稍候，容小人入内通禀将军。"

伯嚭听说有故人来访，即命王孙熊领入。文种、诸稽郢把其他人等留在帐外，二人入内拜见伯嚭。伯嚭见二人面生，问道："我和二位素不相识，怎么称作故旧？请二位报上名姓。"

文种道："我是越国大夫文种，这位是越王使臣诸稽郢，特来拜见太宰。"

伯嚭听了大惊，勃然怒道："你们是我的敌人，竟敢前来送死吗？"

文种慌忙跪伏在地，哀求道："寡君勾践，年少无知，不能善待上国君王，劳累吴王亲率大军千里入越问罪。如今寡君已经悔恨。寡君愿意投降吴王，请为吴臣，担心吴王不肯接受。寡君深知太宰功德巍巍，内作吴王心膂，外为吴国干城，故使下臣文种、诸稽郢先拜见太宰。求借太宰一言，收寡君在宇下。寡君有不腆之仪，聊效薄贽，请太宰笑纳。如果太宰允许寡君投降，以后应当源源奉进。"

文种说完起身击掌。从人从门外抬进千镒黄金，献上白璧二十双。

伯嚭高倨不动，突然仰天大笑，笑完怒道："你越都会稽已经被我攻克，勾践仅有会稽山孤城一座，早晚也要被我拿下。那时，你越国宝物，无不归我吴国拥有。你等今天以此区区之物，贿赂我伯嚭，也太小看我了！"

诸稽郢一直挺胸站在一旁，这时勃然大怒，喝斥道："伯嚭你休要猖狂！越兵虽败，还有山城一座，精兵六千，可以和你们拼死一战。即使战而不捷，可以尽焚府库珍宝，不让你吴人得到分毫。我们保护大王投奔楚王，联楚敌吴，吴国又能得到什么利益？太宰请想，即使吴国得到我越国珍宝，大半归属吴王，太宰和众将不过得到毫末。太宰如果成全越王降吴，越王明处委身吴王，实则委身你太宰啊！越国的贡献，未进王宫，先进宰府，太宰将独赚越国的利益。如果太宰不肯帮忙，逼我寡君作困兽犹斗，我们背城一战，胜负难测！"

文种看见伯嚭听了诸稽郢的话脸上变色，躬身说道："刚才诸稽郢说的，是寡君的话。寡君给太宰还有奉献。"

文种说完击掌。随后一阵环佩声响，八名美女抠衣进来，婷婷站在一边。伯嚭见这八名美女，个个妖艳，人人绝色，已经是魂摇魄荡，喜不自禁。

文种又道："这八名女子，都是寡君王后亲自从内宫挑选的，献给太宰执其箕帚。太宰能在吴王近前美言，允许寡君投降，往后越国美女，还要献给太宰。"

伯嚭听了文种的话心花怒放，连声说道："好，好，我收下了。"立即命令王孙熊收下黄金玉璧，把美女领进后帐。

伯嚭离座朝文种、诸稽郢拱手施礼道："二位使臣舍伍子胥而就伯嚭，是信我伯嚭无乘人之危啊！"命令仆奴道，"置宴，款待二位使臣！"

酒宴排下。伯嚭邀文种、诸稽郢入席，亲自把瓶斟酒，欢饮甚悦。酒宴之后，伯嚭道："二位使臣今夜就宿在我帐内。明天，我领二位去中军大帐，觐见吴王。"

第二天一早，伯嚭领着文种、诸稽郢二人来到吴王中军帐外。伯嚭对二人道："你们先在帐外等候，待我入内奏禀吴王。"

吴王夫差梳洗已完，刚用过早饭，看见伯嚭进来，笑道："太宰这么早！"

伯嚭道："臣有要事奏请大王，所以早到。"

夫差道："卿有什么事，请讲。"

伯嚭道："越王勾践愿意投降大王称臣。勾践已经派使臣文种、诸稽郢前来求降。"夫差听了勃然大怒，斥道："你不知道寡人和勾践有不共戴天之仇吗？寡人今天打败越军，占领越国都城，怎能容忍勾践投降！"

伯嚭慌忙撩衣跪倒，奏道："大王不记得孙武的话吗？孙武曾经说：'兵者，凶器也。可暂用，而不可久也。'越国虽然仇于大王，然而大王今天已经打败越国，大仇已经报了。眼下勾践请降，愿在大王阶下称臣，越国愿为大王属国。越国珍宝财货，尽贡献给大王，仅求存留宗祀一线。大王允许越国投降，得利。大王赦勾践罪，扬名。大王名利都得，扬德威于万国，何愁不称霸天下？大王如果不纳其降，勾践必会尽焚珍宝财货，率六千死士和大王一搏。大王即使尽数屠杀，又有什么收获呢？臣请大王三思。大王杀一人头颅和得到一国，孰失孰利？"

夫差沉思了一会儿，想到伯嚭说的不谬，要杀一人之头、不如得到一国。夫差问伯嚭道："越使在哪里？"

伯嚭道："越使文种、诸稽郢，现在帐外候宣。"

夫差道："命令他们入见。"

文种、诸稽郢进帐，朝夫差行礼道："臣，文种、诸稽郢，叩见大王。"

夫差见二人行礼称臣，心花怒放，拈须乐道："寡人已经允许勾践投降吴国了。你二人回复勾践，他既然归降寡人，应当率他妻妇跟随寡人回到吴国，做寡人的臣妾。寡人不知勾践肯不肯顺从？"

文种、诸稽郢二人膝行说道："寡君既然归降大王，生死都要从命大王，怎敢不服侍大王左右？"

伯嚭在一旁趁机进言道："勾践夫妇如果愿随大王来吴国做臣妾，大王名义上纳越国投降，实质上已经得到越国了！"

伯嚭领文种、诸稽郢来见夫差，早有人赶奔右营大帐报知大将军伍子胥。吴王夫差刚要命令在中军大帐置宴款待越使，伍子胥怒气冲冲进来，朝夫差礼毕，问道：

"大王允许勾践投降了吗？"

夫差道："寡人已经允许了。"

伍子胥听了须发俱张，按剑跺脚道："不可，不可以。"又道，"越国和吴国毗邻，是世仇。两国多年征战未息，势不两立。这次大王不灭越国，以后吴国必被越国灭。秦晋诸国，我攻而胜之，得其地而不能居，得其车而不能乘，许降可以。然而大王攻越国而胜，得其地可居，得其船可乘，这是吴国的利益，怎能放弃？何况越国有先王之仇，大王不灭越国，百年之后怎么面对先王？"

文种、诸稽郢听了伍子胥的话，吓得冷汗披淋，连连后退。吴王夫差一时无言以对，目视伯嚭。伯嚭知道夫差的意思，上前奏道："宰相的话错了。臣以为，先王立国，水陆并封，吴越宜水，秦晋宜陆。若以其地可居，其船可乘，谓吴越必不可共存。则秦、晋、齐、鲁都是陆国，其地也可居，其车也可乘，彼四国者，也将并其为一吗？宰相说先王之仇，越不可赦。然而宰相和楚国之仇更深，宰相昔年为什么不灭楚国而许其和？宰相存楚国而显忠厚之名，使大王灭越国而行刻薄之事，这难道是忠臣所为吗？"

吴王夫差听了伯嚭谪诈狡辩，喜上眉梢，对伍子胥道："太宰言之有理。宰相且退，待勾践贡献珍宝美女，寡人分给宰相。"

伍子胥又跪下，以头触地，奏道："大王如果不听老臣的话，允许越国投降，越国必会忍辱图强，以后吴宫必成沼泽了。"

夫差听了大惊，正在犹豫，内官进来奏道："启禀大王。都城姑苏和会稽四处传言，齐国人趁大王拥兵在外，不几天就要举兵伐吴了。"

伯嚭趁机道："大王如果不许越国投降，就要腹背受敌，吴国危险了。"

伍子胥道："齐国人伐吴，肯定是谣传。大王未见其实，不可妄信。"

夫差击案怒道："寡人主意已决，允许越国投降，不几天班师回都。"喝令卫士道，"送宰相回营。"

几名卫士过来搀扶伍子胥，强行架出中军大帐。伍子胥跺脚擂胸，嚎叫道："我伍子胥后悔未听被离、孙武的话，杀此奸贼伯嚭，让他祸害吴国了。"

伍子胥回到右营大帐，咯血数斗，一病不起。醒来，伍子胥叹道："先王曾经说过，夫差愚而不仁，勇而无智，果然是这样啊！"

皇甫胥一旁劝道："相爷明知夫差不可辅，何不听从孙武伯伯和我义父的话，解甲弃爵，退归田原？"

伍子胥长叹一声，说道："我在吴国几乎倾注了我半生心血，才使吴国这样强大。我不甘心看到吴国遭到灭亡。我的好友专诸、要离，以及老夫爱子伍佷，他们都为吴国而死。先王于我有知遇之恩，又嘱我辅佐夫差。我也在先王床前发过誓言。眼见吴国将有大难，我怎能背誓退归田原？"

皇甫胥泣道："相爷对待奴才如同亲子，奴才不知天高地厚，再斗胆劝相爷一句，请相爷不要责罪奴才。"

伍子胥和蔼说道："皇甫胥，你有话尽管说。"

皇甫胥道："奴才观察大王，亲伯嚭而疏相爷。伯嚭是奸诈小人。相爷如果不听从奴才劝告，仍然留在吴国，恐怕久后必被伯嚭陷害。"

伍子胥思虑了一会儿，突然变色，怒道："好大胆奴才！竟敢妄言国事，讥谤君王。"朝帐外叫道，"来人，把这个狗奴才拖出去，责杖五十。"

弘浬率卫兵进帐，把皇甫胥拉出帐外，虚张声势，重举轻下，把皇甫胥抽打了一顿。弘浬进帐禀道："相爷，已遵令责过皇甫胥。请示相爷，把皇甫胥如何处置？"

伍子胥叹道："皇甫胥刚才劝我弃爵退归田原，免遭后患，他的心意是好的。他的父亲皇甫讷对我有救命之恩。我不忍心让他跟我遭遇祸患。你传我命令，让他明天回棠邑士林，奉养他的义父。你多给他金钱物品，给他一乘车马，送他上路，让他不必前来向我辞行了。"

伍子胥说完，已经是老泪横流。弘浬目睹宰相伤心之状，也潸然泪下，许久才蹑足退出。

第二天天不亮，一乘车马驰出会稽城外五里处停住。皇甫胥、弘浬先后跳下车来。皇甫胥朝着城阙倒身跪拜，口中泣道："相爷保重，奴才去了。"

弘浬俯身把皇甫胥扶起，劝道："你不要悲伤。你昨天走后，相爷哭了半天。"

皇甫胥泣道："我知道相爷是借故赶我走，是不让我皇甫家和仇家两门断绝香火。相爷，相爷你是天下好人。"说完又伏地跪拜弘浬道，"我此去，不能早晚侍候相爷了。我拜托弘浬兄代劳了。"

弘浬慌忙拉起皇甫胥，说道："你放心，我弘浬尽心尽力侍候相爷。

弘湼若有差池，胥兄以后可取我项上人头。"

皇甫胥道："有弘湼兄这句话，我放心上路了。"

临别，弘湼嘱道："胥兄经过姑苏，要向主妇和少主人辞行。你千万不要说相爷生病，以免主妇和少主人担心。相爷是急火攻心，不几天就要痊愈了。"

皇甫胥在车上拱手道："兄长放心，我知道深浅。"

弘湼回到右军大营，卫兵说道："相爷让你进帐。"

弘湼来到帐中，刚要施礼，被伍子胥招到床前，问道："皇甫胥走了？"

弘湼点点头。伍子胥叹道："迟早我也要你回归故里。但是，你现在还不能走，还未到时候。"

弘湼跪道："奴才愿意终身伺候相爷。"

伍子胥笑道："起来，起身。傻话。我已经年过半百，怎能让你伴我终身。早晚我也要让你和皇甫胥一样，决不留你。你扶我起身梳洗吃饭。我还不想死。吴国不愿意我死。勾践也不让我死。"

吴王夫差恐怕齐国乘虚举兵伐吴，决定班师回国，行前命令伯嚭召越使文种、诸稽郢来中军大帐。

夫差问文种、诸稽郢二人道："寡人已经允许越国投降，命令越王夫妇去吴国做寡人三年奴仆。三年期满，寡人允许勾践回国称臣。寡人不几天班师回国。越王夫妇是否能随寡人同行？"

不等文种答话，诸稽郢行礼道："大王既赦寡君不杀，臣请大王宽限寡君时日。待寡君收拾府库财宝玉帛，择选国内秀色美女，携住姑苏。臣请大王宽限五月之期。寡君既然投降大王，怎敢负心背约？"

夫差拈须笑道："寡人谅勾践不敢。假如勾践失约，寡人率军杀回，叫你越国不留一人。"又命道，"司马椒勇。"

椒勇出班应道："臣在。"

夫差道："你率士兵三千留在会稽，催促勾践夫妇如期赴吴。"

椒勇道："臣，遵命。"

夫差又命令道："太宰伯嚭，你屯兵一万，驻扎在吴山，等候勾践夫妇入吴为奴。如果勾践逾期不到，你率兵把越国灭掉，砍下勾践头颅，回禀寡人。"

伯嚭跪应道："臣，遵命。"

不几天，吴王夫差率三军班师回国。太宰伯嚭率士兵一万，在吴山安营扎寨，等候越王勾践入吴。司马椒勇留在越都会稽，催促文种、诸稽郢二人回会稽山禀报勾践，命令其准备入吴。

文种、诸稽郢二人回到山上，把夫差准降、命越王夫妇入吴为奴三年一一禀报。勾践听了面色阴沉，一言不发。许久，他才挥手让文种、诸稽郢退下。

王后看出勾践不悦，劝道："范蠡请降之计是缓兵之计。只要吴国不灭越国，越国就有复兴之日。忍得眼下之辱，才有来日的希望。"

勾践圆睁鼠目，怒道："这个夫差不知天高地厚，竟然命令我夫妇入吴三年为奴。我勾践为了越国，可以忍辱为奴。我舍不得你随我受辱。"

王后道："大王如果为了我一个妇人，失约于夫差，伯嚭一万士兵就要灭我越国了。到那时，大王和妾有什么脸面面对越国人？"

勾践痛爱地抚摸着王后的肩头，说道："我是担心你啊。那个夫差，是头喜淫好色的恶狼，怕你受辱。"

王后推开勾践，正色道："大王如果为了我，不惜越国和臣民，妾有什么脸面做越国的王后？"又回头悲泣道，"你如果担心我受夫差污辱，我此刻就让你消除此念。"

王后说罢，一头朝岩壁撞去。勾践慌上前抱住王后，夫妇相拥恸哭。

许久，王后才仰起泪脸说道："你要是真心爱我，就带我去吴国为奴。我夫妻二人有福同享，患难与共。"又道，"你放心，夫差如果对我心生邪念，妾自有办法对付。"

勾践被王后的高风亮节深深地打动，不禁失声痛哭。王后安慰道："别哭了，大王。你的臣民都在看着你。你赶快带领大臣和兵士们回到会稽。还有好多的事情，要你和范蠡、文种他们商议哩。"

越王勾践率领人马下了会稽山，回到会稽城中。看到这个曾被吴军占领过的都城，没有遭到任何灾难性的破坏，所有建筑完好如初，他不禁心中略感欣慰。

在祭告天地、社稷和太庙之后，勾践登上王座，对国中臣民忏悔道："寡人不自量力，与大国结仇。这场战争使我国损失惨重，我越国子民家破人亡，这都是寡人的罪过，寡人今天在这里给大家谢罪了。"说罢，他走下王座双膝跪地，向越国子民拜了三拜，百姓们听他言辞恳切，都很感动。拜完之后，勾践亲自埋葬死者，慰问伤者，安抚忧者，他的真诚使得百姓们暂时忘了丧亲之痛，都暗自决定重整家园。就这样，勾践以自己的行动缓解了国内人民的怨恨情绪，并得到了他们的支持和拥戴。

卧薪尝胆，尝粪问疾

安顿好越国人民之后，遵照吴越两国的口头协议，勾践委国于文种，处理日常的社稷政务。自己则带着妻子和大夫范蠡等三百人准备到吴国当夫差的奴仆。

勾践对着生他养他的越国，再也忍不住自己的眼泪，他抽泣道："勾践多谢各位大夫出谋划策，保住越国社稷。今日寡人离开祖国去吴国为奴，寡人不在的日子，越国就烦劳各位大夫了！"

文种、诸稽郢等人异口同声道："大王放心，臣等定会振兴越国，等大王回来的。"

范蠡也表示自己将和百官一起谨记今日之事。

勾践听了他的臣子们的肺腑之言，动情地说道："听到你们这么说，寡人今虽入北国，为吴穷虏，也就没有什么可忧虑的了。"

说罢登船径直向吴国去了，始终没有回头。

许多臣民站立于江畔痛哭不已，场面十分感人。

勾践等一行告别国人，顺着水路向吴国而来。行完水路后，勾践等人又经过陆路，终于来到了吴国都城。进蛇门时，勾践看到城门上雕有两条木蛇，蛇身向北，蛇头向着城内，他觉得奇异，忙向范蠡询问是什么意思。

范蠡略加思索后道："从中原的地理位置分析，吴国居东偏南，从十二地支的辰位，对应龙；越国居南偏东，从十二地支的巳位，对应蛇。今图案上蛇俯首北向城内，表示越国臣属吴国。"

勾践惊奇地问道："如此说来，伍相国早就预卜到今日寡人会臣服于吴国？"

范蠡忙解释道："不是的，伍相国并不是未卜先知，他建造阖闾大城设八座城门，楚位西北，故设阊门，以利西破荆楚；我越国在南偏东，故立蛇门。这只是说明吴国吞并越国的野心，早就有了。"

勾践没讲什么，低头往城里走去。

这时勾践等人遇到了被派来迎接他们的伯嚭。

伯嚭见了他们，问道："文大夫何以不来啊？"

范蠡会意，知道伯嚭这是在索要贿赂了，忙上前轻声告知越国已秘密地将金帛、女子等送到伯嚭府上了，又道："文大夫为吾主守国，所以不能同来。"

伯嚭遂微笑着将他们带入吴宫。

勾践等来到吴宫，膝行叩拜，谒见夫差，他道："东海贱臣勾践，上愧皇天，下负后土，不自量力，罪孽深重。承蒙大王宽恕，赦免罪行，得保贱命。今谨向大王求拜叩首，愿为大王效犬马之劳。"

夫差得意地说道："寡人可没有勉强你做我的奴仆。一想到你杀害寡人的父王，就恨不得将你五马分尸！不过寡人非残暴之君，念在你心有悔意，就暂且饶你一命。"

勾践回答道："微臣的确该死。大王的活命之恩我就是三生当牛做马也不能报答。"

伍子胥在旁，听了这些话，忍不住又大声进言道："鸟在天上飞着，我们还想用弓箭射死它，何况是它现在就在我们附近的庭庑之内呢？越王今已来我国土，入我栏圈，这正是杀他的好时候，岂可失此良机？如果他一旦得志回去，那就无异于放虎于山、纵鲸于海了。倒时要想再制伏他可就千难万难了啊！"

夫差却一心想成就仁义的美名，他说道："诛杀投降的人，我听说要祸及三世。我不是垂爱越王而不杀，而是害怕上天的责怪，因而赦免他啊。"

伯嚭收受了越国的重贿，更是抓住机会打击伍子胥。他道："伍相国啊伍相国，您只知权宜之计，怎么就不谙安国定邦的策略呢，难道你想破坏大王仁义的美名吗？"

伍子胥见夫差听信伯嚭佞言，不用其谏，只得愤愤而退。

从此，夫差彻底打消了诛杀勾践的想法，吩咐手下在阖闾墓侧，筑一石室，让他们晚上住在石室，白天在宫中驾车喂马，当自己的马夫，还去其衣冠，让他们蓬头垢衣。但不管怎样，范蠡都朝夕相随，寸步不离勾践左右。

转眼之间，勾践及范蠡等进入吴宫为奴已经三个多月了。三个月来，夫差眼见范蠡诚心服侍勾践，一点也不马虎。于是召见了两人。

一见面，他就对着范蠡说道："寡人听闻'贞节的妇女不到破亡的人家出嫁，有名的贤士不到灭绝的国家做官'。今你们越王无道，国已将亡，社稷坏崩。你还和他一同来吴国为奴为仆，羁囚一室，难道不感到卑下吗？我想赦免你，让你能改过自新，弃越归吴。不知你意下如何啊？"

范蠡回答道："我听人说'亡国之臣不敢谈论政事，败军之将不敢侈谈勇敢'。我在越国是个不忠不信的臣子，致使越王和大王您对抗。现在得到惩处，君臣都投降了。蒙大王恩爱，保全了性命，为您当奴仆，这已经足够的好了。"

趴伏在地上的勾践听到夫差规劝范蠡弃越归吴，以为将失去他，暗自流泪；后又听到范蠡那坚定忠诚的表白，不觉暗自庆幸。

夫差知道范蠡不可能为己所用，只得命他们仍然回石洞中去。

勾践在吴宫内为奴的日子里，整天穿着围裙，包着头巾，其夫人也是穿着破破烂烂、不修边幅的衣裳。丈夫拾草、养马，妻子则送水除粪、清扫。日复一日，他们口无怨言，脸无恨色。

夫差也时不时从远处观察，当他看到勾践及夫人还有范蠡，坐在马粪堆旁边，依然保持着夫妻之仪、君臣之礼，也非常感动。一次，他转身对伯嚭道："小国之君、一介之士，即使处于困厄之中，仍不失君臣之礼，真是可敬啊！"

伯嚭听了，顺着夫差的话，替勾践求请道："他们不光可敬，也可怜啊！请大王以圣人的胸怀，怜惜这几位困厄孤苦的人吧！"

夫差犹豫不决，伯嚭见状，又进言道："俗语讲'有德必有报'。大王您赐恩德给越王，越王一定会报答的。"

夫差想了想后，欣然答应道："好吧！那你可命太史选择吉日，赦越王归国。"

伯嚭听了，十分高兴。他密遣家人将五鼓投于石室，将这个喜信报知了勾践和范蠡。

范蠡知道后，不无忧虑地说道："大王别激动，这事情可能伍子胥还有什么说法呢！"

果然，夫差欲赦勾践的消息传到了伍子胥耳中，伍子胥当天就面见了夫差，劝谏道："从前，夏桀囚汤而不诛，商纣囚文王而不杀，结果天道反过来，原来对自己有利的事变成了灾祸。夏为汤所灭，商为周所亡。今大王既囚越王而不杀，大王难道不怕悲剧重演吗？"

本来对此就顾虑重重的夫差，一下子又后悔起来，遂命将此事搁置再议。

勾践的一点希望又被打破了。就在这时，夫差生病了，病情越来越重，三个月过去了也不见好。

勾践闻知暗自高兴，觉得机会来了。他对范蠡道："夫差生病，三个月还未痊愈，我想前往探视究竟。"

善于占卜的范蠡当着勾践课了一卦，知道夫差将会在三月壬申日痊愈。因而他向勾践献计道："夫差上次虽口上说赦免我们，却并不果断。这次是个好机会，您前往向他问候时，可以求他的粪便亲口尝尝，观其气色并道贺，告诉他病愈的日期。等到您的话被事实验证时，他就会信任您了！"

第二天，勾践按照范蠡的计谋，通过伯嚭进见夫差。结果正遇夫差出恭，他只得在门外等候。

过了片刻，伯嚭端了夫差的便盆出来。勾践当即下拜，请尝粪便，以测病情。夫差觉得奇怪，就应允了。

只见勾践煞有介事地用指蘸粪，然后含入口中仔细品尝。不一会儿，他入内便向夫差道贺："大王您洪福齐天，您的病，到三月壬申日就会痊愈了。"

夫差惊诧地问道："你怎么知道的？"

勾践道："因臣曾向人学习过，知道粪即是谷物的道理。如果其味道与时气相顺，人就没有大碍；相反，如果其味道与时气相逆，人就活不长了。刚才我私下尝了大王的粪便，又苦又酸，这味道顺应了春夏的时气，因此我推算后知道大王的病，到壬申日就可痊愈了。"

夫差听了非常感动，称赞道："勾践，看不出你真是个仁慈的人啊。"于是当即允许勾践离开石室，移居王宫，仍然从事养马工作。

到了三月的壬申日，夫差的病果真奇迹般地康复了。他念念不忘勾践的尝粪之举，在宫中的文台宴请了勾践，待以贵宾之礼。

勾践佯装不知，仍穿了先前的囚服而来。夫差见了，急忙令其沐浴更衣，重着旧服。勾践再三辞谢，方才奉命。

更衣之后，勾践入殿再拜。夫差慌忙将其扶起，说道："越王是仁德之人，在此服侍寡人已经很久了！寡人打算赦免其罪，放他回去……"

没听夫差把话说完，伍子胥就气愤地离开宴席，拂衣而去了。

伯嚭看在眼里，喜在心头。待到酒酣时分，他说道："奇怪啊！今日在座的人，都很高兴，有许多话要叙说。这就是所谓的'同声相和，同气相求''仁者宜留，不仁者宜去'。相国这时候走了，恐怕是他愧对仁者吧！"

夫差笑着点头。

酒过三巡，勾践与范蠡一起起身向吴王敬酒，祝贺吴国吉祥丰盛，祝贺吴王延年益寿。词曰：

> 皇王在上，恩播阳春。
>
> 其仁莫比，其德日新。
>
> 於乎休哉，传德无极。
>
> 延寿万岁，长保吴国。
>
> 四海成承，诸侯宾服。
>
> 觞酒既升，永受万福。

吴王听了，心里非常高兴。

第二天一早，伍子胥进宫，再次向夫差劝谏道："大王，您昨天看清楚了吧，内怀虎狼之心的人，外表却常常用甜言蜜语迷惑别人。大王，您喜欢听那欢快一时的言辞，而不顾千秋万岁的祸患吗？真要是这样，那就好比将毛发放到炉火上烤而指望它不焦，将鸡蛋放在千钧重物之下而指望它不碎啊！"

然而夫差听也不听，挥手道："寡人主意已定，相国不必多言了。"

就这样，夫差便释放勾践归国了，并在蛇门之外送别，还令群臣饯行。

勾践磕头伏地发誓道："大王的哀怜使我保全性命返回祖国。我与文种、范蠡等愿为您效忠。苍天在上，我不敢忘恩负义，违背誓言。"说罢，又对夫差拜了两拜。

夫差满心喜悦地将他扶起来，道："君子一言为定。就请越王自勉吧！"

勾践满面流涕，露出依恋不舍的样子，然后才上车，执鞭驾车，往南而去。

行到浙水边时，勾践泪湿衣衫，仰天长叹道：“想不到我经历千难万险，仍能活着平安返回祖国。”遂与夫人相向而泣。

越国的百姓，听说勾践回来，都无比欢欣。他们在文种的带领下聚集在浙水边道路的两旁跪拜，欢呼声惊天动地，经久不绝。这年是夫差五年，公元前491年。

伍员使齐，私交鲍牧

越国战败，军力遭受重创，生产也受到沉重打击，加上年年要向吴国进贡，因此弄得国力凋敝。文种治国，注重节俭，听说越王要回来，也未对王宫做重新修缮，只是将宫里宫外打扫得干干净净，勾践的寝宫也布置如初。勾践回到宫中，先命将榻上被褥撤去，换上柴草作为床垫。文种大惊道：“陛下这是为何？这，这柴草硬扎扎的，怎能睡得人呢？”

勾践咬牙道：“吾入吴国三年，受尽奇耻大辱，此仇不报，何面目为人？吾恐归得国来，耽于安乐，溺于享受，而忘灭国之耻，则吾勾践将万劫不复，无颜见列祖列宗！”

他又命文种替他寻猪胆一只，将其悬挂于床头。说道：“吾在吴国，备尝其苦。今回乡返国，亦不能忘也！”夜晚入睡前，他取过猪胆，放入口中，以舌舔之。夫人怪而问之，勾践则答：“这样，便使我想起在吴国替夫差做仆役的日子。爱姬替我所受的苦楚，所遭的屈辱，寡人也不会忘记。寡人卧薪尝胆，誓要洗去吴王加在我身上的耻辱和冤仇！”

数日之后，勾践正式任命范蠡、文种为左、右相国，将国政尽交给他们谋划。文种因当过地方行政长官，加上他又十分关注当时各诸侯国用于发展经济的各种措施，于是经勾践批准，订立了一系列有关制度。比如，吴、越之战，越国壮年男子死伤过半，从现在起，朝廷奖励生育者：凡百姓家中生男孩的，以越王名义，赐酒一壶、狗一只；生女孩的，赐酒一壶、猪一头。一家生了二个以上儿子的，自己只需抚养一个，其余的则由官府专设机构进行抚养。男子到了二十岁、女子到了十七岁必须婚嫁，如果到年龄不娶不嫁者，则向其父母问罪。又比如鼓励农业生产，轻徭薄赋，率行节俭。开垦荒地者，七年不收赋税。朝廷不兴土木，尽量少征徭役，不夺农时。勾践还常常亲自参加耕种，并让王后自己织布裁衣，与民间百姓同甘共苦。如此数年，勾践很快赢得了民心，越国的经济也迅速恢复和发展起来。

与此同时，范蠡等一干大臣，则帮他谋划外交事宜。范蠡建言道：“目前吴国兵强于齐、晋，而深结怨于楚国。为今之计，陛下应暗中与齐、晋和楚国交相往来，但表面上仍对吴国保持毕恭毕敬之态。那吴王夫差，好大喜功，屡屡兴兵，侵伐诸侯，久而久之，必有衰弊之象显露。到时候，越国相机行事，以乘其弊，则国耻可雪，深仇可报。为今之计，则需潜伏爪牙，忍气吞声，外示柔顺、内养精神，以迷惑吴王。万不可泄露一点点对吴国不满的意思，要让夫差对陛下放心，这样才不致招来嫉恨，才不致使复仇大计夭折。”

勾践道：“爱卿所言，寡人知之矣。此所谓‘鸷鸟将飞，先敛其翼；猛兽将击，先卑其身；圣人将动，不可令人先见其象，先知其谋’也。只是具体如何做，还需爱卿多为寡人谋划。”

范蠡道："先人有言，'将欲翕之，必固张之。将欲弱之，必固强之。将欲去之，必固与之。将欲夺之，必固予之'。今吴国气焰正旺，臣以为，陛下当窥其所愿，投其所好，纵其淫欲之心，养其骄奢之态。俗话说：'日中则移，月满则亏'。吴王骄奢淫逸，踌躇满志之时，也是他衰弊空虚，内囊将尽之日。到时候，陛下伐吴复仇的机会就不远了。"于是，他向勾践献上破吴的第一道计策：选名山巨材，献给吴王，令其大起宫室，以虚国力。

勾践听范蠡之言，派司徒扶同率三千工匠，入深山采伐木头。经过一年时间，共采得上等良材千根，陆续运往吴国。其中有一根梓木，一根楠木，均有千年以上树龄，需四人合抱，才围得过来。扶同命工匠将这两根木头刨光，精心打磨之后，在上面雕琢龙蛇图纹、神话人物、黄帝战蚩尤、武王伐纣等历史故事，又以桐油浸泡，使之光洁闪亮，不易腐蚀，然后禀过越王，并携带越王给吴王的信，亲自押送这两根木头到吴都去。

到了吴都，扶同进见吴王夫差，并呈上勾践的信。吴王展信，见上面写道：

东海罪臣勾践奏告吴王陛下：

罪臣得吴王之赦，恩德没齿难忘。今陆续贡奉良材，以为增建殿阁之用。赖陛下仁德，罪臣又获千年良材二根，此罕见之物，惟有德者方可享用，罪臣不敢擅留。故遣司徒扶同专程押送进都，以献于陛下。

夫差读毕信，与众大臣一起前往观看那两根木头，见其果然硕大无比，且又坚硬如石。用手敲敲，木材发出清脆的沉响，其韵可人。

夫差喜道："果是好材。没想到越国地方，竟有如此良材，真乃神木也。"扶同乘机说："陛下倘以此材修造宫殿，那一定是壮丽雄奇，古今第一。寡君以为，此材乃上天为陛下所蓄也。"

夫差用手摸着胡须，"哈哈哈"大笑起来。伯嚭在旁道："既是上天为陛下蓄此良材，陛下不用，诚为可惜。臣以为，先王曾造姑苏之台，以逞游兴。今陛下之功，更胜前王，旧姑苏台已不足显陛下威德。于今四海宾服，百姓安宁，我看不如将旧台拆除，另造新台，令其峥嵘气象，更胜于楚国之章华台。如此则一可不辜负越王一片诚心；二可夸示我吴国之富丽；三可显耀陛下之功德。"

夫差连道："好主意，好主意！寡人就命你为总监，督造此台！"并大赏扶同。扶同回国复命。

伯嚭受命修姑苏之台，心中颇为高兴。因为他知道，这是中饱私囊的一个极好机会。征调民夫，购置材料，那宫中府库金银，差不多可以任意支取。于是绘制了一幅规模宏大，气象雄伟的姑苏台草图给吴王看。吴王对此设计十分满意，命伯嚭尽早动工，以成其事。

伍子胥在家中，听得勾践献什么"神木"给吴王，吴王欲用此重建姑苏台，上书谏阻：

"昔者桀起灵台，纣起鹿台，阴阳不和，寒暑不调；穷奢极欲，导致国虚民变。勾践用心阴险，陛下须详察明辨，不可为之所惑！"

夫差看罢，将伍子胥的奏章掷于地下，骂道："危言耸听，扫兴之人！"

新姑苏台足足修了三年，其广八十四丈，高三十丈，晴天登台，可看见百里之外的景色。为便于吴王游玩，姑苏台建成后，伯嚭又修建了从台阶直通吴国都城的九曲回廊。其廊宽可行车，又能够遮阳避雨。这样，无论何时，只要夫差高兴，都可起驾登台。但是为修姑苏台，日夜赶工，无休无止，却弄得吴国百姓民疲士苦，怨声不绝。

夫差十一年（公元前485年）冬，夫差会合鲁、郯、邾等国，出兵讨伐齐国。夫差亲自率领的主力部队，先是从沂水而上，攻入齐国南部。夫差还派大夫徐承率领兵士，从淮水入黄海，北上进攻齐国。这是我国历史上最早的一次海战。正在这时，齐国内部发生政变。齐国大夫鲍牧于鲁历的三月十四日杀了悼公，而后通报夫差，讨好吴王。按照当时诸侯国的礼节，夫差被迫在军门外，哭祭齐悼公亡灵三天，停止一切敌对的军事行动。徐承率领的舟师，也遭到齐军袭击而大败。夫差得到水师海战不利的消息，于是决定撤兵回国。

此后齐国卿大夫专权，齐景公五十八年，也就是公元前490年，景公病死。晏孺子继位，然而不到一年被杀。接着悼公接位，四年后又被杀。之后简公接位，内战不停，齐国国力大不如前。

公元前484年春，齐为对鲁实施报复，派大夫国书、高无邳率军攻鲁。当时，季孙氏主鲁国政，他不愿率军出城迎敌，而欲动员孟孙氏与叔孙氏出征。孟孙氏、叔孙氏因不满季孙氏专权，拒不从命。冉求以国家利益为重，动之以情，晓之以理，喻之以利害，极力说服三家联手抗齐。三家遂达成协议，决定在鲁都近郊的稷曲（今山东曲阜附近）组织防御，结果齐国大败。

夫差看到齐国内乱不停、外战累败的情况，非常兴奋，决定再次大举伐齐。

前番夫差北上征讨齐国时，勾践总是听从文种的计谋，或是派人送来厚礼表示犒军；或是直接象征性地派些兵卒和吴军共同行动表示支持。这次听说夫差将大举北伐齐国，他更是喜上眉梢，按文种计谋，犒劳吴王和吴军将士，让其每人都得到一份馈礼。如此吴国上下都领了勾践的情，称赞其臣服吴王的耿耿忠心。

伍子胥知道后，他痛心疾首地向夫差道："这是在喂养牲畜啊，养肥了好奴役吴国人。"他提醒夫差："越国对于吴国是心腹之患。越国灭吴之心不死，现在看他们好像很温顺地服从我们，实际上是怀有不可告人的目的，还是趁早灭了它。我不灭越，越必灭我。而齐离我较远，民风民俗也不尽相同，即使得到了，也如同是得到石田，不能耕种使用。而今大王非但不灭越国，却还要劳民伤财去攻齐国，岂不是很危险吗？"

偏偏夫差根本听不进伍子胥的忠谏，反而觉得大兵初战在即，伍子胥出此不祥之语，阻挠大计，可恶之甚。遂动了杀念。只是碍于伍子胥毕竟是托孤重臣，怕如此杀了惹人非议。

伯嚭看出了夫差的心思，密奏道："大王不如遣其往齐约战，假手齐人，这样既不脏了您的刀，又可除此絮叨之人，可谓一石二鸟啊！"

夫差于是当下同意让伍子胥出使齐国，告诉齐君会战的日期。君命不可违，伍子胥感到自己的末日即将来临，更预感到吴国被越国灭亡的日子不远了。他到了齐国后，就去看了在齐国专权的鲍牧，将自己的儿子托给他抚养，更姓为王孙氏，以避免在即将发生的吴国祸乱中遭遇不幸。

稷曲之战后不久，夫差"兴九郡之兵"，过大江，经新开凿竣工的邗沟北上直抵淮水，沿淮水至泗水转向北进，会合鲁军，于五月攻占了齐国的博邑（今山东莱芜西南），进抵艾陵（今山东莱芜东北）。新立的简公，出兵迟缓，吴齐两国在艾陵摆下了大决战的阵势。

由于双方兵力各为十万，大体相当，于是吴上、下、右军分别由大夫胥门巢、王子姑曹、展如指挥，与齐军相对列阵。夫差亲自指挥中军，列于阵后作为预备队。齐军由国书率中军，高无邳率上军，宗楼率下军。

先是展如率领的右路军，打败了高无邳的齐上军，国书率领的齐中军，打败了胥门巢的吴上军。此时，吴王率中军及时投入战斗，救援胥门巢军，大败齐军。齐军十万人马几乎全部被歼，将领公孙挥战死，下军大夫宗楼下落不明。吴国俘虏了齐国的国书、公孙夏、闾丘明、陈书、东郭书等五位大夫，缴获了齐国的革车八百乘，斩得甲士首级三千颗，迫使齐简公签订了盟约，承认夫差的盟主地位。

战后，夫差向鲁哀公献捷，将缴获齐国的八百辆战车等战利品，全部赠送给了鲁国，以表示吴国的慷慨大度。

历史上著名的吴齐艾陵之战，以齐国损兵折将、损失惨重告终。新兴的吴国，打败了"春秋第一霸主"的齐国。但是对于吴国来说，此战劳民伤财，失去的是国力民心，得到的仅仅是个战胜齐国的虚名，没有实在的利益。夫差根本没有觉察到自己和吴国已经处在生死存亡的十字路口了。

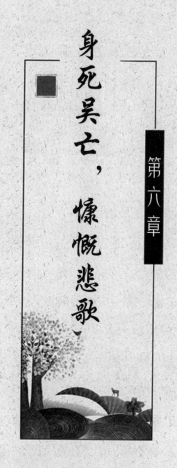

身死吴亡，慷慨悲歌

第六章

　　伍子胥为父兄报了大仇，自己也成了吴国的重臣。但他的结局却与父亲一样，因伯嚭陷害，被逼自刎，死于昏君与小人之手。夫差因为没有听从伍子胥的劝谏，遭致兵败灭国，履面自死。

西施忍辱，献媚吴王

　　吴国新姑苏台建成后，越王勾践一边遣使称贺，一边又召范蠡等人商议下一步的计划。勾践说："夫差以寡人所献神木良材建姑苏之台，已耗费了其府库中大量金银，下一步当如何行之？"

　　范蠡奏道："那夫差本好色之徒，连其父的后宫美女也留下自己受用，且犹嫌不够。陛下倘若能选绝色美女献之，让夫差沉迷女色，荒废国政，则复仇的计划便推进了一步。"勾践便命范蠡广泛征求搜罗民间美女，从中选绝优者以备用。范蠡便代越王发布敕令，让越国臣民，不论贵族还是百姓，凡家有美女者，必须上报朝廷，不得隐匿。被选中者，均入宫待命。而举荐之人，朝廷以重金酬谢。不到半年，国中所报美女，计有千人。范蠡亲自从中选出二十人，送入宫中。

　　当这二十名美女送到王宫后，越王勾践在夫人陪同下，亲往察看。两人逐一观赏、品评，都认为其中有两名女子在这二十人当中显得尤为突出。一问，这两名女子一个姓施，一个姓郑，居然是同村人，且都是平民之女。

　　原来，越国南境，为多山地区，其中有一座山叫苎萝山。山下有两座村庄，一座在西、一座在东。两村居民以施姓为多，也有一些外来的杂姓。西村有一户打柴的人家，户主名叫施樵。施樵三十多岁，生得一副好身板、好力气。他每日上山砍柴卖钱，百十斤的柴火从山上挑下来竟不显得费劲。尽管如此，一来柴火价格贱，一担柴卖不了几个钱，二来家中子女四五个，最小的一个才两三岁，因此生计十分困难。当长女长到十二三岁时，施樵便让她帮助母亲干活。由于村子靠山，这里多数人家都栽桑养蚕，并用蚕丝织成纱绢顶税赋或换钱。纱绢织成之后须在河水里浣洗，施樵的长女从小就学会了干这活儿。到了十五六岁上，施樵这个女儿出落得如花似玉，远近闻名，方圆数十里，无人不知施家的女儿长得漂亮。但因外人不知此女的名字，只知其住在西村，便叫她西施。

西施姑娘生性开朗活泼，又好唱歌，那歌声如莺啼燕语，委婉动人。她每天清晨踏着青石板铺就的小路，肩挎一个篮子，篮内装着母亲头夜刚纺好的纱，顺着一级一级石阶来到家门前的那条小溪旁时，做的第一件事，就是对着水面进行梳妆。这倒不是有意卖弄和显示自己的美貌，而是因为家里贫穷，买不起青铜镜。但以后就有传说，说西施临水梳妆，河里的鱼儿见其貌美，都自惭形秽，沉到水底不敢出来。溪的对岸，与西施家正好隔水相望，住着一姓郑的农户。郑家是男种稻，女养蚕。家中两个女儿，长女叫郑旦。郑旦也长得国色天香，与西施恰成一对儿。有时，两人同时来到溪水畔浣纱，溪畔的其她众姐妹便戏称她们是竺萝山下的一对并蒂莲儿。郑旦性格矜持、内向，沉默少言，而且，由于家中没有儿子，比起西施来，郑旦受到父母的宠爱要更多些。

当越王选美诏令下到各县时，有人立即就将施家村的这一对天仙上奏朝廷，并很快被范蠡选中，又获得勾践的首肯。西施、郑旦被选上以后，在越都城东六里的土城内集中训练，土城称"美人宫"（今浙江绍兴西施山遗址）。宫高数仞，上有台，台东有亭，亭前有脂粉塘。一时间，越国国人慕美人之名，争相到此观看，道路都为之壅塞。范蠡于是将西施、郑旦停于别馆，传令："欲见美人者，先给金钱一文。"并设柜收钱，结果钱柜顷刻而满。如此数日，所得金钱不计其数，范蠡将它们全部存于府库，以充国用。西施她们在美人宫期间主要接受适应宫廷生活的各种训练，吃饭、穿衣、走路、站立、奉茶、递水、盥漱、沐浴乃至于侍寝、舞蹈、吹拉弹唱等，从礼仪谈吐到化妆蛊媚无所不包，据说这些由范蠡亲自负责调教；而两人朝夕相处，也渐渐萌生了爱意，但为了越国，西施又不得不忍痛接受命运的捉弄，答应去吴国迷惑夫差。

学习训练了三年，文种、范蠡认为基本已达到要求，可以派到吴王身边了。于是就于夫差十一年，也就是公元前485年，由文种带着西施、郑旦坐着宝车，来到吴国。

文种面见夫差道："越王得到天赐的美女，不敢享用，所以派微臣前来晋献大王。如果大王喜欢她们，不觉得丑陋，那么就请收下她们为吴宫做些洒扫的工作吧！"

夫差一见，顿时眉开眼笑，色眯眯两眼直直地盯住西施、郑旦，久久不舍得离开。然后道："两位美女抬起头来，让寡人看看。"

西施、郑旦徐徐抬起头，夫差睁圆了眼睛，恨不得立刻把西施、郑旦搂到自己怀里来，不由得站起，欲走下殿来。立于一旁的伍子胥，不住示意，夫差这才勉强停住脚步，重新坐回龙椅上，但眼睛一直没有离开西施、郑旦。他十分高兴地说道："勾践美意，寡人若是不收，岂不扫了大家的兴，哈哈哈哈……"

伍子胥急忙进谏道："不可啊，大王！此两人不能接受。臣闻'贤士是国家的宝贝，美女是国家的灾祸'，从前夏亡于妹喜，殷亡于妲己，而褒姒一笑倾国，更是眼前的事情。五色可令人目盲，五音可令人耳聋，大王不可不察啊。我听说越王朝书不倦，夜读通宵，而且还聚勇士数万，奉行诚信，实施仁政，听从谏言，进用贤才。此两人这分明是越国派来迷惑大王您的呀！如果一定要接受她们，吴国日后必有祸殃！"

夫差不以为然地看着伍子胥，挥手示意收下美女安置在后宫。

伍子胥苦谏无法，只得悻悻而退。

夫差接受了勾践进贡的西施、郑旦以后，确实非常宠幸她们，常常一手拉着西施，一手拉住郑旦，得意忘形。后宫之中，更是天天寻欢作乐，歌舞达旦。不仅如此，夫差还准备专门为西施建造宫殿楼台。

信息传到越王那里，勾践高兴道："此招果有奇效。如今夫差打算为西施建造宫殿，我们能做些什么？"

文种道："吴王好女色，我们奉献美女；吴王好筑宫殿，那我们就采集名山神木，奉献良匠巧工，让他大造宫苑，损耗国家的物力、人力和财力。"

越王点头称是，采纳了文种的计谋，派采伐人员三千余名，在浙东的山林中采伐了一年，将伐到的好木材通过水路运来吴国。木材之多，竟使灵岩山、姑苏山之间的河道堵塞了。史书称其"积木三年，木塞于渎"，今苏州市吴中区木渎镇名由此而来。而所运的木材，质量也是上乘的，据说有一根文梓、一根複楠，高五十寻，粗二十围，这在当时也是十分少见的。

夫差不知是勾践、文种之计，更加坚信这是他们畏吴神威的诚意行为，内心非常欣喜。

只有伍子胥出来谏阻："大王不能接受啊！从前商纣建造鹿台，弄得人民生活困厄，国库空虚，结果自取灭亡。还有楚灵王，他不修君道，修建章华台，挖凿大山为石椁，还引汉水来将其围绕，想模仿帝舜的坟墓，最后民心尽失，打仗时军队溃散，他自己孤身逃出，在山林里六神无主，走了三天也没吃上一口东西，最后惨死。勾践绝无忠吴之意，越国亡我之心不死，前车之鉴大王不能不吸取啊！"

一旁的西施闻言冷笑道："伍先生这话未免太过了吧！什么叫'越国亡我之心不死'，那我也是越国人，难道我也要加害吴王吗？我虽为女流之辈，却也知道什么是真忠，什么是假忠。越王抛弃守卫边疆的大事，亲自率领他的臣民来归顺大王，这是他的道义；他挖空金库，献出珍宝，搜尽山林，献上良木，不计较过去的恩怨，这是他的诚信；当初大王患病，他却不怕脏臭，亲口为大王尝粪辨病，这是他的慈善。这三种品德都有了，难道伍先生一定要看到大王杀了越王，被天下人指责你才甘心？现在这样难道不好吗？是不是一定要吴越两国不和，百姓为战事受苦你才开心啊？"

夫差闻听西施的话，也怒道："爱妃所言极是。想寡人那时患病三月，竟听不到一句相国安慰的话，吃不到一口相国献上的美味，这样既不仁爱也不慈善，难道就是相国所说的忠吗？"

"大王，鱼因为一时痛快而死在诱饵上的事是常有的啊！大王认为越王归顺吴国就是道义，挖空金库就是诚信，尝粪辨病就是慈善，殊不知这些都是表象呀！其实越王为奴，这是他谋虑深远；挖空金库而不露怨恨，这是他在欺骗大王；他尝您的粪，是想要吃您的肝啊！"伍子胥苦口婆心道。

"相国你就歇歇吧！不要再说这些话了，寡人没耐心再听你说这样的话了。"夫差根本不听伍子胥的劝说，还是收下了越国献上的优质木材，大兴土木，建造宫苑。

首先，他在灵岩山上建造了馆娃宫。灵岩山位于苏州吴中区木渎镇西北，距苏州古城十多公里，海拔一百八十二米。山多奇峰异石，以状如灵芝者为最，故名灵岩山。因山上筑有城墙，也有城门通道，所以又名石城山。山中风景秀丽，向有"灵岩秀绝冠江南"和"灵岩奇绝胜天台"的美誉。夫差筑宫于山巅，宫中铜沟玉槛，饰以珠玉，以为美人游玩休息之所。吴地人称美女为娃，娃宫。又凿空廊下土地，将大瓮铺平，故将此处命名为馆。覆以厚板，建响屟廊，令西施与宫人在上面行走，以听其铮铮之声。

除此之外，灵岩山还建有玩月池、玩花池；又有一口井，名吴王井，井泉清碧，西施常在此照泉而妆；山巅有琴台，西施一有空就来此操琴；山腰有个洞，名叫西施洞，夫差与西施曾同坐于此；洞外山石旁俗名西施坞。夫差又命人种芳花于香山，使西施等美人泛舟采香。从灵岩山南望，可以看见一水笔直，俗名采香泾或箭泾，泾后讹作径。可以想见，当年的馆娃宫，耗资之巨，工程之大，是绝不在清朝颐和园之下的。在兴建馆娃宫的同时，夫差还在原来姑苏台的基础上，"高而饰之"。

对于大兴土木给人民带来的灾难，夫差浑然不知。

太宰伯嚭收受了越国文种等的贿赂后，故意粉饰太平，将生活在水深火热中的百姓说成是安居乐业。夫差本就是好大喜功之人，闻听此话，当然对伯嚭也就更加宠信了。伯嚭得了两头便宜，还不满足，总是在夫差面前千方百计诋毁伍子胥，挑拨他们的君臣关系。

刚开始夫差还将信将疑，可是怎奈伯嚭察言观色，几次三番地在非常关头加油添醋，搬弄是非，说一些带有暗示性的话。

一次，在伍子胥直谏未得夫差允可之后，伯嚭对夫差道："身怀智谋，却不能竭尽自己的才智辅佐国君，这是不忠；虽能竭尽才智，却遇到困难退缩，这就是不勇；自己是个臣僚，却对君主说三道四，指手画脚，甚至指使命令，这就是犯法。臣以为伍子胥进谏，看上去离大王好像很亲，骨子里却很疏远，似乎有外心吧！"

过了一段时间，伍子胥对夫差兴建馆娃宫、大肆铺张之事又有微词，伯嚭趁机又向夫差道："春天来了，百草应时而生长。大王想办的大事，我们作为臣子的一定要竭尽全力辅佐，助其成事，哪里可以违背君王的旨意呢？"

就这样，夫差对絮絮叨叨的伍子胥越发地讨厌了。

一次，伍子胥邀好友被离来家中做客，正巧夫差的言官也来伍府拜访。三人坐定，伍子胥无限地感叹道："吴王不顾国家社稷的安危，竟然听信一些不切实际之人的胡言乱语。也怪我，当初怎就没听被离的话，相信了伯嚭，把他推荐给了吴王。伯嚭现在越来越无法无天，根本不顾国家利益，还中伤朝中重臣。吴王听信他的谗言，竟浑然不听辅弼重臣的意见。这样下去，吴国的寿命不会太长久了，我们的吴王也要被越人俘获了。"

他哪里知道，此时的言官已被伯嚭收买。

那位言官离开伍府后，随即去拜见了夫差，露出一脸惭愧而又忧苦的神色，不发一言，只是泪流不止。

夫差感到很奇怪，问他道："伯嚭和伍子胥都是先王托孤之臣，你倒说说这两人孰奸孰忠啊？

言官道："我有顾虑啊，我说出来如果您能够去做，这当然是好；但若您不能去做，我说了就死定了。"

夫差道："你说吧，寡人赦你无罪。"

见夫差如此信任，言官添油加醋，大胆诽谤道："今天我去看伍子胥，他正和被离坐在一起，谋划事情，他们表情异样，好像有要加害君王的意思。伍子胥这个人表面上忠心耿耿，而其实是险恶到了极点。他连死去的故国君主都不放过，这样的人大王是亲近他还是不亲近呢，是放逐他还是不放逐呢……"

夫差若有所思，没有多言，示意言官退下。

夫差十二年，也就是公元前484年，越国欠收，勾践又派文种来到吴国。文种再次用重金买通了伯嚭，求见到了夫差。

文种对夫差求援道："越国地势低洼，风不调雨不顺，今年收成非常不好，百姓饥饿极了，都聚集在道路上乞讨。越王知道您素来仁厚，爱民如子，所以派我来向您诉说情况，请求您借些粮食给我们，明年庄稼收割后我们立即归还。"

夫差道："越王诚信守道，对我们从来忠诚不贰。现在遇到困难向我求援，我岂能吝啬财物，使他们的愿望落空呢？"

伍子胥正色出列，谏阻道："不可。越有贤相范蠡，勇而善谋，越王派使者前来请求借粮，很可能是以借粮来探测我们国力的虚实，以作为进攻我国的决策依据，并不是因为真的国家困厄、人民饥饿啊！大王，这借粮之事，实质上是有百害而无一利啊！"

夫差不以为然道："寡人使越王屈服并占有了他的人民，占领了他的国家，勾践是羞愧万分，由衷地臣服。他为我驾车，在车前马后奔走，这是各诸侯国家都知道的事实，现在我让他回国供奉宗庙，恢复社稷，他又岂敢有反我吴国之心呢？"

伍子胥看了一眼文种，然后道："越国困厄，人民饥饿，我们可以利用这个机会攻击越国。如今我们却反而给他们输送粮食，维持越国的命运。这好比狐狸压低身体伪装自己让野鸡相信自己已被征服，放松警惕，好最后将野鸡吃掉。这样有关国家存亡的大事，能不慎重吗？"

夫差道："伍先生何必危言耸听呢？勾践为国向我借粮，我施以援手，这叫恩往义来，本是好事，我有什么可担忧的呢？"

伍子胥见夫差不信，激动道："我听说，狼子有野性，仇敌不可亲。'国以民为本，民以食为天。'现在大王不顾国家的根本，而借粮给国家的仇敌，那么总有一天越国会攻破吴国的。"

伯嚭见机，插话激怒夫差道："我看伍子胥为人，总是想违背大王的心意，总是要表明自己的主张完美无缺。如果真是这样，难道我们英明的吴王会自己不知道自己的过错吗？"

伍子胥不屑道："伯嚭！你本来就想借此机会求得越王的青睐，以求收受更多越国贿赂的美女和财物。你对外勾结敌国，对内迷惑君王，还有脸在朝堂之上说这样的话，真是恬不知耻！"转而他又对夫差道："请大王明察，不要被您周边的众多小人玩弄欺骗，不要听信太宰的话啊！"

夫差不以为意道："你屡次拂寡人之意，这难道是忠臣的做法吗？"

伯嚭见时机成熟，连忙从旁帮衬，他对文种道："你们明年必还，不可失信啊！"

文种急忙应答："大王哀越救饥，这是天恩大德，我们怎敢不如约偿还？"

夫差于是允准文种领万石谷物归越。

第二年，越国大熟。勾践问文种道："寡人不还吴国粮食，则失信于吴；如若还它，则损越利吴，如何是好呢？"

文种思索一番，然后道："大王可以选出精谷，把它蒸熟，让夫差发给臣民去做种，断其收成。"

勾践听后大呼其妙，于是就暗中以熟谷还吴，斗斛不少。

夫差浑然不知，还高兴地夸道："越王果真诚信守诺啊！"又见其谷粗大，就对伯嚭道："越地肥沃，他们的种子也一定不错，可以发给我们的臣民去作为稻种啊！"

于是，当年吴国普遍播种了越国的谷种。蒸煮过的谷种，根本不能生根发芽，全都烂死在田里。吴国想要再补种，却已经过了播种的时节，这一年吴国颗粒无收，发生了饥荒。有些地方百姓到了易子而食的地步。

可是伯嚭文过饰非，报喜不报忧，将各地请求朝廷赈济的代表全都拦在了朝堂之外。吴王夫差全不知情，继续纵欲享受，穷兵黩武，在越国的灭吴之计中愈陷愈深。

勾践想趁吴国饥荒进兵，但范蠡、文种等越国重臣认为时机尚不成熟，伍子胥尚在，而且"十年生聚，十年教训"还没有结束，劝阻越王，待机行事。勾践同意了。

甘嫫病危，临危托孤

夫差哪里知道由于其一心争霸中原，连年打仗，加上越国的籴粮之计，吴国已经国库空虚，百姓怨声连天。

一次，伯嚭引领文种进宫，觐见吴王夫差。文种行礼道："寡君听子贡说，大王要举兵伐齐，特派臣来请问大王出师日期。寡君要悉四境之内，选士三千，跟从大王伐齐。寡君愿披坚执锐，为大王前锋，亲受箭石，死而无怕。"

夫差听了文种的话，深受感动，叹道："勾践对寡人这样忠心赤胆。寡人几乎误听子胥的话，起兵灭越，错杀忠良了。"

伯嚭趁机进言道："越王自请为大王前锋，是信义之人。臣以为，大王如果役其众，又役其君，太过分了。大王不如许其师而辞其君，以示大王恩德。"

夫差道："太宰的话，正合寡人心意。"对文种道，"子禽传寡人话，勾践可派一名将军率兵，随寡人伐讨齐国。"

文种行礼道："臣遵命。"

夫差又排宴赐饮文种，命令他传话给勾践，让他派一名将军率兵明年孟春入吴，会同吴师伐齐。

文种回越国的前日，太宰伯嚭置家宴为文种送行。席间，让主妇宓娇侍酒，命倡伎歌舞助兴。文种酒酣，对伯嚭道："子禽有一句话，不知太宰愿不愿听？"

伯嚭道："我和子禽、少伯，以至越王，相交多年。如果弃公言私，都是好朋友了。子禽有话，但说无妨，不要见外。"

文种道："既然这样，我可要直说了。"和伯嚭邀饮一杯，说道，"越王贡献，都是先送太宰，后贡吴王，从未送给伍子胥。伍子胥恨越王，也恨太宰。我料，伍子胥不会善罢甘休，必会伺机劝谏吴王，先灭越王，后灭太宰。这次亏得太宰美言，才使吴王不纳伍子胥建议，否则越国危亡，太宰也危亡了。"

文种说完，察观伯嚭颜色，只见伯嚭若有所思，低眉不语。宓娇一边斟酒，一边说道："子禽说的极是。伍子胥一天不死，不光是越王的祸患，也是夫君的祸患。"伯嚭仰面吐气，许久才叹道："诛杀伍子胥，不是我伯嚭能办到的。要杀伍子胥，要借吴王之手。如今吴王心在齐国，不在伍子胥。吴王屡遭伍子胥犯颜强谏，厌恶伍子胥已久。我听说，子胥之妻甘媞，已经病入膏肓，不久于人世。子胥有咯血的内疾，而且年事已高，即使不杀他，他也活不长了。"

文种道："太宰是否顾虑和伍子胥同为楚国人，念他昔日收留之恩，不忍下手？"

宓娇也道："伍子胥和妾有不共戴天之仇，妾恨不能吃其肉而寝其皮。夫君为什么不替妾报仇泄恨，反而容他善终？"

伯嚭冷笑道："不是，不是！不是我伯嚭不忍心下手，也不是念他当初收留之恩而善待其终。伍子胥是先王委国之臣，有恩于先王，有大功于吴国，即使大王要杀他，也不得不有所顾忌。子胥一天不死，我伯嚭食不甘味，寝不安枕。圣人云：'时不到，不可强谋。事未竟，不可强成。'要杀伍子胥，必须伺机而行，方保无虞。"

伯嚭为了探听甘嬥的病情，派家臣王孙熊前往相府问疾。

伍子胥正坐在甘嬥的床前，饲喂甘嬥服饮汤药。甘嬥喝完叹道："妾和夫君成婚二十余载，心愿和夫君白头偕老，想不到妾要弃夫君先去了。"说完，泪如雨下。

伍子胥安慰道："人吃五谷，生五疾，是天道啊。你宽心养病，过了冬天，开春病就会好了。"

甘嬥道："夫君不要骗妾。妾已经病入膏肓，治不好了。妾早晚撒手离去，有一句话，不知夫君能听吗？"

伍子胥道："你我老夫老妻，我依你。你说，我一定依你。"

甘嬥道："妾听说，自古泊今，王侯无信，可共患难，不共富贵。夫君昔日从楚奔吴，荐专诸、要离，刺吴王僚，诛庆忌，才有吴王阖闾的君位。先王待夫君不薄，爵宰相，委以国政。夫君和孙武，五战败楚入郢，有大恩于先王，有大功于吴国。然后夫君又受先王之托，辅佐夫差即位，大败越王于夫椒。然而，大王不念夫君位重功高，不纳夫君忠言，荒淫酒色，宠信奸佞。夫君屡谏吴王灭越，大王已经厌恶夫君了。妾料到，夫君如果不放弃官职，学孙武隐遁异乡，久后必被大王和伯嚭杀害。妾劝夫君，听从孙武的劝告，为时还不晚。"

伍子胥低头思虑半天，才长叹一声，握住甘嬥的手说道："我毕生的心血，都流在了吴国。先王昔年收留我，爵我高位，让我举兵伐楚报仇。这是高天厚地之恩，我伍子胥怎能背忘？先王临终之时，说夫差愚而不仁，勇而无谋，托国于我。我如果看着越国人灭亡吴国，有什么面目得见先王于地下？史鰌、渔丈人为救我丧身而死。专诸、要离为我也为了吴国，先赴黄泉。如今吴国面临危亡，我若贪生而隐遁，不但被世人唾骂，也被死人耻笑。主妇，请你宽宥老夫，悖你之情了。我不能走。我不能眼看着吴国亡在昏王奸佞之手而坐视不管。纵然夫差恶我忠言，杀我伍子胥，我也无悔。我伍子胥只要对得起先王，对得起那些为我付出生命的先人，对得起吴国的百姓，死而无憾。"

伍子胥说到这里，涕泗滂沱，声不能言。甘媭努力举起枯瘦的手，替伍子胥抹泪，一边叹道："妾明明知道劝你徒劳，但是又不能不劝。夫君誓志为吴国而死，妾也无怨言。只有一件事，夫君万万要依妾。"

伍子胥双手抚摩着甘媭手背，说道："除却劝我归隐而外，我都依你。"

甘媭道："大儿子伍俍，是伍氏的长孙，后来嗣给专诸，更名专毅。毅儿死在淮泗战役了。小儿子伍封，是伍氏一根独苗，妾将弃人世，不忍心伍氏将来断嗣绝祀。我请夫君，给封儿留一条生路。"

甘媭说完，爬起身来抱住伍子胥恸哭。伍子胥抚摸着甘媭的脊背，说道："主妇不要悲伤，不要悲伤。我已经为封儿安排好退路了。"

甘媭问道："夫君要让封儿去哪里？"

伍子胥道："我去年出使齐国，已经把封儿托付给齐国大夫鲍息。鲍息先父鲍牧，是我的挚友。鲍息是鲍叔牙的后代。鲍氏是齐国的旺族。封儿有鲍氏庇荫，十分安全。"

甘媭松了一口气，叹道："既然是这样，我就走得心安了。"

甘媭话音刚落，突然听见有人说道："谋而无行，形同无谋。"

伍子胥夫妇大吃一惊，抬头一看，正是大夫华元。

华元拱手道："华元来到多时了。听宰相和主妇说话，不敢打扰。宰相既然把贤侄托付给鲍息，为什么不让他早走？吴王已经决意起兵伐齐。越王勾践派文种朝吴，应允率三千精甲，跟随大王伐齐了。贤侄不立即去齐国，就去不了啦！"

伍子胥犹豫不决。甘嬷说道："夫君趁妾还有一口气在，让妾亲眼见着封儿离开吴国，妾才死得闭眼。"

伍子胥含泪点头，唤过伍封道："封儿，你即刻离开吴国，前往齐都临淄投奔鲍息。你过来，给你娘磕头辞行。"

伍封听了大惊，慌忙跪倒在地，膝行到甘嬷床前，以头击地，哭道："娘，孩儿不愿离开娘。娘，孩儿不走，哪儿也不去。"

甘嬷伸出手来，抚摸着伍封的头颅，说道："封儿，听娘话，听爹的话。让你去齐国，是娘的主意。"

伍封哭叫道："娘啊，你为啥让儿走？儿哪儿也不去。儿要守着你，娘啊。"甘嬷泣道："封儿，你是伍氏一族的独根孤苗，娘和你爹不能让你待在吴国。姑苏是个是非之地，离则生，留则死。"

伍封道："娘，爹，你们为什么不随孩儿一齐走？"

甘嬷叹道："你爹是相国，怎能弃国而去。娘也是将死之人，就让娘在地下和你阿香姨做个伴吧。封儿你去了齐国，要尊鲍息为兄。伍、鲍是世交，到了齐国，就到了家了。"

伍子胥道："封儿，你寄居齐国鲍氏，不可用伍姓，暂且用王孙封名姓存世。等待齐、吴太平之后，才可以复归伍氏。切记。"

伍封朝伍子胥行礼，说道："儿，遵嘱。"

伍子胥叫过弘渥道："弘渥，你是专毅的卫士。自从毅儿死在淮泗，你跟随我车前马后数十载，老夫一直以儿子待你。你今天护卫你小弟伍封，去齐国临淄。从今往后，你二人名为主仆，实以兄弟相敬。你兄弟俩身在异邦他乡，务要患难与共。"又命令伍封道，"伍封，你过来，给你弘渥大哥磕头。"

伍封倒身朝弘渥下拜。弘渥惊恐万状，慌忙跪倒，双手抱住伍封道：

"小主人，使不得，使不得。"边说一边抱住伍封，二人号啕大哭。

华元站在一旁，也止不住流下老泪两行，对伍子胥道："宰相让孩儿们速走，迟则生变。"

伍子胥对伍封、弘湼道："你们即刻动身，驾劲马辂车，出望齐门，经淮泗一路去齐国。快，给你娘、华伯父，辞行。"

伍封、弘湼向甘嫫、华元下跪辞行。家奴已经备下车马行囊，二人腰悬宝剑，上车出府。伍子胥、华元送到门口。伍子胥叫道："封儿、弘湼，等等！"回身命令奴仆马悠崽道，"悠崽，取我大戟来。"

伍封、弘湼下了辂车，垂手而立。片刻，马悠崽扛来一支铁戟，伍子胥接过对弘湼道："这杆大戟，随我征战多年了。弘湼，我今天把这个老伙计送给你，留个念想。"

弘湼跪伏尘埃，哭道："相爷。你放心，有大戟在，有弘湼在，当保小主人无恙。"伍子胥一手拉起弘湼，又十分疼爱地抚摸手中的铁戟，双手递给弘湼，扭转身泣道："走，你们快走。"

伍封大恸，朝着伍子胥后背行礼。弘湼把伍封拉到车上，扬鞭驱车，驰往望齐门而去。

华元解梦，激怒夫差

这天吴王夫差宿在姑苏台，让嬖臣闵绅从后宫把文种献来的越国美女挑选了十人侍寝。夫差夜御十女，天亮神志恍惚，梦见伍子胥站在面前，手握剑柄，目眦俱裂，厉声喝道："夫差，你这个愚而不仁、勇而无智的昏君！老夫扶你登上吴国的王位，失策了。先王托我辅佐你，你却专宠伯嚭，不进我伍子胥一句忠言。圣人言：安不忘危，存不忘亡，胜不忘败。少康以十里之邑，五百之众，能灭寒浞，复兴夏国。你赦勾践回越，如今越国集兵训武。勾践又有范蠡、文种、诸稽郢、计倪等人相辅，志在灭吴复仇。你还不知警觉，竟然做起举兵伐齐称霸诸侯的美梦！可笑，夫差！吴国灭亡在即，勾践的刀已经架在你的颈上了！"

伍子胥银髯飘拂，一阵狂笑，忽然消逝。夫差惊醒，衣衫湿透。西施赶到姑苏台，看见夫差梦魇，一边给夫差拭汗，一边问道："大王，你为什么惊恐？"

夫差骂道："伍子胥老贼，竟然目无君王，在梦中辱骂寡人。他竟然指责我，赦越伐齐是亡国之举。"

西施笑道："伍子胥目无君王，大王何不责他犯上之罪？"

夫差道："寡人早就要杀这老贼，以清静耳目。"

西施搂住夫差道："妾听说，大王昨天辛劳，体虚神疲，特地烹鹿血羹，给大王饮。"说完叫宫女献上鹿血羹，西施接过，亲自喂给夫差。

夫差梦进章明宫，只见宫里空无一人。殿角有两只釜，烟火已烬，釜中米饭未熟。宫壁之上，插有两把铁锹。殿堂遍地流水，汤汤而泄，湿其绣鞋。夫差茫然无措。昔日宫女如云、莺声燕语的章明宫，怎么这样荒凉。夫差不由得又往宫院走去，又看见院里梧桐横生，枯蒿遍地，狐走兔奔。耳听到后房传来似钟似鼓的声音，又好像匠人锻铁击砧的声音。夫差不由得朝后房蹑行。近前，声音消逝，只听见有个女子在凄泣。夫差凝神细听，听出是郑旦的啼哭声，才要抬脚前去探个究竟，突然间从南北两边蹿来黑白二犬，朝夫差狂嗥。夫差吓得一个趔趄，栽倒在地，顿觉脑颅生疼，耳目俱盲。

西施突然感觉锦床震动，惊得醒来，就看见夫差头触床沿，脑门上隆起了大瘤。西施慌忙抱过夫差，叫道："大王，大王，你咋啦？怎么磕着了床沿。"又呼宫女道，"快唤医师。"

医师来到，替夫差敷了药，退出寝宫。夫差长叹一声，对西施道："寡人刚才做了一个怪梦，因为躲避犬咬，跌在地上，磕了头颅。想不到竟然是自己撞在床沿上了，吓死寡人了。"又道，"这个梦怪异，寡人难料吉凶。"

西施问道："大王为什么不召太宰进宫，来为大王解梦？"

夫差命令嬖臣闵绅，召伯嚭进宫解梦。伯嚭随闵绅来到姑苏台寝宫，细听夫差说梦，行礼贺道："大王所梦，吉啊，美啊！臣恭贺大王，得此吉兆。"

夫差惊喜，问道："何吉之有，请太宰说给寡人。"

伯嚭道："臣听说，章明者，是破敌成功，其声朗朗。两釜炊而不熟者，是显示大王德盛，气有余。两犬嗥南嗥北者，是示意四夷宾服，诸侯朝吴。两锹插在宫墙，是喻农工尽力，国富民庶。殿堂溢水者，是示意朝贡不绝，府库财货充盈。后房钟、鼓、锻声者，是宫女悦乐，声相和谐。前院梧桐者，以表示桐作琴瑟，音调娱悦。臣以为，大王此梦，美不可言。"

夫差听了伯嚭谀言，又喜又快然，又道，"寡人听说，被离善卜，也善解梦。可惜，被离隐居了。"

伯嚭心念一动，想到华元性倔，说话直率，为什么不让他来为大王解梦？让华元讽刺大王，再让大王杀华元。只要华元一死，伍子胥折断一臂，再杀伍子胥就容易多了。伯嚭想到这里，满脸堆笑，对夫差道："大王为什么只想到被离？臣听说，华元大夫不但善解梦，也善卜，不逊于被离。大王召华元进宫解梦，能释大王疑惑。"

夫差听从伯嚭建议，让闵绅召华元进宫。闵绅到华元府中，说到大王召他进宫解梦。华元道："华元请闵绅兄先行。老夫更衣，即刻进宫。"

闵绅躬身道："大夫消停更衣。我在门外等候大夫，同车进宫。"说完出门。

华元见闵绅退出，一边更衣，一边涕泪横流。其妻拓氏讥笑道："大王召你解梦，你为什么悲伤？"

华元仰头叹道："我为什么悲伤？你怎么能知道。"又道，"我料到今天进宫，绝无善终，所以悲伤。"

华元更衣完毕，上了闵绅的辂车，驰到姑苏台。华元朝夫差行礼，礼毕站在一旁，听夫差细说梦境。

华元等夫差说完，笑道："怪啊！大王的梦，是兆兴师兵伐齐国。"

夫差惊问道："寡人的梦，和兵伐齐国有什么关系？"

华元道："臣以为，大王梦走章明宫，章者，是喻战之不胜，走章皇。明者，去昭昭，走冥冥。两釜不熟者，是大王败走，不吃火食。白犬北到，黑犬南来，比喻齐国和越国。黑犬喻越，黑为阴类，喻大王败在越国。两锹插进宫墙，是越兵入吴，掘社稷。流水入殿，波涛涤荡，是王室已空。后房声泣，是宫女为俘，凄泣。院横梧桐，桐作棺椁，以待殉葬。臣以为，大王如果要破解恶梦凶兆，应当取消伐齐。大王命令太宰伯嚭解冠肉袒，行礼谢罪于越王勾践，则大王国可安，身可保。"

伯嚭一旁听了，又惊又恼，慌忙行礼奏道："大王不要听信华元妖言。华元受伍子胥指使，编此谎言，阻挠大王出兵伐齐。华元匹夫，目无君王，竟然毁谤大王伐齐是亡国之举，应该斩首。"

华元跺脚骂道："伯嚭奸贼，你忘了当初逃亡吴国，无依无靠，是伍子胥收留了你！你军降兵败，先王和孙武都要杀你，是伍子胥替你说情，才赦你不死。你这个忘恩负义的小人。你今天居高官，食重禄，不思报恩，不思忠心事主，诌谀惑君。以后勾践灭吴，怎能留你狗头？"

夫差大怒，喝令道："石番在哪？"

石番跪道："臣在！"

夫差指着华元道："这个匹夫，和伍子胥串通一气，一味胡言，不杀他必然惑我军心。你取铁锤，给寡人击杀这个老匹夫！"

石番道："臣，遵命。"

石番率领众卫士，把华元架出宫门。

华元扭回头，朝夫差骂道："夫差，你这个无知的昏王！吴国就要断送在你的手里了。你是一个千古罪人！"

夫差狂笑道："这匹夫自以为忠，身死无辜！把他抛尸荒野，让狼吃其肉，风扬其骨。"

华元被石番用铜锤击杀，抛尸阳山。

夫差信馋，子胥自刎

夫差对伍子胥日益感到厌烦。尤其他听伯嚭说伍子胥与外敌有勾结，并把儿子托付给了齐国的鲍牧后，更是对伍子胥失望至极。

一天，勾践亲率群臣到吴国来朝，并贺吴国战胜楚国。夫差置酒于文台之上，和勾践欢宴。诸大夫皆侍立于侧。

夫差道："寡人闻之'君不忘有功之臣，父不没有力之子'。今太宰益为寡人治兵有功，寡人欲尊其为上卿；越王对寡人实行谦孝有礼，寡人欲奖其助伐之功，再增其国，各位意下如何啊？"

群臣皆表示赞同，他们齐声道：大王躬行至德，虚心养士。群臣并进，见难争死。名号显著，威震四海。有功蒙赏，亡国复存。霸功王事，咸被群臣。

这时伍子胥却伏地涕泣道：於乎，哀哉！遭此默默。忠臣掩口，谗夫在侧。政败道坏，谄谀无极。邪说伪辞，以曲为直。舍谗攻忠，将灭吴国。宗庙既夷，社稷不食。城郭丘墟，殿生荆棘。

夫差见伍子胥出此不吉不敬之语，大怒道："过去我的先王德高圣明，打败了楚国，在诸侯国中立下了威名，你也出了一份力。现在你已经老了，应该安心过闲适的生活，但是你却不识好歹，一次次败坏寡人的兴致，在朝堂之上目无君王，大放厥词。我见你是老臣，不忍加诛，你却不知自省，得寸进尺。你回去吧，寡人不想再见到你了！"

伍子胥闻言，难过地说道："过去我们先王一直有辅佐的贤臣，用来帮助解决疑难，商量权衡得失，所以国家没有陷入大难，吴国可以世代延续。如今你抛弃老臣，听信奸佞小人之言，只看到眼前小小的利益而欢喜，却留下了更大的忧患也不知道。吴国的国运已经很短了，我是不忍心称病退避在家而看到你被越国人所生擒啊！"

夫差恼羞成怒，喝道："贤臣？你也敢称贤臣！你仗着自己是老臣，三番五次对寡人不敬，寡人都不与你计较，可你却暗通齐国，还将你的宝贝儿子送给齐国的鲍牧，让他改姓王孙氏，真是深负寡人所望，其心可诛。"

夫差当下令侍从把属镂宝剑赐予伍子胥，让其自尽。

伍子胥手扶宝剑，仰天长叹："我竭尽所能，助你父子西破强楚，南服越人，威加诸侯。当时先王不欲立你为君，亏我力争，你才有今天；想不到我却落得如此下场！如今你不顾国家的安危，听信伯嚭的一面之言，吴国的好日子不会长了。从前夏桀杀死了关龙逢，殷纣杀害了比干，今日大王杀死了我，真是天要灭亡我们吴国啊！我愿意挖出自己的眼睛，挂在城门上，让我亲眼看见越国的军队进入城内，大王被越人活捉！"说罢伏剑而死。

子胥一死，伯嚭如愿以偿，当上相国。伯嚭知道被离曾一度建议伍子胥不要推荐自己入朝，故对他一直恨之入骨。但碍于伍子胥的面子，不敢对他怎么样。现伍子胥已死，他便禀奏吴王，说被离与伍子胥实为同党，也应严惩。吴王准奏。伯嚭便处被离以髡刑，将其废为庶人，逐出国都。此后，吴国又两度攻鲁，一度伐齐，皆与之订立城下之盟，奏凯而回。于是，夫差愈发骄横不可一世，却不知越王勾践已然在悄悄做好伐吴的最后准备。

公元前482年，也即周敬王三十八年，吴王夫差听信伯嚭之言，欲学齐桓公的样子，召集诸侯会盟。夫差的计划是要在这次会盟中，当上盟主，这样，吴国就可以在列国诸侯当中，正式确立霸主的名分，不必再只称"东南霸主"了。

伯嚭为夫差谋划会盟一事，说道："诸侯间的最后一次会盟是晋国主持的，到现在已经好几十年过去了。那次会盟，晋国还勉强支撑着霸主的名分。到现在，它的力量已不如吴国了，所以这次会盟只能由陛下来主持。"

"对此寡人当仁不让！"夫差一边听着伯嚭的话，一边摸着胡须，高兴地说。

"但臣以为，晋国虽已衰落，贪鄙之心尚在，未必肯轻易让出霸主的位子。这主持会盟一事，须以武力做后盾，则觊觎者不敢轻举妄动。不然，就会弄出像当年晋、楚两国争为盟主，几乎兵戈相见的场面出来。故此微臣建议，吴国第一次主持会盟，一定要多带精锐甲兵，以树威仪。"

"国中甲兵有十余万，其中精兵七八万。寡人会盟之时，带多少为宜呢？"

"臣以为，多多益善。那会盟之地，惯选在诸侯来往方便的地方。吴国地偏，不如晋国恰处中原地带。倘兵带少了，万一争执起来，调兵不及，则误大事。故陛下此行，必得数万精兵相随，方可保得无虞。"

夫差接受伯嚭建议，选精兵五万六千人，按作虞序列，分为上、中、下三军，一路浩浩荡荡，向中原进发。

为试探此次会盟，诸侯是不是会听命于己，夫差先约鲁君哀公、卫君出公到鲁国的橐皋来拜会自己。两国国君接到夫差召命，不敢不从，相继到橐皋拜见夫差。

见两国国君准时赴召而来，夫差心中大喜，心想：寡人威名，震慑天下，诸侯已闻之丧胆，此番会盟，不愁不成！因此又传谕各国，约诸侯们于五月初三在卫国的黄池正式会盟。夫差犹恐诸侯中有不服者，乃假称会盟之事，为周王所托。其致诸侯之书曰：

有周以来，天子听政，诸侯述职，各守其份。自犬戎侵掠，平王东迁，周室衰微，纷争遂起。各国相攻，战乱无已；兼并吞灭，世无宁日。乃有强者德辅周室，威加天下，上应天命，下奉王旨，会盟中原，以合诸侯。吴王受天子之托，欲与诸侯共商弥兵息战之策，同倡戮力周室之事，驻跸黄池，以俟诸君。

接到吴王的通告，多数诸侯国君不肯轻易前往，心中都想：各诸侯国，均为天子所封，互相并不统属，你吴王凭什么叫我们去会盟？你想当霸主的野心谁不知道，我们又岂能甘心俯首帖耳听命于你？！夫差率大军先抵黄池，在那里等候各国诸侯，谁知等了数日，只有鲁、卫、郝、陈、蔡等几国国君抵达黄池，齐、晋、郑、宋等国之君均未来。吴王只得再次派使者往各国催促。

此时，晋国主政者为上卿赵鞅。晋定公与赵鞅商量会盟一事，说："诸侯会盟一事，虽久已未曾举行，却怎么也轮不到吴国来主持。想当年晋为霸主，拒秦抑楚，扶曹救宋，周天子曾亲自到践土来犒军。夫差自恃国力强大了一点，就不知天高地厚，假借周天子之名，来染指中原，这真是才有了二两颜色，就想开染料铺。这种事情，寡人才不必理它。"

赵鞅却不同意定公的看法。他对定公说："会盟诸侯一事，是从齐桓公那儿开的头，以后秦、楚、宋、晋相继称霸，这会盟便也举行过多次。每次会盟，实际上都是凭武力胁迫诸侯们来参加。会盟的规模，多则十几国，少则四五国不等。虽说有时看起来像徒有虚名，但主持会盟者往往凭此而获得一个霸主的名分，并不时可以借盟主身份来颐指气使，发号施令，一些弱小诸侯国，往往就看它的眼色行事了。晋国号称霸主已几十年，现虽已多年未曾主盟，未见得国力就比吴国弱到哪里。陛下说得对，吴王夫差想主持会盟，不过是想进一步染指中原。臣以为，这次会盟，陛下还是亲自前往，只是主盟一职，要由陛下担任，让那吴王劳而无功，看他还敢觊觎我中原之地否？！"

见赵鞅说得有理，晋定公也亲率大军，开赴黄池而去。

方正贤良

伍子胥

勾践伐吴，夫差灭国

伍子胥被吴王赐剑自裁的消息报到越都，越国君臣欣喜万分，互相称贺。勾践道："众爱卿向寡人献破吴之策，第一策，令吴王兴土木，修台阁宫室，以耗费其钱币，此计已成。第二策，美人计，也颇为有效。听说夫差宠爱西施，已几乎不亲理国政。第三策，以饥荒之名，向吴国借谷，偿还之时所做的手脚居然未被吴人察觉，此乃上天佑庇，神明托福。第四策，离间吴国君臣，使吴王疏忠而用佞。那伯嚭年年岁岁，得寡人珍宝货赂，名为吴国太宰，实同吾越国奸细，伍子胥被诛，伯嚭之功不可没也。第五策，以卑词屈行，养吴王骄满贪奢之心。现在那夫差——提起他，寡人恨得牙就痒痒——果然飘飘然忘乎所以，竟自比于齐桓、晋文，想当中原霸主，伐楚侵越，征齐讨鲁，盛气凌人，不可一世。总有一天，天将诛此逆贼！"勾践越说越气，竟不由诅咒起来。

"兴农富国，奖励生育，修缮武备，整练甲兵，亦是灭吴之策。今距陛下返国已十好几年。俗话说：十年磨一剑。越国的复仇之剑，臣以为已磨砺锋利，现在差不多可以试其锋刃了。"范蠡奏道。

文种也说："子胥被诛，吴无贤臣，伯嚭专政，吴王骄淫，其亡国之兆已露。臣以为，不久定将会天降良机，助我兴兵伐吴。"

司马诸稽郢说："善战者，必有精卒。这些年来，下臣蒙陛下不弃，委以武备重任，训练军队。臣既荷复国之责，又怀会稽耻，夙兴夜寐，不敢有怠。特访于山野草泽，聘得楚人陈音，为士卒教习弓弩之术，又请越女为士卒传授剑术——越女剑法，虽说阴柔含敛，却有以柔克刚之效，足可敌得阖闾剑法。另外，步卒、车乘和舟船阵法，经多年操练，已颇有可观，决非昔日可比。两位相国既已认为伐吴时机已到，身为武臣，在下极想率士卒早上前线，重与吴军较量，必欲雪旧时之恨。臣建议陛下近期可悄悄举行一次阅兵演习，以观军容，以励士气。"

勾践听罢大喜，说道："寡人卧薪尝胆这么些年，无时无刻不在记挂报仇之事。前面有几次，寡人想兴兵伐吴，众卿均以为不可轻举盲动而加以劝阻。今日众爱卿一致认为时机差不多成熟了，我勾践终于等到出头之日了！诸爱卿，阅兵之事，由你安排，安排妥了，寡人将率众臣，观吾虎贲之师，同时进行伐吴宣誓！"

诸稽郢得旨，退朝后立即进行阅师的准备事宜。数日之后，一切停当，越王亲率亲信重臣，前往越师演兵之所。越王车驾在诸稽郢引导之下，停于一高阜处。向下望去，一片开阔地带，四万越国精锐士兵，成四百个方阵，整整齐齐，仃立其间。那由人、车组成的横条直线，犹如矩尺划出一般，纹丝不乱。诸稽郢请越王先看演阵。只听一阵鼓响，中军一杆大旗竖了起来。随着大旗的摆动，四百个方阵，先后被调动起来，盘旋回绕，变化腾挪，分别布成不同阵势。军队一边布阵，诸稽郢一边在旁向越王介绍，哪是巨鳌阵，哪是蜈蚣阵，哪是北斗阵……勾践一边听，一边看那旗幡变换，戈矛行进，嘴里不住地夸赞诸司马治军有方，把一支军队调理得如此严谨有序。其余诸位大臣，也聚精会神，一边看，一边发出"啧啧"的赞叹声。

陆阵之后，越王又分别看了长、短武器格斗、射箭、车战的演习，对士卒们的精湛武艺留下了深刻印象，口中叹道：

"寡人上回伐吴，手中要有这样一支军队，就不会遭受那场奇耻大辱了！"

舟师演习，由于目标过大，怕被吴人探知，就没有进行。

演习之后，军队重新聚集演练场，站成四百个方阵。越王在文武重臣护拥下，驱车来到阵前。越王拔出佩剑，执于胸前，以冷峻的目光扫视了一遍面前的士兵，说道："十年磨剑，功在今日；天不灭越，还报吴仇。君臣同心，士卒同力，兴越灭吴，以飨祖宗！"

站在第一排的几个方阵的士兵，用铿锵的语调，将越王的誓词复述一遍，然后，第二排、第三排……方阵的士兵也依次复述。士卒们情绪饱满，声调激昂，慷慨之气，直冲云天。那如海潮般一波接一波的誓词冲击着勾践的耳膜，勾践体内的血沸腾起来。他想象着越军挥师北上，扫荡吴军的情景，一股积压了多年的情绪似乎正在喷礴而出，他的双眼不由得一下子被泪水模糊了起来。

阅师之后，勾践命人时时关注吴国动向，以寻找伐吴的可乘之机。

这一机会很快就来了。

勾践见吴国精兵皆北上黄池，独留老弱与太子留守国中，大喜过望，于是调集了熟悉水战的"习流"两千人、经过训练的出众者"俊士"四万人、亲兵"君子"六千人、各种勤务兵"诸御"一千人，分兵进攻吴国。一路由范蠡带领舟师沿海北上入淮，狙击可能从黄池回救的吴军主力；一路由畴无馀领军作为前队从太湖出发，挖越来溪，先行到达吴都郊外。

吴国的王孙弥庸得知越军来犯，自告奋勇，请缨出战。没有几个回合，畴无馀就失足落马被擒。

第二天，另一路越军由勾践率领跨过吴淞江也到了吴都。太子友本想守城，可是王孙弥庸初胜成骄，认为越人畏吴之心尚在，如果将他打败，他们一定逃走；即使不胜，到时再守城也为时未晚，于是与太子友一起出师在泓（今江苏苏州石湖、七子山一带）迎敌。不料越军训练有素，弓弩剑戟十分劲利，何况泄庸等人都是老将。吴军不能抵挡，王孙弥庸被杀。太子友陷于越军，冲突不出，身中数箭，深恐活捉被辱，自刎而亡。

越兵乘势直逼吴都城下，吴将王子地只得紧闭城门，一面率士兵、民夫一同把守，一面使人北上向夫差告急。勾践一时攻不下吴都，就留水兵屯于太湖，陆营屯于城外胥门阊门之西；命人焚烧姑苏台，越军大舟也都被徙于太湖中。吴军不敢复出，只等待吴王救兵，但吴都城外珍宝、粮仓都被越军洗劫一空。

那时，夫差在黄池与晋定公等争霸主。晋定公认为其是世主夏盟，不能让。夫差则认为吴祖是太伯，是周武王的伯祖；晋祖是叔虞，是成王之弟，应是吴居上。

在争论不休时，传来了越军来袭的消息。随同前往的伯嚭怕走漏风声，齐、鲁、晋将乘危生事，拔剑砍杀了报信者。

夫差更是大惊，当夜就安排三万六千兵丁，半夜击鼓，三军齐呼："周王有旨，命吴王主盟中夏，今晋君逆命争长，不能听命，从与不从，决于此日。"

诸侯们见状，只得同意吴王为先歃，晋侯次之，鲁卫等又次之，并滴血为盟。夫差虽夺盟主，但草草了会，即班师从江淮水路而急回吴都了。实际上，黄池之会并没有给吴国带来实际利益，反而加速了吴国的灭亡。

夫差率众军途中又接报告急，军士们已知家园被袭，心灰意懒，加上远行疲乏，皆无斗志。没多久吴军与范蠡的越军相遇，吴军大败，无力再与越军作战。夫差遂派伯嚭前去求和。伯嚭无奈，只得进入越军，稽首拜于勾践，求勾践赦吴之罪，并承诺犒军之礼恢复如旧。勾践与范蠡商量下来，考虑到吴国还有一定实力，就暂时放弃了灭吴计划，同意讲和。越军退兵后，战战兢兢的夫差才复归吴都。

夫差十七年，也就是公元前479年，吴国又逢饥荒，举国上下赤地千里，饿莩遍野。夫差为争霸而进行连年的战争，已使国库空虚。楚国见状，又派子西、子期率军伐吴，名义上是声援越国，实际则夺回了吴国西部原占领楚国的一些边邑。

勾践认为攻击吴国的时机已经到了，于是作了周密的安排和分工。于第二年春在边境宣誓，宣布作战纪律，勾践亲自率兵攻入吴国境内。夫差闻报，迅速出兵抵御，在吴都南五十里的笠泽（今吴淞江入太湖处）与越军相遇。越国范蠡率右军，文种率左军，又有六千精兵从越王为中军，与夫差大战。

当日黄昏，勾践命左、右两军潜行于离中军两侧五里处，采用轮番战术。黄昏初起，左军渡河佯攻，鼓噪而进。吴军惊骇，夫差领兵前往迎敌，刚站稳布好阵，忽听右侧鼓声雷动，实是越国右军在佯攻。夫差上当转身领兵前往右侧，十里长的战线上吴军奔东奔西，十分慌乱，失去了战斗力。

半夜时分，越军左右两侧鼓声震天，火光冲天。夫差误认为越军是东西两头进攻，只得分兵两路阻挡越兵。不料这时勾践亲率六千精兵乘虚摸黑悄悄地从中间渡河，不鸣金鼓，乘着黑暗径直冲向吴营中军。此时天色未明，吴中军的左右、前后都有越兵，吴军抵挡不住，阵脚大乱，夫差落荒而逃。两侧越军也先后渡河，勾践令三军追赶，将吴军分割包围。一连三战吴师大败于没地（今江苏吴江），吴将王子姑曹胥门巢等俱战死。伯嚭、王孙骆等随夫差逃回吴都，闭门自守。谁知勾践率军从太湖进入越来溪、横山，在盘门和胥门外今苏州石湖行春桥东筑一城屯兵，谓之"越城"，实施"围而不攻"的战略，加强包围，断绝夫差与外界的一切往来，达到使吴国不攻自破的目的。勾践还加强同齐国、鲁国的联系，使各诸侯国都纷纷支持越国。

越兵围困吴都多时，吴人困苦不堪。狡猾的伯嚭称病不出，夫差只得派王孙骆出使越城求和罢战。吴使七次往返，都被文种、范蠡阻止求和。就这样越人占据吴地近五年，吴人被越军奴役，受尽苦难。

周元王四年，夫差二十三年，即公元前473年，吴都长期被围，人心涣散，缺乏粮食，夫差走投无路。十月的一天，越军击鼓攻城，吴人不敢出城应战。文种、范蠡欲毁胥门而入。当夜暴风从南面刮起，大雨如注，雷轰电掣，飞石扬沙。一时水涨，越营被淹，勾践急命士卒在吴都东门外开渠排水。

传说此时文种、范蠡正坐着打瞌睡，以等天亮。两人竟同时梦见伍子胥乘白马素车而来，其衣冠楚楚，俨如活着的时候一样。伍子胥开口道："我活着时知道越兵必然会来，所以求吊我的头挂在城门上，以便观看你们如何攻吴。我忠心未绝，不忍你们从我头下入城，所以兴风作雨，以退越军。然而越国灭吴，此乃天定，你们要想入城，就改从东门吧！"

文种、范蠡惊醒，发觉所梦相同，不觉称奇。忽听前方来报，说太湖水发，自胥门汹涌而来，竟将罗城荡一带的土城冲开了一个大穴。

范蠡恍然大悟道："这是伍子胥为我们开道啊！"遂领兵从此大穴驱兵入城。其后将此穴改为门，因水边多葑草，故称其为葑门，其水名葛溪。

这个传说当然带有神话色彩，却也从侧面反映出百姓对伍子胥的崇敬。

再说夫差闻越兵已入城，只得率众臣同王孙骆及其三子，出阊门仓皇逃奔到吴都西部的秦余杭山（今苏州阳山附近）。狼狈不堪的夫差已是神志不清，两眼呆滞，又饥又渴，他看到路旁的生稻，也要剥了来吃，还伏地掬取沟中的脏水来喝。直到这时，他才想起伍子胥的话，不禁悔疚万分。不一会儿，勾践率千名越军赶到，把夫差等人围了三层，却不逼近。文种在队中行礼作揖，劝吴王投降。

此时，夫差才感到后悔，对伯嚭吼道："你说越国必然不会反叛，所以寡人才让勾践这个小人归国。今日到了这步田地，都是你这个小人之过！"

夫差托言于勾践，希望其能网开一面，像当年赦免勾践一样赦免自己，保存吴国。勾践在范蠡的劝阻下，驳回了夫差的请求，并细述了夫差的六大罪状：其一，戮忠臣伍子胥；其二，杀直言之臣；其三，听用谗佞的太宰伯嚭；其四，齐、晋无罪，而夫差数伐其国；其五，吴、越同壤而侵伐；其六，越亲戕阖闾，夫差却不知为父报仇，反而纵敌贻患。但越国因怜悯夫差如此下场，答应他投降后可给百姓五百家供其所管，让他去甬东（今浙江舟山群岛）做个小国之长，安度晚年。

身临绝境的夫差看到吴国已经灭亡，去甬东也是与人为奴，于是悲凄地推辞道："谢谢了。社稷已覆，宗庙将废，我有五百家还有何用？我也老了，还不如一死算了。"接着，夫差又悔恨万分道："当初伍子胥助我为王数十年，'赤心奉国，竭力报亲，以死勤事，以劳定国，直言忠谏，死而后已'，都是为了我吴国，是我不听伍子胥的话，才有今天这种局面。数百年的吴国亡在我的手里，我死了有什么脸面去见列祖列宗，去见伍子胥呢？"于是就用衣巾覆盖自己的脸，自刎而死。

勾践感慨不已，命令士兵依礼在附近的干隧（今苏州阳山附近）埋葬了夫差。又因为伯嚭不忠于吴国，所以也将他一起处死了。

可叹吴国自太伯开创至寿梦称王六百二十余年，后至夫差灭国又一百一十二年，前后共二十五位君主，结果却在昏庸的夫差手中毁于一旦。

越国灭了吴国后，又北上征服了几个诸侯国，宋、郑、鲁、卫、陈、蔡等国都以礼朝拜越国，越国从此称霸。